Inhalt

W0033727

1 Begegnung mit den Pottwalen 7
Ein Wunder der Natur. Begegnung im Indischen Ozean. Drei-einhalb Jahre Expedition. Erster Alarm. Verfolgung mit 20 Knoten. Ein Rekord

2 Zerbrechliche Riesen 29
Von Pottwalen umgeben. Das Markieren. Das »Virazéou«. Das Meer, Land der Riesen. Zwei Feinde: Schwertwal und Mensch. Die Verfolgung eines Finnwals. Tête-à-tête mit einem Grauwal. Wale und Haie

3 Die Wanderung der Wale 53
4000 Meilen in dreieinhalb Monaten. Erste Erkundung im Flugzeug. Dem Schiffbruch entgangen. Schwierigkeiten beim Markieren. Der Antrieb der Wale. Das ideale Gerät

4 Meister im Luftanhalten 75
Die Pottwale, unsere Lehrmeister. Mindestens 800 Meter Tiefe. Die Grauwale. Das Rätsel der Blaswolke

5 Sie sprechen, singen, hören 93
Ein Universum von Tönen. Die Grauwale. Ruhe auf Kom-mando. Unterhaltung auf weite Entfernung

6 Die größten Raubtiere der Erde 115
Ein Saugnapf im Menü der Calypso. Riesen kämpfen in der Finsternis. Ein Konkurrent für Jonas. Das Krill. Besuch in der Speisekammer

7 Die Liebeskunst 135
Das Geheimnis des Walfängers. Die einsame Bucht. Ein ver-liebtes Trio. Eine akrobatische Stellung

8 Die Kinderstube der Leviathane 149
Die »Tata«. In der Lagune. Mutter und Kind. Die Pelikane.
Pottwale unter sich

9 Das Kalb, das nicht sterben wollte 169
Ein Kalb ist gestrandet. Das Spritzloch. Eine durchwachte
Nacht. Bucht der Einsamkeit

10 Die Stärksten und Intelligentesten: Die Schwertwale 183
Der Volksfeind Nr. 1. Zweistündige Verfolgung. Sie greifen
nicht an. Lieder zur Gitarre

Schlußbetrachtung – Respekt ist an der Zeit 201
Ein historisches Ereignis. Mörder und ihre Opfer. Krieg und
Frieden

Anhang A 215
Die Wale

Anhang B 223
Der Walfang

Glossar 237

Dank 249

Bibliographie 250

Bildnachweis 251

Register 252

1 Begegnung mit den Pottwalen

Ein Wunder der Natur – Begegnung im Indischen Ozean –
Dreieinhalb Jahre Expedition – Erster Alarm – Verfolgung mit
20 Knoten – Ein Rekord

Das Meer ist unermeßlich, das Unvorhergesehene jedoch spielt in dieser Unermeßlichkeit nur eine geringe Rolle: Routen durchfurchen die Gewässer. Es gibt feste Zugstraßen für alle Arten zu allen Jahreszeiten, und diese biologische Verflochtenheit ist von hoher Präzision. Zwei Jahre hintereinander begegnete die *Calypso* den Pottwalen im Indischen Ozean im Monat April auf der Höhe des Äquators. Ebenso war ich während unserer großen Expedition im Roten Meer und im Indischen Ozean 1967 völlig davon überzeugt, daß wir auf eine Begegnung mit Walen rechnen konnten, die im Frühjahr diese Gewässer aufsuchen.

Die Begegnung mit diesen Meeressäugetieren, mit Bartenwalen, Pottwalen, Schwertwalen und Grindwalen, ist für alle an Bord der *Calypso* stets ein wunderbares Abenteuer. Gewiß – wir sind mit allen Meerestieren vertraut. Wir gehen an die Fische in ihrem eigenen Element heran, an große wie an kleine. Wir füttern Zackenbarsche, Muränen, Kraken und sogar Haie. Bereits diese Bemühungen um ein Verstehen, um Zähmung, um Sympathie sind erregend; die großen Meeressäuger aber zu erleben, die uns physiologisch so nahe stehen, die wie wir durch Lungen atmen, Intelligenz besitzen und sich untereinander verständigen – das ist in noch ganz anderer Weise faszinierend.

Es ist auch viel schwieriger. Um die Fische anzulocken und von ihnen akzeptiert zu werden, braucht man ihnen nur ein paarmal Futter anzubieten. Aber dieser etwas simple Trick macht keinen Eindruck auf einen Wal von mehr als hundert Tonnen. Wie man Beziehungen zu den ungeheuren Walen aufnimmt, dafür gibt es noch keine Regeln. Doch wir vertrauen auf unsere eigene Erfahrung. Überflüssig zu sagen, daß wir noch immer, trotz dreißig Jahren Lebens unter Wasser und der Liebe zu allem, was im Wasser lebt, nur tastende Versuche machen.

Das Spiel ist dadurch nicht weniger aufregend. Und jeder an Bord wartet auf die Stunde der Begegnung, zum Einsatz bereit. Es ist nicht das erste Mal, daß wir die Begegnung mit den Walen suchen, um soviel wie möglich daraus zu gewinnen. Jeder auf der *Calypso* weiß, worum es geht.

Es ist erstaunlich, wenn man sich vorstellt, daß nach jahrhundertelanger Jagd auf den Wal über das Leben dieser Meeresgiganten noch immer recht wenig bekannt ist. Immerhin haben einige Walforscher, wie Scoresby, wertvolles Material über die Wale zusammengetragen. Bis in die jüngste Zeit jedoch hatte der Mensch noch nicht die Grenze durchbrochen, die ihn von der Welt des Meeres trennt. Und so hatte er die Glattwale, Pottwale, Schwertwale nicht in ihrem Element kennengelernt, in der Tiefe des Meeres. Wir sind die ersten, die sich ihnen als Taucher nähern, um sie zu studieren mit aller Liebe und mit all der Neugierde, die dazu notwendig ist.

Die Beziehungen zwischen Mensch und Tier sind stets voller Geheimnisse. Die Kluft, die beide trennt, scheint unüberwindlich. Vor allem dann aber, wenn es sich um die großen Meeressäugetiere handelt, scheinen Annäherung und Verständnis besonders erschwert, was die Anziehungskraft aber nur noch erhöht.

Angesichts eines solchen Fleischberges, eines solchen Ungeheuers von mehreren Dutzend Tonnen, wie es ein Wal darstellt, war die Befangenheit des Menschen beträchtlich, und seine Haltung diesen Tieren gegenüber war starken Schwankungen unterworfen.

Was er zuerst empfand, war ein Gefühl des Schreckens, und wie immer, wenn Furcht sich einmischt, hat die Legende gewuchert. Der »Leviathan« und die biblische Geschichte von Jonas bezeugen diese Furcht des Menschen, der überrascht ist von der alle Möglichkeiten, alle Begriffe übersteigenden Riesenhaftigkeit eines Tieres.

Auf diese Periode des Unterlegenheitsgefühls, des Ausweichens in den Mythos, auf diese religiösen oder dichterischen Annäherungsversuche folgte die Epoche der Jagd und dann die der Metzelei – das Stadium, in dem der Wal betrachtet wird einzig und allein als Wirtschaftsfaktor, als Objekt industrieller Nutzung, ein Stadium, in dem die Erfindung neuer Waffen den Kampf dermaßen ungleich hat werden lassen, daß eine Reihe Arten von der Ausrottung bedroht ist. Die Harpunenkanone hat nicht nur Mythos und Legende vom Wal, nicht nur die Romantik des Walfangs zerstört und den weißen Wal Moby Dick umgebracht, sondern sie hat das Problem des Überlebens für die größten Tiere aufgeworfen, die es auf unserem Planeten gibt.

Zunächst waren es wohlerwogene wirtschaftliche Gründe, aus denen man in unserem Jahrhundert den Walfang beschränkt und gesetzlichen Bestimmungen unterworfen hat, und zwar auf die Initiative der Walfänger selbst. In der Folge überwogen dann Argumente mehr gefühlsmäßiger Art.

Dennoch war es unmöglich, den Walfang ganz zum Stillstand zu bringen. Man tötet den Wal noch immer, aber es geschieht – welch ein Hohn –, um aus ihm Futter für Hunde und Katzen zu machen.

Vor allem aber auch wegen des Öles werden die Wale weiterhin von der UdSSR und Japan gejagt. Dagegen haben Großbritannien, Norwegen, die USA und Holland praktisch jeden Walfang eingestellt. Frankreich hat die Wale nur vorübergehend gejagt, vor der Küste von Gabun, und zwar gleich nach dem Kriege, als großer Mangel an Fetten herrschte.

Trotz des mörderischen Fortbestehens einer Jagd, die für die westliche Welt wirtschaftlich kaum noch gerechtfertigt ist, haben sich die Beziehungen zwischen Mensch und Wal geändert, und diese psychologische Entwicklung ist künftig nicht mehr rückgängig zu machen: Der Wal ist nicht mehr Beutetier, nicht mehr ein kolossales Jagdwild, nicht mehr die schönste Trophäe, die ein Mensch vorweisen kann. Es ist genauso unsinnig, diesen Riesen mit einem Kanonenschuß zu töten, wie einen Elefanten mit einem Sprenggeschoß niederzuschmettern.

Der Wal gilt heute als eines der größten und geheimnisvollsten Wunder der Natur. Er ist die großartigste Krönung allen tierischen Lebens im Meer.

Zu Melvilles Zeiten glaubte man fest an die »Bösartigkeit« des Pottwals. Wir sind heute über seine Zahmheit erstaunt. Wir wundern uns über seine außergewöhnliche Tauchfähigkeit. Wir staunen, daß er mit Sprache begabt ist. Wir sind gerührt über seinen mütterlichen Instinkt.

Durch Erfahrung haben wir vieles gelernt. Wir wissen vor allem, daß ein Kontakt zu den Walen nicht unmöglich ist, daß wir nicht ein für allemal von unseren großen Brüdern abgeschnitten sind, die sich einst auf den Weg ins Meer begaben. Um das zu erreichen, mußten wir unser Glück versuchen, mußten Gefahren auf uns nehmen – und wir haben es getan. Eines aber ist uns im Verlauf dieser Versuche ganz klargeworden: Es ist sehr selten, daß ein Wal aggressiv wird, selbst wenn man ihn reizt, ihn eingekreist hat oder verfolgt. Gewiß hängt seine Reaktion von der Art und Weise, von den Umständen ab... Aber bis heute ist keiner von uns bei diesen manchmal waghalsigen Begegnungen verletzt worden. Wir haben im Gegenteil zahlreiche Beweise für die Freundlichkeit der Wale, für ihren Willen, den Menschen zu schonen und zu respektieren, vor allem den Menschen, der taucht.

Es ist etwas sehr Geheimnisvolles um diesen offensichtlichen Respekt für uns. Die Beziehungen zwischen den Meeressäugetieren und der Gattung Mensch sind in der Tat alles andere als einfach.

Wie ich in dem Buch »Korallen – Bedrohte Welt der Wunder« erzählt habe, ging ich 1967 mit der *Calypso* auf eine Expedition von dreiein-

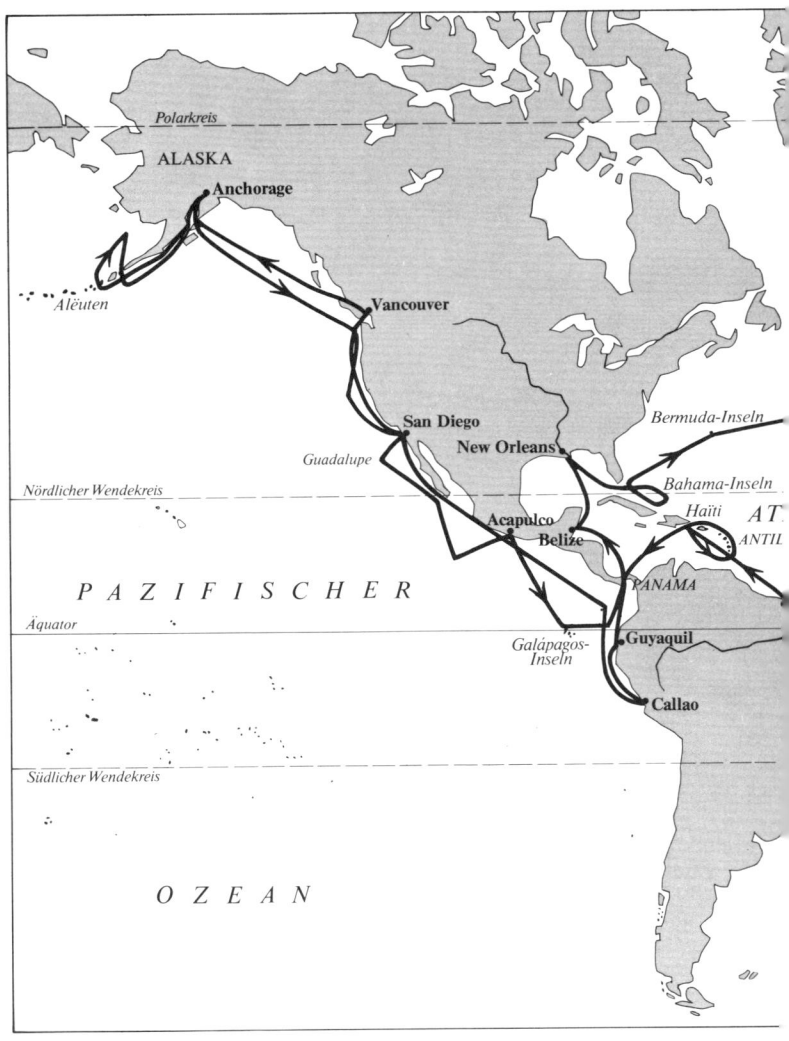

Die Fahrten der *Calypso* von Februar 1967 bis September 1970.

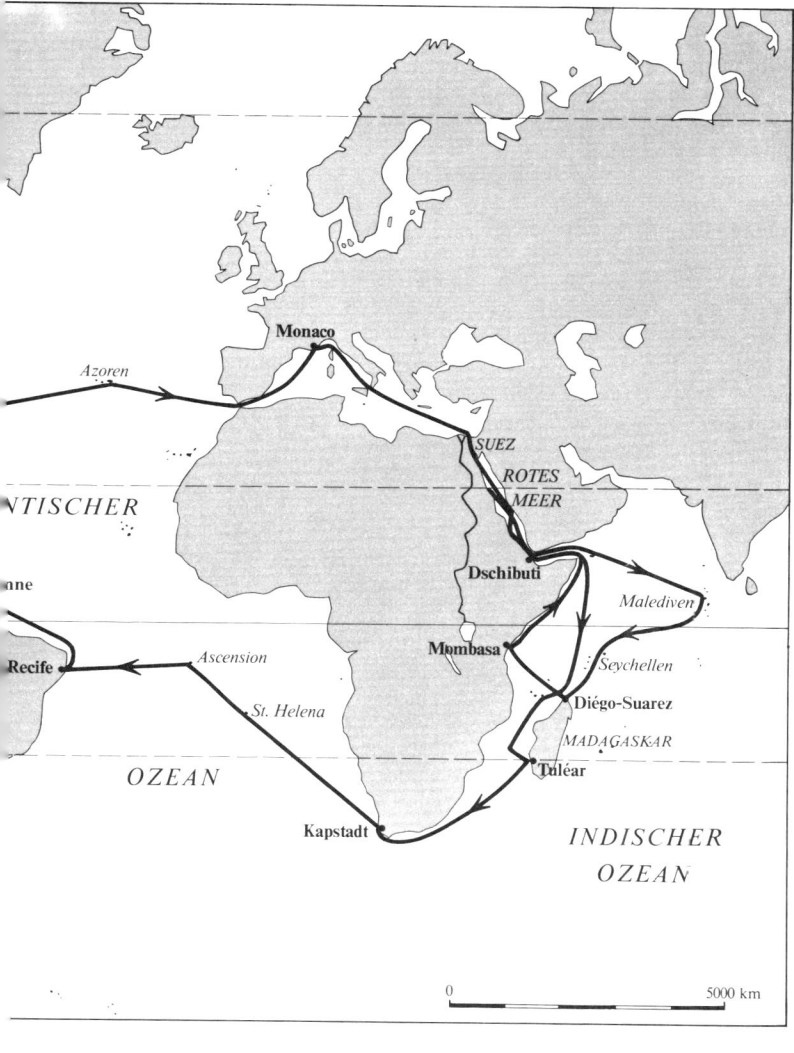

halb Jahren. Wir ließen das Rote Meer hinter uns und gelangten in den Indischen Ozean. Sobald wir Kap Guardafui umschifft hatten, ließ ich systematisch Ausschau nach den Pottwalen halten. Am Bug der *Calypso* wurde ein Beobachtungsstand errichtet, von dem aus mehrere Mann mit dem Fernglas eine weite Strecke am Horizont übersehen können. Meine Frau Simone, die an all unseren Expeditionen teilgenommen hat, verbringt dort oft Stunden in Sonne und Wind, um Ausschau auf das Meer zu halten.

Um unser außergewöhnliches »Tête-à-tête« mit den Walen zu veranschaulichen, gebe ich hier einige Auszüge aus meinem Tagebuch wieder. Folgendes schrieb ich bei der Einfahrt in den Indischen Ozean, nachdem wir am Abend zuvor beim Tauchen die Zugänglichkeit der Gebirgsinsel Socotra geprüft hatten.

Dienstag, 14. März. Um 5.30 Uhr läutet die Alarmglocke. Es sind Pottwale mit ihren schrägen Fontänen. Unsere erste Begegnung mit ihnen im Verlauf dieser Reise! In zwei Minuten ist alles bereit. Diesmal ist die Mannschaft eingearbeitet. Wir versuchen das Beiboot: zu langsam! Glücklicherweise fällt mir ein, daß man mit der *Calypso* selbst an die Tiere herankommen kann.

Wir manövrieren inmitten der »Schule« von Walen nach Anweisungen, die uns die Mannschaft auf dem Ausguck gibt. Simone stellt sich dabei sehr geschickt an, unterstützt von Fréderic Dumas und Albert Falco.

Ich habe unseren Kameramann René Barsky in die »falsche Nase«, den unter der Wasserlinie liegenden Beobachtungsraum, hinabsteigen lassen. Denn es ist wichtig, ziemlich nahe an die Pottwale heranzukommen, damit Barsky sie unter Wasser filmen kann.

Bei einem Dutzend Annäherungsversuchen führen vier oder fünf zu einem Ergebnis, drei aber sind sensationell! Einmal ziehen zwei Pottwale hintereinander direkt an der *Calypso* vorbei und reiben sich dabei buchstäblich am Schiffsrumpf. Das andere Mal filmen wir nach Herzenslust eine Mutter und ihr Junges 5 Meter vor dem Bug, und beim drittenmal schließlich, mit kaum zwei Knoten Fahrt, berühren wir ein sehr großes Tier in der Flanke. Barsky, eingeschlossen in seiner Unterwasserkammer, bekam Angst! Die gewaltigen Körper zogen so nahe an den Bullaugen vorbei, daß er sich plötzlich im Finstern befand.

Die Filmausbeute ist gut; zwar ist das Wasser viel klarer als an den vorausgegangenen Tagen, doch reicht es nicht für sehr gute Aufnahmen aus, und so finde ich mich damit ab, daß wir die Fahrt wiederaufnehmen. Es ist beinahe windstill.

Mittwoch, 15. März. Von 8 Uhr bis Mittag abermals Alarm! Es sind immer noch Pottwale, wir treffen auf fünf oder sechs Schulen. Manche halten sich aber auch einzeln oder zu zweien. Ihre Stimmung ist offenbar viel weniger gut als gestern, obwohl das Wetter ideal und das Wasser – endlich – klar wäre. Sie sind nervös, scheu. Gestern ruhten sie sich aus oder hielten mit fünf bis sechs Knoten Kurs nach Südosten, ohne sich viel um uns zu kümmern. Heute verlassen sie die Oberfläche, wenn man sich ihnen nähert, sie versinken, ohne wirklich in die Vertikale wegzutauchen. Manchmal können die Taucher ihrer Spur folgen. Ihr Kielwasser ähnelt einem Streifen Öl, aber das ist ganz einfach der Sog ihres Schwanzes. Die alten Walfänger nannten das »Glip«. Die Pottwale halten sich nun fünf oder sechs Meter unter Wasser auf, sie, die auf mehrere hundert Meter hinabtauchen können, wenn sie wollen. Aber welch eine Fontäne beim »Blasen«! Einmal bleiben sie zwanzig Minuten weg, ohne Luft zu holen.

Dennoch bringt es unser Freund Albert Falco, genannt Bébert, zweimal fertig, ihnen den Weg abzuschneiden, mit dem Zodiac-Schlauchboot, das viel schneller und manövrierfähiger ist als das Beiboot – und ganz nebenbei auch noch Deloire mit seiner Filmkamera und Sillner mit seinem Fotoapparat ins Wasser zu werfen. Sie können gerade noch das sich entfernende Tier mit den Augen verfolgen. Ein anderes Mal dagegen ist die Operation ein voller Erfolg. Sie haben Zeit, den Pottwal im Sucher festzuhalten; sie bringen endlich Bilder mit.

Warum aber von einem Tag auf den andern und in so ähnlichen Gebieten derartige Unterschiede im kollektiven Verhalten? Gestern verhielten sich alle Pottwale passiv; heute sind alle beinahe unzugänglich. Den ganzen Nachmittag haben wir uns die Augen ausgeschaut, nichts!

Donnerstag, 16. März. Ein ziemlich ereignisloser Tag; noch ein Rest Monsun aus Nordost, der das Meer mit Windstärke 4 aufwühlt, die noch nicht unangenehm ist, aber jede Ausschau nach den Walen behindert: eine Fontäne würde durch die Wogenkämme nicht zu erkennen sein.

Heute habe ich eine Notiz über die Dreharbeiten geschrieben und an Barsky, Deloire, Marcellin, Dumas, Bébert und Dédé verteilt; ich habe sie gebeten, sich für eine allgemeine Diskussion darüber Gedanken zu machen. Es ist jetzt wirklich Zeit, das, was wir bisher gedreht haben, zu ordnen und weitere Filme vorzubereiten. Ich habe großes Vertrauen zu Barsky, der wirklich ein Künstler ist. Die Entdeckung aber ist Deloire. Er hat Tempo, bereitet alle seine Tauchereinsätze sorgfältig vor und ist außerdem stets bereit für das Unvorhersehbare. Gestern hätte man ihn sehen sollen, wie er vor dem Zodiac-Schlauchboot lag, die Kamera in seinen Armen, und auf Anordnung von Bébert

Nächste Seite: Das Schlauchboot überholt einen Delphin.

Über dieses Buch

Jacques-Yves Cousteau – Millionen Fernsehzuschauern bekanntgeworden durch faszinierende Filme über seine Tiefsee-Expeditionen und Meeresforschungen – hat mit seinem Freund und Co-Autor Philippe Diolé in diesem Buch aus der farbenprächtigen und erfolgreichen Reihe »Knaurs Geheimnisse und Rätsel des Meeres« die Erlebnisse der »Calypso«-Mannschaft mit den Walen beschrieben, den gefährdeten Riesen der See.

Die Begegnung mit diesen Giganten des Meeres, den nächst dem Menschen wohl intelligentesten Lebewesen der Erde, ist vielleicht das faszinierendste und zugleich spannendste der von Cousteau und seiner Mannschaft erlebten Abenteuer. Wie nie zuvor ist es gelungen, Barten- und Zahnwale zu fotografieren, zu filmen und während ihrer Wanderungen von der Arktis zu den Lagunen Niederkaliforniens zu beobachten. Nie zuvor hat es ein Mensch geschafft, in der freien Natur so nah an diese Riesen des Ozeans heranzukommen, sie zu berühren, zu streicheln, einen unmittelbaren Kontakt zu ihnen herzustellen. Einem der Taucher ist es sogar gelungen, sich an die Rückenflosse eines Finnwals zu hängen und sich von ihm ziehen zu lassen.

Die Taucher der »Calypso« waren Zeugen der Liebesspiele der Grauwale, ihrer so oft vergeblichen Versuche, den Akt zu vollziehen, und ihrer nur Sekunden dauernden Vereinigung. Sie hatten sogar das Glück, eine Walkuh beim Säugen ihres Jungen zu überraschen – ein Bild voller Zärtlichkeit.

Aber diese Tiere zeigen nicht nur »Gefühle«, sie verfügen auch über eine »Sprache«, mit der sie sich unter Wasser ausgezeichnet verständigen können. Wie Cousteau, so können auch wir nur hoffen, daß der Mensch dem Wal nicht länger als Mörder gegenübersteht, sondern ihm den Lebensraum garantiert, der ihm zusteht.

Jacques-Yves Cousteau
und Philippe Diolé

Gefährdete Riesen der See

Mit 130 meist farbigen Abbi'dungen

Droemer Knaur

Mai 1976
© Deutsche Ausgabe Droemersche Verlagsanstalt
Th. Knaur Nachf. München/Zürich 1972
Originalausgabe: THE WHALE, Mighty Monarch of the Sea
© 1972 by Jacques-Yves Cousteau
Ins Deutsche übertragen von Ingrid Ganslmayr
Umschlaggestaltung: Atelier Blaumeiser
Satz: IBV Lichtsatz KG, Berlin
Druck: Druckerei Georg Appl, Wemding
Bindung: Klotz, Augsburg
Printed in Germany
ISBN 3-426-00435-6

vor der Nase eines Pottwals im Wasser rollte. Er ist begeistert und strahlt vor Glück.

18. März. Der Nordost-Monsun war nicht allzu stark; die Ausschau nach den Pottwalen wurde wiederaufgenommen. Wir werden noch vor dem 20. März die Malediven erreichen.

Noch immer besessen von einer zweitägigen Verfolgung der Pottwale. Es gab viel weniger als am 2. und 25. April 1954 und 1955 nördlich der Seychellen am Äquator. Wir versuchten nämlich, sie vor dem Tage unserer damaligen Begegnung anzutreffen. Ich habe unseren Kurs nach Süden hin geändert, um unser Glück zu versuchen und zehn Tage in unserem Programm einzusparen. Aber wir haben noch lange nicht gewonnen.

Ich denke an die Fruchtbarkeit dieses Meeres, wo es fast überall Pottwale gibt und wo die Japaner, wie in dem Band »Korallen« erzählt, auf hoher See Thunfische und Schwertfische angeln, die größer sind als sie selbst. Der Nahrungsreichtum ist offensichtlich der Grund dafür, daß das Wasser so oft getrübt ist. Es sind gewiß fette Weiden nötig, um am Ende der mit mikroskopisch kleinen Organismen beginnenden Nahrungskette mächtige Thunfische und Wale hervorzubringen.

Wir haben festgestellt, daß Pottwale mit höchster Geschwindigkeit gut 20 Knoten erreichen würden, und die *Calypso* schafft nicht mehr als 11! Deshalb habe ich an einem Beiboot zwei Motoren von je 40 PS anbringen lassen – ich hoffe, wir werden beim Spurt der Wale mithalten können. Aber auf einer auch nur etwas bewegten See, bei solchen Geschwindigkeiten und in einem Fahrzeug, das nicht für ein Rennen gebaut ist, wird das eine heikle Situation. Taucher, Kameramänner und Bootsführer werden entsetzlich durchgeschüttelt und laufen Gefahr, jeden Augenblick über Bord zu gehen. Wird es eine Corrida oder ein Rodeo?

Gewiß lassen einen die Tiere sehr oft nahe an sich heran, und das ist die erste Überraschung. Aber man weiß kaum, wie man es anstellen soll, sie zu filmen. Sie tauchen in dem Augenblick weg, in dem man bei ihnen ist. Mehrere Male springen Deloire mit seiner Kamera und ein anderer Taucher wie die Akrobaten ins Wasser, genau vor einem Pottwal. Aber die Bilder sind sehr unscharf. Sobald die Tiere die Anwesenheit des Fahrzeugs und der Taucher »spüren«, verschwinden sie.

»Von einem Pottwal kann man gerade noch den Schwanz filmen«, sagt André Laban verbittert. Gewiß – aber auch das ist der Mühe wert. Es ist übrigens diese enorme Schwanzflosse, die »Fluke«, die wir von

Die Kameraleute versuchen, einen Pottwal zu filmen, aber er ist schon außer »Schußweite«.

der *Calypso* aus am besten sehen, wenn der Pottwal sich abknickt, um zu tauchen, und das große, flache, fleischige Dreieck über dem Wasser aufrichtet, das sich dann jäh voll Geschmeidigkeit krümmt wie zu einem ironischen Gruß vor dem Verschwinden in der Tiefe. Manchmal werde ich wütend... oder ich muß unwillkürlich darüber lachen.

6. April. Anker geworfen vor der Insel Funidu, einer der Malediven. Letzte Aufnahme von Trinkwasser. Unsere Leute haben noch den Abend, um an Land zu gehen; sie finden hier, in dieser weltverlassenen Gegend, doch ganz interessante Gegenstände zum Kaufen: Trommeln, einen prächtigen Dolch, dessen Griff aus dem Zahn eines Pottwals gemacht ist... Das ist doch ein Beweis dafür, daß es in diesen Gewässern Pottwale gibt, und daß es den Bewohnern des Landes gelingt, welche zu töten... Aber wie?

9. April. Nach dem Frühstück spielen Bébert, Bonnici und Barsky auf dem Zodiac-Schlauchboot mit einer Herde Delphine. Es ist ein außergewöhnliches Rodeo auf einem ölglatten Meer: Mutwillig treiben die Delphine immer und immer wieder ihre Kapriolen mit dem Schlauchboot.

Wir erleben ein großartiges Schauspiel: eine Kavalkade von etwa hundert Delphinen, die übers Wasser springen und Béberts Schlauchboot wie einen Wagen zu ziehen scheinen; der aber kann sie mit seinen 8 Knoten nicht einholen.

Die Versammlung der Pottwale naht. Wir müssen uns darüber im klaren sein, daß wir furchtbare Schwierigkeiten haben werden. Wenn Taucher und Kameraleute ins Wasser springen, können sie einen Pottwal unmöglich im Blickfeld behalten, selbst ohne die Gewichtsbelastung durch die Aqualunge nicht; all unsere Erfahrungen seit fast einem Monat haben das gezeigt. Es ist auch nicht möglich, sie vom Schlauchboot schleppen zu lassen, und zwar wegen der Geschwindigkeit, mit der sich alles abspielt. Die Unterwasser-Scooter sind nicht schnell genug. Es ist aber kein Problem, sich schwimmend in der Nähe eines Pottwals zu halten. Jedesmal wenn das Tier einen Kameramann – Deloire oder Laban – passiert hat, fischt ihn das Schlauchboot auf, holt den Pottwal ein und läßt unseren Kameraden vor ihm ins Wasser gehen. Deloire und Laban sehen dem Wal mutig ins Gesicht, und... der Pottwal schwimmt unter oder über ihnen hinweg. Das ist sehr eindrucksvoll, aber die so gedrehten Szenen sind zum Verzweifeln kurz. Haben wir uns in ein unmögliches Vorhaben gestürzt? Dennoch – es muß eine Lösung dafür geben. Ich stelle ein gedrängtes Programm auf: Folgendes muß stets bereit sein: ausgerüstete Taucher auf dem Vorschiff, Markierungsgewehr, Nylonkorb, Boje, ein Zodiac-Schlauchboot und das Beiboot, fertig zum Hinunterlassen aufs Wasser, Ersatzmotor, zwei Unterwasserkameras, die stets geladen sind, ein Kameramann, der bereit ist, in die „falsche Nase" hinabzusteigen. Eine schwierige Angelegenheit.

Bisher waren die Walfänger die einzigen, die die Wale beim Tauchen beobachten und ihre Spitzengeschwindigkeit messen konnten. Doch geschah das immer während erbarmungsloser Verfolgungsjagden, die keine ruhige Betrachtung zuließen.

Es gibt nur ein sicheres Mittel, all diese Dinge zu beobachten und dabei zu wissen, daß man dasselbe Tier vor sich hat, nämlich das Markieren der Tiere. So haben wir es schon im Roten Meer mit den Haien getan; am Ansatz ihrer Rückenflosse wurde eine Marke befestigt. Heute wollen wir versuchen, wenigstens einen Pottwal zu kennzeichnen, wenn wir diesen schwarzglänzenden Walzen näherkommen, die um uns rollen und blasen.

Diese recht heikle Aufgabe habe ich für Albert Falco reserviert. Wenn ein Mensch auf der Welt Erfolg haben kann, so ist er es. Seit seinem fünfzehnten Lebensjahr reist er mit uns. Er hat all unsere kühnsten Erlebnisse geteilt. Seit zwanzig Jahren gehört er zu unserer Crew. Er ist nicht nur ein außerordentlich leistungsfähiger Taucher und ein ungewöhnlich kräftiger Sportsmann – er ist außerdem ein Mensch, der die Gabe hat, sich bei den Meerestieren beliebt zu machen. Auch andere in der Mannschaft haben das gleiche Talent entwickelt, Bernard Delemotte, Raymond Coll, Canoé Kientzy und mein Sohn Philippe; doch Albert Falco war der erste, der den Meerestieren im freien Wasser Vertrauen einzuflößen versuchte, und er hat beachtliche Erfahrung darin gesammelt.

Die Beziehungen zwischen Mensch und Wal sind nicht ungetrübt. Wir haben eine Zeit hinter uns, die nichts kannte als die Jagd auf den Wal, in dem man lediglich ein »wildes Ungeheuer« sah. Und es war noch nicht möglich, neue Beziehungen herzustellen, eine Annäherungsweise an die Pottwale zu ersinnen, die gestern noch »Leviathane« waren, die töteten und getötet wurden.

An diesem Morgen sichtet Simone ein Rudel Delphine. Wir ändern den Kurs. Mit 7 Knoten kann man sie nicht einholen, also schicke ich Bébert und Deloire im Schlauchboot los. Sehr schnell haben wir die Delphine als eine der kleinen, schnellen Arten identifiziert, die niemals einem Schiff vor den Bug kommen und denen nahe zu kommen mir in all den siebenunddreißig Jahren, die ich die Meere durchfurche, niemals möglich war. Auch heute keine Ausnahme.

»Das sind Chinin-Delphine!« ruft Didi... (Didi ist der Spitzname für Frédéric Dumas, unseren ältesten Tauchkameraden.)

Die fliehenden Haie, die man beim Tauchen entlang den Küsten

wahrnimmt, nennen wir nämlich »Chinin-Haie«. Diese Vokabel ist einem Gedicht von Prévert entlehnt, wo es heißt:
»... der arme Hai, er hat, sich zu nähren,
nichts als ein bißchen Chinin.«
Die Chinin-Delphine und Chinin-Haie, mit denen wir nichts zu tun haben, stehen im Gegensatz zum »Muskatwal«, der einen nach Belieben herankommen und harpunieren läßt.

10. April. Schon in der Morgendämmerung habe ich mich davon überzeugt, daß Fernsehen und automatische Kamera in der »falschen Nase« funktionsbereit sind; um 7.30 Uhr lauert Barsky auf die Fliegenden Fische, die Kamera am Handgelenk, auf der Höhe des Wasserspiegels. Auf dem Beobachtungsturm ist die Wache tätig. Gerade als Simone von René Haon abgelöst wird, die Glocke: Sie blasen!

Das Ruder wird nach Luv gelegt. Gedränge auf den Verbindungsbrücken, Zu-Wasser-Bringen des Zodiac-Schlauchbootes mit einem neuen 33-PS-Motor und des Beibootes Nr. 1 mit zwei 40-PS-Motoren. Bébert und Bonnici im Schlauchboot mit dem Markierungsgewehr. Bébert verschießt eine Harpune, die nur zum Markieren bestimmt ist und das Tier nicht verletzt: Das Eisen ist kurz und leicht und kann nur in die Speckschicht eindringen. Didi, Maurice Léandri und René Haon fahren mit dem superstarken Beiboot los.

Die erste Schule von Pottwalen zählt vier Tiere, hinzu kommen zwei benachbarte Gruppen von je drei. Die *Calypso* nähert sich ihnen auf 50 Meter, aber sie tauchen ein wenig zu früh weg. 30 Minuten später sehen wir sie wieder, aber weiter zerstreut. Damit hat der Fall seinen Reiz schon verloren; diese Wale sind keine »Muskatwale«, es sind »Chinin-Wale«.

Nach halsbrecherischen Kavalkaden im Zodiac erreicht Bébert eines der Tiere, die eben wieder erscheinen, und zieht ab. Der getroffene Pottwal zeichnet und bleibt verdutzt mit seinen beiden Begleitern auf der Stelle, einen Meter unter dem Schlauchboot. Aber die Harpune ist, gehemmt durch eine Nylonschlinge, flach aufgetroffen, und die Sache ist gescheitert. Alle Pottwale blasen und entfernen sich dann in verschiedenen Richtungen.

Fruchtlose Verfolgung bis 12.30 Uhr. Dann verschwinden die Pottwale, und wir nehmen unseren vorherigen Kurs wieder auf.

Allgemeine Mittagsruhe, ausgenommen für die, die weiterhin auf dem Beobachtungsstand Wache halten, aber umsonst.

Wir stellen fest, daß die Pottwale von der Morgendämmerung bis 10 oder 11 Uhr träge oder verschlafen sind, leicht auszumachen und ebenso leicht anzugehen. Von 11 oder 12 Uhr an sind sie in Fahrt, entwischen, und man verliert sie. Ihr »Spaut«, wie die Walfänger die

Atem-Dampfwolke nennen, scheint dann beinahe zu verschwinden. Kommt das daher, daß die Atemluft sich weniger kondensiert als in der frischen Morgenluft? Man könnte dies Verhalten der Wale aber auch damit in Verbindung bringen, daß alles, was im Meer lebt, zwischen Sonnenuntergang und Sonnenaufgang zur Oberfläche emporsteigt, und sich fragen, ob nicht die Wale in der Hauptsache nachts jagen, um in geringere Tiefen hinabsteigen zu müssen. Das würde erklären, warum sie bei Tagesanbruch müde sind.

11. April. Ich steuere Zickzackkurs, um unsere Chancen zu erhöhen. Der Ehrgeiz an Bord ist großartig. Jeder begeistert sich für diese neue Form des Walfanges. Ich glaube, von allen Aufgaben der *Calypso* erweckt diese die meiste menschliche Resonanz bei der Crew. Zweifellos bieten die Korallen wundervolle Unterwasserlandschaften. Aber ein Pottwal oder ein Finnwal ist ein viel individuelleres Lebewesen als eine Steinkoralle. Das Unglück allerdings ist, daß man ihnen auch viel schwerer näher kommt.

Die Mannschaft spürt sehr wohl, daß sie unter gefahrvollen Umständen Experimente durchhalten muß, an denen sich noch nie jemand versucht hat. Der Einsatz ist uns eben recht – er erfordert unaufhörliche Wachsamkeit und beständiges Bemühen darum, daß die Stimmung an Bord denkbar gut bleibt. Selbst der schweigsame Raymond Coll, der stumme Katalane, taut auf und redet. Viele Hoffnungen ruhen auf ihm, denn er hat sich als erster an die Rückenflosse eines Walhaies *(Rhincodon typus)* gehängt.

16. April. In der Morgendämmerung sind wir an der Stelle der »Begegnung mit den Pottwalen«. Und unsere Hoffnung erfüllt sich um 7 Uhr. Dumas entdeckt drüben am Horizont eine ungeheure Wassergarbe, ganz so wie die, die wir 1955 genau hier gesehen haben. Dann erkenne ich etwas später zweimal deutlich vor dem Bug und eine halbe Meile entfernt einen riesigen Pottwal, der wegtaucht...

Damit uns nichts entgeht, lasse ich die *Calypso* zwei Meilen backbords von dem Zodiac-Schlauchboot mit Bébert, Bonnici und Barsky begleiten und zwei Meilen steuerbords von dem Beiboot mit Maurice, Omer und Deloire. Auf eine Breite von 8 Meilen kann uns praktisch nichts entgehen.

Wir haben so viel zu lernen. Mein Ehrgeiz ist es, mit Hilfe unserer wunderbaren Tauchermannschaft zu verwirklichen, was dem Menschen noch niemals gelungen ist: im freien Wasser von der Seite und von vorne an die Wale heranzukommen, so wie wir uns den Haien, Muränen und Zackenbarschen nähern.

Diese Konfrontation hat uns eine Vertrautheit mit den Meerestieren eingebracht, wie es sie nie zuvor gegeben hat. Ja – aber unsere größten

Haie haben nie mehr als 4, 5 oder 6 Meter gemessen, und das ist schon viel. Die längste Muräne erreichte 2,10 Meter, und wir haben einen Zackenbarsch gekannt, der über 1,85 Meter lang war. All das aber waren kleine Fische, verglichen mit einem Pottwal von 18 Metern. Wie nimmt man Beziehungen zu einem Schwergewichtler von 60 oder mehr Tonnen auf? Das ist das Problem, um das es bei unserer Expedition geht. Die Glocke ertönt. Seit diesem Morgen fährt die *Calypso* in Begleitung der beiden Fahrzeuge. Didi ist es, der eine Fontäne bemerkt hat.

Das Tier schläft offensichtlich. Es bläst zweimal, ohne seinen Rücken zu zeigen. Das Schlauchboot stürzt los... und dann gibt es Schwierigkeiten mit dem Motor. Nach halbstündigem Orten, Beobachten aus der Ferne und langsamem Verfolgen war das Schlauchboot zum Angriff übergegangen. Der Wal, wacher und wacher geworden, machte sich nach Osten davon, vom Schlauchboot in voller Geschwindigkeit verfolgt. Sein Rücken erschien jetzt deutlich wie der eines Atom-U-Bootes, aber mit einer lächerlich kleinen, schrägen Rückenflosse. Der Wal erreichte eine Spitze von 12 bis 15 Knoten. Das Schlauchboot war noch 7 oder 8 Meter von ihm entfernt, in wenigen Sekunden konnte das Markierungsgewehr zielsicher abgedrückt werden... und genau in diesem Augenblick fällt der Motor aus. Bébert ist wütend. Ich auch. Eine Viertelstunde später ist der Motor ausgewechselt, aber der Ehrgeiz ist nicht mehr der gleiche. Dennoch werden wir die Verfolgung fortsetzen, bis wir alle von ihrer Vergeblichkeit überzeugt sind.

Die Gründe für diesen schweren Schlag: zunächst das Versagen des neuen 33-PS-Motors, dann das Meer: Es ist noch schön, aber es ist nicht mehr die See, wie die kleineren Fahrzeuge sie brauchen. Und schließlich ist die *Calypso* durch das Fehlen der einen Schiffsschraube angeschlagen – wie in dem Band »Korallen« erzählt, war steuerbords die Welle der Schiffsschraube gebrochen.

An diesem Abend betrachte ich meine Karten. Ich möchte ein Programm aufstellen. Nichts zu machen: Wir sind festgenagelt durch das Anlaufen von Mahé, die Expedition hat die beste Aussicht, mit dem heutigen Mißerfolg zu Ende zu gehen.

Das Tier, auf das wir heute nachmittag gestoßen sind, war möglicherweise ein Blauwal. Wenn er atmet, kann man ihn durch seinen Spaut ausmachen, nicht aber durch seinen Rücken oder seine lächerlich kleine »Finne«, wie man die Rückenflosse nennt. Der Wal atmete alle 8 Minuten zweimal, fast ohne sich vorwärtszubewegen. Sobald er vom Schlauchboot verfolgt wurde, benahm er sich etwas kopflos. Er versuchte es abzuschütteln, indem er mit 12 oder gar 15 Knoten beinahe an der Oberfläche schwamm; dann atmete er, wie man gut erkennen konnte, heftiger. Seine wirkliche Verteidigung begann mit dem Tauchen. Eine Stunde lang hat er uns die Wirksamkeit und Präzision seines Ultraschall-Ortungsgerätes vorgeführt: Beim Tauchen wußte das Tier genau, wo sich die *Calypso*, das Schlauchboot und das Beiboot befanden, und es kam stets dort an die Oberfläche, wo wir nicht waren. Ich hatte den Eindruck, es handelte sich um ein Tier, das noch weiter entwickelt ist als die Pottwale, subtiler sozusagen, und nur wenn wir es überrascht hätten, in der ersten Viertelstunde der Verfolgung, wäre ein Markieren möglich gewesen.

Der Mißerfolg des heutigen Tages hat mich entmutigt. Unser »Walfang« im Stile des 20. Jahrhunderts ist wohl nur ein großer Traum. Ich esse nicht, ich will niemanden sehen. Kein Winkel auf diesem Schiff, wo ich allein sein kann. Das Vorschiff: Dort wird man von der Brücke aus gesehen. Beobachtungsstand und oberes Spardeck: Dort haben sich Sillner und Sumian niedergelassen. Das übrige Schiff ist dem Lärm der Diesel und der Ventilatoren ausgesetzt. Ich schreibe, ich lese und stumpfe mich schließlich mit Kreuzworträtseln ab.

18. April. Um 5 Uhr aufgestanden, um den Sonnenaufgang zu sehen. Aber ich komme schnell zurück: Alles ist draußen und lechzt danach, Land, Inseln, Bäume zu sehen. Ich hätte an dieser Fröhlichkeit teilgenommen, wenn uns ein Erfolg beschieden gewesen wäre.

Natürlich hat der Wind sich gelegt, und es ist, als wollte die ruhige Meeresoberfläche mich verhöhnen. Wir befinden uns bereits über dem Schelf, zwischen der Bird- und der Denis-Insel, buchstäblich festgenagelt für drei Tage, vielleicht die letzten windstillen Tage dieser Jahreszeit. Wie ärgerlich!

In dieser Minute höre ich auf zu leben, ich setze mich sozusagen in Klammern bis zur Abfahrt von diesem widerlichen, schönen Land.

Es sind heute zwei Monate, seit die *Calypso* Monaco verlassen hat.

20. April. Wir sind um 7.30 Uhr von Mahé ausgelaufen. Der Rudergänger deutet mit dem Finger auf ein leichtes Gekräusel: »Der Passat! Der bleibt jetzt für sechs Monate.« Das ist das Unglück, das ich befürchtet habe, und das Ende für die Wale. Wir werden Kurs auf die afrikanischen Inseln nehmen, um uns das Nordende der Amiranten-Inseln anzusehen. Kaum aber haben wir die Küste aus den Augen verloren, da ertönt die Bordglocke, und alles ruft: »Da bläst einer! Da bläst einer!« Freude durchströmt mich mit einemmal.

Es werden sogar immer mehr Fontänen, je näher wir kommen. Sie wachsen aus dem Meere, Dampfsäulen, die in das Blau des Himmels emporsteigen. Auch sind sie schräggeneigt, etwa 45 Grad. Diese Neigung beweist, daß es sich um Pottwale handelt.

Ich habe die Geschwindigkeit der *Calypso* drosseln lassen, um jeden

Unfall, jeden Zusammenstoß zu vermeiden, der einen unserer Freunde verletzen könnte.

Allmählich nähern wir uns den Tieren; jetzt sehen wir ihre ungeheuren Rücken in den Wogen des Indischen Ozeans rollen.

Die Pottwale haben es nicht eilig. Bei der Vollkommenheit ihres Gehörs besteht kein Zweifel, daß sie den Lärm unserer Motoren mit großer Intensität wahrnehmen müssen, doch er erschreckt sie nicht, er verjagt sie nicht. Trotzdem haben sie Grund genug, den Menschen und ihren Fahrzeugen zu mißtrauen.

An Bord beginnen die Vorbereitungen. Abermals wollen wir versuchen, uns unter die Wale zu mischen und den Kontakt mit ihnen herzustellen.

Ich überlege mir, was wir alles versuchen könnten. Jeder ist in Alarmbereitschaft, das Filmteam und die Taucher ebenso wie der Toningenieur, der die Lautäußerungen der Wale über und unter Wasser festhalten wird.

Nun sind die Pottwale ganz nahe herangekommen; die *Calypso* nimmt ihren Weg mitten durch sie. Wir lassen mehrere Zodiac-Schlauchboote zu Wasser und vermeiden dabei alles, was sie erschrecken könnte.

Die Kameraleute sollen von einem Schlauchboot aus versuchen, die Pottwale im Wasser zu filmen. In diesem Augenblick frage ich mich, ob dieses Vorhaben nicht sinnlos ist. Von der Brücke der *Calypso* aus kann ich ahnen, welch überwältigende Kraft in diesen prallen Rücken steckt. Ich schätze ihre Größe ab. Manchmal peitscht ein riesiger flacher Schwanz das Wasser und läßt Spritzer aufspringen. Ich nehme in der Tiefe Silhouetten wahr, gewaltig wie Felsblöcke.

Falco wählt seine gewohnte Harpune, die nur die feine Haut des Pottwals durchdringt und im Speck hängenbleibt. An dem Eisen ist eine Boje befestigt.

Mit seiner Waffe und dem Behälter, in dem die Nylonleine aufgerollt ist, nimmt Falco an Bord des Schlauchbootes Platz, das sofort losfährt. Bébert ist mit einem Spezialgeschirr am Bug befestigt, so daß er sich selbst bei größter Geschwindigkeit aufrecht halten kann, um die Harpune zu schleudern.

Aber der Lärm des Motors erschreckt den Pottwal; er schwimmt davon. Das Schlauchboot versucht seine Geschwindigkeit zu erhöhen. Jetzt ist Falco sehr nahe an dem Tier. Er hat sein Markierungsgewehr ergriffen. Er zieht ab. Alle an Bord verfolgen beklommen die Szene.

Das andere Schlauchboot hat geschickt das Tier überholt und bremst es ab. Raymond Coll hat sich ins Wasser gestürzt und versucht, sich an eine Flosse zu hängen.

24

Zwei Grauwalfontänen. Das Schlauchboot steuert Bernard Delemotte. Canoé Kientzy will die Harpune werfen.

Wir können uns davon überzeugen, daß Falco Erfolg hatte. Die Harpune sitzt, der Pottwal zieht eine rote Boje hinter sich her, wie ein Hund, dem man eine Pfanne an den Schwanz gebunden hat. Zunächst ist das Tier überrascht von all dem Getue, und als es ihm nicht gelingt, seine Verfolger an der Oberfläche abzuschütteln, entschließt es sich plötzlich zum Tauchen.

Im Wegtauchen zeigt es seine dreieckige Fluke. Sie steigt hoch über die Wasserfläche auf. Also wird der Wal sehr tief hinuntergehen. Er holt Schwung, indem er sich kopfüber in die Vertikale begibt. Das ist der entscheidende Moment...

900 Meter lang ist die Leine, die wir angehakt haben. Wir zählen die Minuten. Leine und Boje verschwinden mit erschreckender Geschwindigkeit im Wasser. Das Meer verschlingt sie, und schließlich reißt die Schnur.

Wir müssen von vorn anfangen.

Es geht darum, ein Stück Eisen in das Fleisch dieser Tiere einzupflanzen. Das Fleisch ist elastisch, und mit der Kraft eines normalen Gewehres kann eine Harpune nicht wirklich so tief eindringen, daß der Widerhaken sich öffnet. Das ist der Grund dafür, daß die Harpune ausriß. Ich bin sicher, daß wir ebenso gut treffen wie die alten Walfänger, und zumindest aus ebenso großer Nähe! Doch alles kommt auf die Größe der Harpune an: Unsere ist lächerlich klein. Und doch möchte ich sie nicht tauschen und nicht riskieren, daß ein Tier verletzt wird.

Aus den Versuchen mit der Harpune müssen wir eine Lehre ziehen: Unser Handwerk hat das von Pottwaldompteuren zu sein: Man muß das Tier nicht nur stark genug abbremsen, um es von vorn zu filmen, sondern man muß auch noch ahnen, welchen Weg es nimmt. Denn sobald der Pottwal harpuniert ist, läßt sich nicht mehr voraussehen, wie er sich benimmt. Taucht er, so zerreißt er alles.

Ein Pottwal bleibt 5 bis 15 Minuten weg. In dieser Zeit legt er unter Wasser keine geringe Strecke zurück. Wir können ihn zwar mit aller Geschwindigkeit wieder einholen, aber bis wir in seine Nähe kommen, hat er schon Zeit gehabt, erneut Atem zu holen, und er taucht abermals.

Die gesamte Crew hat inzwischen eine Technik entwickelt, die auch funktioniert. Mehrmals aber lassen wir uns von den schlauen Tieren mit ihren lebhaften Reaktionen überlisten.

Wenn man einen Pottwal im Wasser betrachtet, hat man den Eindruck, daß er seinen Platz gar nicht so schnell verändert; aber das ist eine Täuschung. Sie rührt daher, daß die Bewegungen des Tieres, besonders das Schlagen der Schwanzflosse, weich, kraftvoll und harmonisch sind, wenn man es so beim Tauchen mit den Augen verfolgt, aber doch eine starke Wirkung ausüben.

Man kann nichts anderes tun, als Männer vor dem Tier zu plazieren, wenn die Lage günstig erscheint. Sie erwarten es mit der Kamera in der Hand, um es von vorn oder im Profil zu filmen, wenn es vorbeischwimmt. Dann beginnen wir wieder, im Schlauchboot vor ihm herumzufahren und einen Taucher loszuschicken. Das ist ebenso schwierig wie aufregend, sogar für den Führer des Schlauchbootes – er muß ja genau das Manöver richtig ausführen, das die Kameraleute verlangen.

So mutig diese Leistungen auch sein mögen – sie entsprechen eher einem Stierkampf als dem Drehen eines Filmes. Ich muß zugeben, daß die Wale uns viel mehr zu schaffen machen als die Haie. An die Haie heranzugehen, ist ebenfalls gefährlich, aber die Gefahr lohnt sich wenigstens. Hier nützt die tollste Kühnheit nichts – es geht ja nicht darum, Tapferkeitsmedaillen zu erwerben, sondern einen Film zu machen, einen von Bedeutung noch dazu.

Was empfinden Taucher und Kameramänner, wenn sie diesen riesigen Rachen im Wasser auf sich zukommen sehen? Was empfindet man angesichts dieses Ungeheuers? Darüber diskutieren unsere Kameraden abends in der Messe, wenn sie nicht allzu müde sind.

»Wenn man sich zum erstenmal in der Nähe eines Pottwals ins Wasser begibt, ist man unruhig«, sagt Michel Deloire. »Man befürchtet stets eine Abwehrreaktion, wenn einem das Tier vor die Kamera kommt. Man sieht diesen riesigen Kopf, und vor allem sieht man die Zähne. Es ist ein sehr merkwürdiges Gefühl, sich diesem viereckigen Kiefer gegenüber zu befinden. Dann aber gewöhnt man sich daran.« Und André Laban meint: »Wenn man diese schöne Reihe von Zähnen im Wasser blitzen sieht, ist das nicht sehr einnehmend. Und obendrein hört man ein Geräusch... Man könnte sagen, daß ein Pottwal ständig mit den Zähnen knirscht. Das ist aber vielleicht nur das Aussenden seiner Echolot-Signale. Doch dieses unaufhörliche Knirschen, das beeindruckt einen schon sehr.«

Das waren unsere ersten Beziehungen zu den Pottwalen im Indischen Ozean. Wir sollten bald noch größere Tiere treffen. Wir haben uns nicht damit begnügt, uns den Pottwalen soweit wie möglich zu nähern, wenn die *Calypso* ihren Weg kreuzte. Fast überall auf den Meeren haben wir sie systematisch beobachtet. Wir haben ihre Wanderungen verfolgt, wir waren bei ihren Liebesspielen zugegen. Wir haben die Walkälber beim Säugen gesehen. Wir haben die Schreie, die Sprache, das Singen dieser so seltsam geschwätzigen Großtiere festgehalten. Diese friedliche Verfolgung der Wale hat uns zu den Bahamas geführt, nach Alaska und nach Niederkalifornien. Ich möchte nun Bilanz ziehen aus mehreren Jahren Expeditionsreisen quer durch die Welt.

2 Zerbrechliche Riesen

Von Pottwalen umgeben – Das Markieren – Das »Virazéou«
– Das Meer, Land der Riesen – Zwei Feinde: Schwertwal und
Mensch – Die Verfolgung eines Finnwals – Tête-à-tête mit ei-
nem Grauwal – Wale und Haie

Im Indischen Ozean brachten wir es fertig, uns fast zwei Tage inmitten
einer Schule von Pottwalen aufzuhalten. Dabei wurde uns klar, nach
welchen Maßstäben diese Giganten leben. Die mächtigen Körper
brauchen zu ihrem Dasein den weiten Raum des Meeres und seine
Tiefen. Zwischen ihnen und uns besteht ein Abstand, der sie für uns
so schwer begreiflich macht.
Diese schwimmende, gegen den Rumpf der *Calypso* blasende Gruppe
war keine Herde unbewußt dahindämmernder Wesen oder wilder
Tiere. Die Schule war durch Bindungen zusammengehalten. Manche
Tiere stellten sogar deutlich ausgeprägte Individualitäten dar: Sie waren kühner, unruhiger, intelligenter als andere. Intuition? Ahnung?
Zweifellos. Aber wie soll man etwas nachweisen, wenn man mit einem
Dutzend Kreaturen aus 30 bis 60 Tonnen Muskeln, Knochen und
Speck experimentiert?
Außerhalb des Schiffsrumpfes, von uns nur durch ein paar Planken
getrennt, spielte sich ein Ballett ab, mehr noch: ein wohlbemessenes,
gut durchdachtes Handeln, das uns jedoch phantastisch anmutete,
denn es wurde ausgeübt von einem Dutzend Leviathanen, von denen
wir nur die Rücken sahen, oft auch die Schwänze, breit wie die Segel
von Schiffen, und ganz selten die Köpfe. Hätten wir aber ihre Sprache
verstehen können, dann hätten wir wahrscheinlich bemerkt, daß jedes
Umgruppieren seinen Grund hatte, daß die ganze Herde einer von Intelligenz bestimmten Richtlinie folgte. In der Tat sprachen alle diese
Tiere miteinander, und die Hydrophone, die wir ins Wasser gebracht
hatten, registrierten Klicklaute, Singen und manches Mal Dialoge.
Das war für mich möglicherweise die härteste Probe dieser den Walen
gewidmeten Expedition: In diesem Augenblick fühlte ich am leb-
haftesten die Überzeugung, daß die Hindernisse zwischen ihnen und
uns unüberwindlich sind. Zu groß erschien mir das Mißverhältnis zwischen diesen im Meere rollenden Massen und uns, die sie belauern wie
Ameisen auf einer Planke, an Bord eines Schiffes, das nicht viel größer
ist als sie selbst.

Trotz all unserer technischen Mittel, trotz der Außenborder und der schnellen Boote – was waren wir schon angesichts dieser Riesen, dieser schwimmenden und tauchenden Inseln! Die Pottwale waren so groß wie mehrere Autobusse hintereinander. An der Oberfläche erschien nur ein Teil ihres Körpers, und dort waren sie beinahe »annehmbar«, aber beim Tauchen waren sie so breit, so lang und manchmal so schnell, daß unsere Augen hinter unseren Tauchmasken nicht in der Lage waren, sie vollständig in den Blick zu bekommen.

Oft habe ich ein Gefühl der Bitterkeit oder des Unvermögens verspürt bei dem Gedanken, daß die größten Errungenschaften der Natur ein für allemal außerhalb der Reichweite unserer Sinne sein sollten, außerhalb unseres Erlebens, und das nicht, weil die Wale ein Leben im Wasser führen, sondern weil sie einer Riesenwelt angehören, die von uns eine Anpassung erfordert, ein Verständnis, ein Verschieben unseres Denkens – etwas, das möglicherweise außerhalb unserer Fähigkeiten liegt.

In jenen Tagen haben wir alle unsere Mittel eingesetzt, unsere Beiboote, unsere Schlauchboote und alle unsere Taucher, denn wir wollten versuchen, einen Kontakt, eine Annäherung zustande zu bringen. Aber wir waren auf hoher See, deren Weite und Tiefe dem Maßstab der Pottwale und ihrer Kraft, nicht aber der unseren entsprechen.

Was ist ein Wal? Eine sehr dicke Walze, schwarz und grau, glänzend... man könnte fast sagen aus Metall... ein Kessel, der von Zeit zu Zeit einen Dampfstrahl auswirft. Wie bestürzend wirkt es, wenn man sich Gesicht an Gesicht mit diesem Wesen im Wasser befindet; denn es erreicht Dimensionen, an die der Mensch bei lebenden Geschöpfen nicht gewöhnt ist. Das ist wahrhaft ungeheuer, so ungeheuer, daß man sich manchmal fragt, ob man nicht träumt. Alle unsere Taucher sind sich hierüber einig. Die erste Begegnung ist eindrucksvoll, um nicht zu sagen erschreckend. Ein Felsblock, ein Zug im Vorübergleiten. Kein Vergleich trifft wirklich zu. Man muß auch bedenken, daß es vom Beobachtungsstand der *Calypso* aus den Anschein hat, als würden sich diese großen Tiere nicht sehr schnell von der Stelle bewegen. Aber die Kräfte eines Tauchers sind unendlich viel geringer, und das Wasser hemmt ihn in seiner Bewegung. Einen Wal berühren, sich an ihn hängen, kommt für ihn einer sportlichen Hochleistung gleich... oder einem Alptraum.

Die einzige Technik, die wir entwickelt haben, besteht im Gebrauch von mindestens zwei schnellen Zodiac-Schlauchbooten. Das eine fährt dem Wal vor der Schnauze herum und versucht, ihn zu bremsen, was nicht ohne Gefahr vor sich geht. Von dem anderen Schlauchboot stürzen sich Kameraleute und Taucher vor den Kopf des Tieres ins Wasser, sehen es über oder unter sich hinweggleiten und tun, was sie können: auf seinen Rücken steigen, sich an eine Flosse hängen... Wenn sie sich haben abwerfen oder abhängen lassen, nimmt das Schlauchboot sie wieder auf, fängt das Tier nochmals ab, und das Spiel beginnt von neuem. Das ist leider die einzige Beobachtungsmethode: aber so empirisch, so vom Zufall abhängig sie auch sein mag, wir haben dennoch vieles aus ihr gelernt.

Wir haben schnell gelernt, daß wir die Wale um jeden Preis aufhalten müssen, wenn wir sie über eine nennenswerte Zeitspanne beobachten und vor allem filmen wollen.

»Man jagt ihnen nach, man springt, man wartet eine oder zwei Sekunden, bis die Bullen verschwinden«, erzählt André Laban, »und niemals sieht man von dem Tier in der Kamera mehr als den Schwanz. Wenn sich der Sog verliert, ist schon alles vorbei.«

Um eine Schule Wale auf ihrer Wanderung aufzuhalten oder zumindest ein Tier zu isolieren, haben wir verschiedene Taktiken zu entwickeln versucht, mit den Schlauchbooten, den Beibooten, aber zwischen den Pottwalen und unseren Fahrzeugen besteht ein derartiges Mißverhältnis im Zuschnitt, daß die Tiere uns schon im voraus überlegen sind. Es scheint, als ob nichts im Meer gegen die Wucht einer solchen Masse aufzukommen vermag. Eine zusätzliche Schwierigkeit: Ein Wal zeigt keine Reaktion, die ein Mensch deuten könnte. Nichts in seinem Verhalten, weder ein Zittern noch eine Bewegung der Flosse, noch ein Schlag mit dem Schwanz lassen seine Reaktionen oder seinen Zorn vorausahnen. Ein Hund knurrt, ein Löwe brüllt... Würde aber die ungeheure Schwanzflosse eines Pottwales auf uns niedersausen – sie würde uns ohne Vorwarnung zerschmettern. Bei einem Wal ist es deshalb auch schwer zu sagen, wie weit man gehen kann. Für den Taucher ist ja nichts weiter zu erkennen als eine weiße Zahnreihe in einem riesigen, viereckigen Rachen. Sie wirkt erschreckend; aber man läßt sich davon kaum beeindrucken, wenn man 36 Stunden lang von der Harmlosigkeit und Verspieltheit dieser offensichtlich gutmütigen Riesen profitiert hat.

Wir haben zumindest eine Genugtuung: Die Markierungstechnik bringt tatsächlich Ergebnisse! Falco erweist sich darin als immer kühner und geschickter. Und die Fahrer des Schlauchbootes vollbringen wahre Heldentaten mit ihren Motoren. Sie jagen sogar, nur halb im Wasser, über den Rücken des Wals dahin und heben dabei plötzlich die Schraube an, so daß das Tier nicht verletzt wird – eine großartige Leistung!

Glücklicherweise ist das Wasser wunderbar klar und das Wetter schön. Der Passat ist noch nicht da. Wenn ein Taucher ins Wasser springt,

Falco hat die Technik des »Virazéou« erfunden. Sie besteht darin, einen Pottwal mit dem Schlauchboot einzukreisen.

sieht er den Pottwal auf sich zukommen. Meist versucht das Tier, dem Menschen auszuweichen. Kann es ihn sehen, oder spürt es ihn mit seinem Echolot? Der eine wie der andere Sinn warnen es jedenfalls zuverlässig.

Die Kameramänner springen jetzt mit Preßluftflaschen auf dem Rükken. Zwar vermindert das Gewicht der Ausrüstung die Schnelligkeit ihres Eingreifens etwas, aber trotzdem ist die Aqualunge unentbehrlich, denn oft geht der »markierte« Pottwal 5, 10, 15 oder 20 Meter tief: Kameraleute und Taucher folgen ihm. Auch all dies könnte geradezu aus dem Zirkus stammen; aber es ist nicht ungefährlich.

Es gelingt uns, ein »markiertes« Tier 24 Stunden lang bei der *Calypso* zu halten. Das ist unser Rekord, die längste Zeit. Und dabei bleibt die ziemlich große Schule – an die 10 Pottwale – ständig in der Nähe und scheint auf den Gefangenen aufzupassen. Zwischen ihm und seinen Begleitern findet ständig ein intensiver Austausch von Signalen statt. Wir registrieren sie unter Wasser mit den Hydrophonen. Die Schule zerstreut sich nicht im Meer um die *Calypso*, sie schwimmt uns in geringem Abstand voraus, im allgemeinen steuerbords. Wir sehen die Fontänen aufsteigen, regelmäßig und nahe beieinander.

Mehrmals kommt Laban mit dem Kopf des Pottwales in Berührung und kann ihm buchstäblich die Kamera auf die Nase stellen. Man hat den Eindruck, daß das Tier trotz seiner Masse – es ist ja so schwer wie mehrere Panzer zusammen – ein bißchen verwirrt ist. Der Lärm des Schlauchbootes muß viel dabei ausmachen.

Man kann bei diesen Walen wirklich nicht von Aggressivität sprechen. Wohl aber lernen wir es, die Nervosität der Tiere aus gewissen Anzeichen zu erschließen: plötzliche Kopfbewegungen, Schwanzschläge, Vorbereitung zum Wegtauchen.

Es scheint, als sei die häufigste Reaktion eines Pottwales die Flucht nach vorn, der Wunsch, vorbeizukommen, um sich wieder seiner Gruppe anzuschließen, die ihn erwartet, während wir alles tun, ihn aufzuhalten. Er ist viel mehr geneigt zu fliehen, als sich auf einen Kampf mit dem Zodiac-Schlauchboot einzulassen; und dennoch wäre dieses für ihn eine sehr leichte Beute.

An Bord der *Calypso* üben die Wale deutlich eine echte Faszination auf die Menschen aus, ganz besonders vielleicht auf die Matrosen.

Albert Falco hat entdeckt, was wir seit Beginn der Expedition suchten: eine Technik, mit der man die Wale für die Zeit des Filmens und Beobachtens aufhalten kann. Er hat ihr sogar einen Namen gegeben, einen provençalischen Namen. Es ist das »Virazéou« oder »vire-vire«, ein Wort, das man nur versteht, wenn es mit einem schönen südlichen Akzent ausgesprochen wird. Dank dem Virazéou hat sich meine Stimmung beträchtlich gehoben.

Diese Technik hatte Falco schon an Delphinen und Schwertwalen versucht. Sie besteht in folgendem: Mit einem Außenborder kreist Bébert in höchster Geschwindigkeit um einen Pottwal und schließt ihn in einen Kreis von Lärm und Blasen ein, ohne Rücksicht auf seine Reaktionen, die zunächst ganz schön aggressiv sind. Das Manöver ist sehr wirkungsvoll. Der Wal ist von dem Motorenlärm ziemlich betäubt und durch den Blasenvorhang, den die Schraube hervorruft, verwirrt. Allmählich stellt der Pottwal seine Bewegung ein: er scheint starr vor Staunen.

Wie alle Wale sind die Pottwale Tiere mit ausnehmend hochentwickelten akustischen Sinnen. Wahrscheinlich erscheint dem Tier die Schallmauer, mit der es Falco umgibt, als unüberwindlich, vielleicht leidet es sogar darunter. Gleichermaßen muß es gegen die von der Schraube erzeugten Blasen empfindlich sein, die seinen ganzen Körper umgeben.

Es verlangsamt plötzlich seine Fahrt, bleibt beinahe stehen, und zum erstenmal bei unseren Versuchen, an die Giganten heranzukommen, stellen wir einen beachtlichen Fortschritt fest.

Das Tier ist durch den Lärm verwirrt und versucht, unter dem Schlauchboot wegzutauchen.

Der Riese hätte sich entschließen können zu tauchen, in der Tiefe zu verschwinden, um seinen Quälgeistern zu entgehen. Aber er scheint gelähmt durch diesen Teufelskreis, den Falco pausenlos um ihn zieht. Aber kann ein so gefährliches Experiment ohne Zwischenfall verlaufen? Schon kocht das Meer in einem plötzlichen Wirbel, und wir sehen das Schlauchboot und seine Insassen hochfliegen, während der Motor, die Kameras und einiges Zubehör über Bord gehen. Das Boot ist platt auf das Wasser zurückgefallen, ohne zu kentern. Aber Maurice Léandri, der am Heck stand, wurde hinausgeworfen. Es gelang ihm, mit einer Flanke wieder an Bord zu kommen; er ist mit dem Schrecken

Der Pottwal greift das Schlauchboot an. Gleich wird es kentern.

davongekommen. Der Pottwal hat einfach, mit einer Schwanzbewegung von unten nach oben, den Außenborder und all seine Insassen hochgehoben. Er hätte etwas viel Schlimmeres tun können: das Schlauchboot mit den Zähnen anfallen, die Menschen mit seinen Flossen und seinem Schwanz zerschmettern. Aber nein, er hat sich auf eine wirksame, aber maßvolle Geste beschränkt und seinen Weg unerschüttert fortgesetzt.

Diese selbstsichere Kraft, die der Verbissenheit und Aggressivität eines Moby Dick wenig ähnlich sieht, gehört zu den Vorzügen der Riesenhaftigkeit. Die Menschen haben, um ihr Gemetzel zu rechtfertigen, den Walen und besonders Pottwalen eine »Wildheit« zugeschrieben, eine Gewalttätigkeit, die kaum in ihrem Temperament zu liegen scheint.

Das Ungewöhnlichste an der Kraft der Wale aber ist ihre Hinfälligkeit. Ihr ganzes Leben, ihre ganze Leistungsfähigkeit, ihre ganze Stärke verdanken sie dem Meer. Von ihm allein können sie das Leben erhoffen. Ein Wal in freier Luft, gestrandet, ist zum sicheren Tode verurteilt. Weder seine Muskeln noch seine Glieder erlauben ihm, das schützende Wasser wiederzugewinnen. Schon erstickt er – und gerade von seiner Masse wird er erdrückt. Er mag über noch so gewaltige Kräfte verfügen – sie genügen nicht, seinen Brustkorb zu dehnen, die drückende Last des Fettes zu erleichtern. Er kann nicht einen Atemzug machen, er stirbt einen jämmerlichen Erstickungstod.

Die Wale erschienen in der Tertiärzeit, vor 25 Millionen Jahren, im Miozän. Aber ihr Stammbaum reicht noch weiter zurück. Für die Paläontologen gibt es keinen Zweifel, daß die Meeressäugetiere von landbewohnenden Vorfahren abstammen:

Bevor sie die Herren der Meere wurden, mußten sie auf dem Lande ein viel bescheideneres Leben führen. Das einzige, was einen an dieser Aussage zweifeln lassen könnte, ist die Tatsache, daß man ihren fossilen Ahnen noch nicht gefunden hat, der sich mit vier Füßen auf dem festen Land bewegte.

Wohl aber hat man eine große Anzahl vollständiger Skelette von fossilen Walen gefunden, die den Landsäugetieren noch recht nahestanden: Sie waren viel kleiner als die heutigen Finn- und Pottwale, nämlich nur 6 Meter lang.

Im Skelett der heutigen Wale haben sich Spuren erhalten, die an einen Vorfahren mit vier Gliedmaßen erinnern: winzige rudimentäre Oberschenkelknochen und Schienbeine sowie Reste des Beckens, in das Muskelfleisch eingebettet und nicht mit der Wirbelsäule verbunden;

André Laban legt auf der Brücke der *Calypso* seine Ausrüstung an.

außerdem erinnert das Knochengerüst der Brustflossen an eine Hand mit ihren Fingern. Die Schwanzflosse ist nicht wie die der Robben aus den hinteren Gliedmaßen eines landbewohnenden Ahnen hervorgegangen, sondern ist ein nur den Walen (und den Seekühen) eigenes Organ.

Die Erde hat in ihrer Geschichte riesige Tiere gesehen, vor allem die riesigen Saurier des Erdmittelalters. Es sind die größten Tiere, die je auf dem Lande gelebt haben: der Diplodocus, der Brontosaurus, der Brachiosaurus, der Gigantosaurus... Aber keiner von ihnen hat je die 130 Tonnen des Blauwals erreicht. Es scheint, daß die größten Saurier des Mesozoikums 20, 30 oder 35 Tonnen nicht überschritten haben. In ihrer Körperlänge sind nämlich ein überlanger Hals und Schwanz eingerechnet, wodurch sich das Gewicht des Tieres pro Meter merklich vermindert.

Diese Giganten waren keine Säuger. Sie »beherrschten« die Lebewelt des Erdmittelalters, das den Namen »Zeitalter der Reptilien« wohl verdient. Aber schon ihre Größe und ihr Gewicht zwangen sie, im Wasser oder am Rande des Wassers zu leben. Denn eine Masse von 30 Tonnen Fleisch und Knochen auf dem Lande fortzubewegen, erfordert einen beträchtlichen Energieaufwand. Allein das hilfreiche Wasser, das nach dem Archimedischen Prinzip Schweres gewichtslos macht, vermag selbst das riesenhafteste Lebewesen zu tragen und ihm Anstrengungen zu ersparen, die das seiner Körperenergie Mögliche übersteigen.

Unter den großen Sauriern der Jurazeit scheinen manche die Länge des Wales erreicht zu haben, obwohl sie auf dem Festland lebten. Die Masse ihres Körpers selbst aber war viel geringer als die der großen Wale. Sie erreichte höchstens ein Viertel davon. Dennoch waren manche zum Leben im Wasser übergegangen, wie der Brontosaurus. Das ist der Grund dafür, daß sich seine Nasenlöcher auf dem Scheitel seines Kopfes öffneten: Hier ist das Spritzloch der Wale vorweggenommen.

Um ihr Körpergewicht tragen zu können, brauchten diese Vierfüßler enorme Stützpfeiler. Wenn ein Elefant das Doppelte wöge, brauchte er, wie man berechnet hat, Füße, die so groß wären, daß sie die Ausdehnung seines Körpers überschritten. Nun wiegt ein Elefant 3 bis 6 Tonnen. Das ist etwa das Gewicht einer Walzunge!

Die Dinosaurier sind von der Erdoberfläche mit einer Plötzlichkeit verschwunden, über die sich die Paläontologen immer wieder gewundert haben. Ihre Riesenhaftigkeit – die freilich nicht allgemein war – ist vielleicht die Ursache dafür. Jedenfalls hatte das Aussterben dieser Giganten viele sehr bemerkenswerte Folgen.

Bei der Verfolgung der verteufelt listigen Grauwale.

Die Riesen des Erdmittelalters nehmen sich aus wie ein mißlungener Versuch der Natur. Angesichts der Tatsache, daß erneut Riesenformen entstanden und damit dieselben Probleme aufgeworfen waren, hat das Leben dieselben Fehler nicht noch einmal gemacht. Die Lösungen, die es gefunden hat, sind zwar nicht vollkommen, aber sie sind doch von Bestand – das Leben im Wasser liefert den Schlüssel für die Lösung der Probleme.

Die Giganten haben ja nicht nur das Problem der Fortbewegung zu lösen, sondern auch das der Atmung. Um bei jedem Atemzug den Brustkorb zu weiten, sind mächtige Muskeln und ein Skelett von besonderer Struktur notwendig.

Das ist der Grund, warum ein Wal schnell erschöpft ist, sobald er sich außerhalb des Wassers befindet. Er hat nicht mehr die Kraft zum Atmen. Sein Skelett, in dem das Becken verschwunden ist, ist auch nicht mehr in der Lage, an der Luft das Fett und die Muskeln zu tragen. Wir haben ein verletztes Walkalb aus dem Wasser geholt, weil wir versuchen wollten, es zu behandeln. Sein ganzer Körper mußte gestützt werden, indem wir es auf eine Tragbahre legten: es war in Gefahr, sich selbst zu erdrücken.

Die Ernährung wirft ein anderes Problem auf. Zur Versorgung eines so großen Körpers sind Nährstoffe von beträchtlichem Gewicht nötig. Ein Elefant nimmt 300 bis 400 Kilogramm Futter pro Tag zu sich. Die Riesenechsen des Erdmittelalters stießen auch da auf eine ungelöste Schwierigkeit: Alle hatten einen für ihren Körper zu kleinen Kopf. Zudem verbrachten sie eine beträchtliche Zeit mit dem Abweiden von Pflanzen für ihre Ernährung; denn ein Tier von 30 Tonnen Gewicht, das nur einen Kopf hat so groß wie der eines Pferdes, muß pausenlos grasen, um nicht Hungers zu sterben.

Die Bartenwale und die Pottwale haben riesige Köpfe – sie können auf einen Schlag Nahrung von mehreren hundert Kilogramm verschlingen. Die Bartenwale haben sich auf winzige durch ihre Barten aus dem Wasser gefilterte Beutetiere verlegt, eine Ernährungsweise, die kaum Anstrengungen erfordert.

Die Pottwale nehmen es mit den riesigen Tintenfischen auf, die in Tiefen von 500 und mehr Metern leben. Dazu müssen sie tauchen, und dabei ist ihre Riesenhaftigkeit von beträchtlichem Vorteil. Man kann sich vorstellen, wieviel Kraftreserven nötig sind, um die Bewegungen dieser ungeheuren lebenden Maschine zu gewährleisten, die sich auf dem Meeresgrunde in Kämpfe auf Leben und Tod mit Kraken von mehr als 10 Meter Länge stürzt.

Sind also die Wale nicht allein schon dank ihrer Größe die wahren Könige des Meeres, Geschöpfe von solcher Kraft, daß sie keine Feinde haben? Das ist nicht sicher.

Gewiß hat der Mensch es lange nicht gewagt, die größten Wale anzugreifen, die Blauwale und Finnwale zum Beispiel. Die ersten Walfänger, die Basken, nahmen es mit einem recht bescheidenen schwarzen Wal auf, mit *Eubalaena glacialis,* dem Biskaya-Wal oder Nordkaper, der lange nicht so groß und furchterregend ist, verwundbar aber vor allem auf Grund seiner geringen Geschwindigkeit (3 Knoten). Er ist von den Küsten ihres Landes verschwunden, weil er zu stark verfolgt wurde.

Bis ins 19. Jahrhundert waren die Walfänger gezwungen, ihre Beutetiere nach den Mitteln zu wählen, die ihnen zur Verfügung standen: Ruderboote, Spille, Taue, Handharpunen. Eine Epoche lang waren die Riesen des Meeres klar im Vorteil. Doch 1864 wurde die Harpune erfunden, die mit einer Kanone geschleudert wird. Sie ermöglichte es dem Menschen, fortan alle Wale anzugreifen, gleich welcher Art und Größe. Der kleine Vorteil, den die Riesenhaftigkeit bot, war dahin.

Auch anderen Tieren gegenüber sind die großen Wale nicht unbesiegbar. Ihr schlimmster Feind ist einer ihresgleichen, ihr Bruder, der Schwertwal. Er ist, wie der Pottwal, ein Zahnwal, aber viel kleiner als ein Glattwal oder ein Pottwal, dafür jedoch von diabolischer Kraft und Intelligenz. Wir werden ihm am Ende dieses Buches ein ganzes Kapitel widmen.

13. April. Um 7 Uhr morgens nehmen wir Kurs auf Shab-Arab, beschreiben jedoch eine weite Kurve zur Tiefe der Bucht hin. Wir halten diesen Kurs noch nicht lange, als drei weiße Wale, möglicherweise Belugas, in etwa 20 Meter Entfernung vorbeiziehen. Wir manövrieren, finden sie aber nicht mehr. Schließlich Pottwale! Es ist verrückt, daß es sie dieses Jahr zu dieser Jahreszeit im Golf von Aden gibt.

Die Verfolgung der Pottwale beginnt ziemlich übel. Wir fahren mit der *Calypso* heran, und Falco harpuniert aus weiter Entfernung. Die Harpune gleitet an der Flanke des Wals ab und reißt ein Stück Haut weg. Christian Bonnici stürzt sich im Schlauchboot auf eine Dreiergruppe. Binnen weniger Minuten gelingt es ihm, einen jungen Pottwal zu isolieren, aber dieser wird schließlich von seinen Eltern befreit. Immer wieder nutzlose Verfolgungen, dann gegen 14 Uhr erneuter Alarm: Ein sehr junges Pottwalbaby schwimmt dicht bei seiner Mutter. Während die *Calypso* voranfährt, sehen wir, wie das Baby seine Mutter verläßt, um schnurstracks auf den Schiffsrumpf zuzusteuern. Ich lasse schnell die Schrauben stoppen... Ein Glück! Das kleine Kalb schwimmt außenbords, offensichtlich ganz zufrieden. Seine Mutter schließt sich ihm in geringer Entfernung an. Das Schlauchboot fährt los, da die Mutter mit einer leichten Harpune markiert werden soll; aber sie hat die Verfolger schnell abgeschüttelt. Mutter und Kind gelingt es, sich wieder unter die Herde zu mischen, und wir verlieren den Kontakt.

In meiner Kabine halte ich eine Besprechung mit Bébert, Laban, Du-

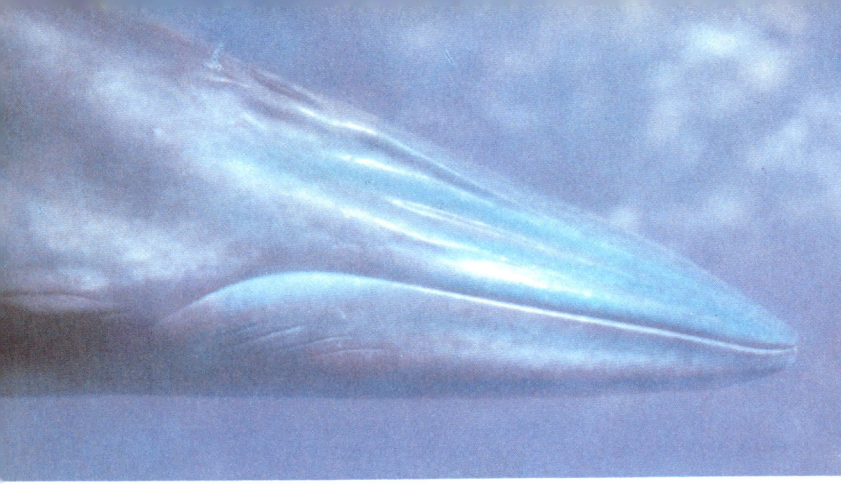

»Hätten wir den Kopf eines Finnwals im Wasser gesehen, wären wir alle sehr
überrascht gewesen.«

mas und Marcellin. Wir beschließen, auf das Filmen am Riff des
Shab-Arab zu verzichten und den Pottwalen den absoluten Vorrang
zu geben. Wir werden ihnen maximal drei Tage zusätzlich widmen.
Als mich die vier Freunde verlassen haben, gehe ich nicht in die Messe,
sondern bleibe allein. Ich denke noch immer an unsere Probleme. Und
plötzlich schwebt mir ein Gerät vor, das vielleicht die ideale Lösung
bedeutet. Kurz gesagt geht es darum, an den Wal keine Boje mehr an-
zubinden, sondern einen Aerostaten, einen Ballon, etwas, das in der
Luft schwebt und leicht wiederzufinden ist. Eine Aluminiumplakette
an dem Ballon würde es ermöglichen, ihn selbst in der Nacht mit dem
Radar zu verfolgen. Das Risiko, daß unsere Beute verlorengeht,
würde sich damit gewaltig vermindern.
Ich rufe die geschicktesten Bastler an Bord zusammen, und wir arbei-
ten bis spät in die Nacht an der Herstellung des Gerätes: halb Zeppe-
lin, halb Papierdrachen. Das ist der »Kytoon«. Der Name ist zusam-
mengesetzt aus dem englischen kyte, Kite, »Papierdrachen«, und dem
Ende des englischen Wortes Ballon (balloon).
14. April. Simone ist unermüdlich wie ein ganzer Bienenschwarm. Sie
hält darauf, daß unsere Messe sauber und einladend aussieht, sorgt für
ihren Hund, gibt acht auf die Wale und auf die Vorräte an Bord.
Ich kann es kaum erwarten, daß wir den Kytoon ausprobieren.
Mehrere Tage sollten vergehen, bis wir Gelegenheit dazu hatten. Und
nicht an einem Pottwal erprobten wir unsere neue Vorrichtung, son-

42

dern an einem Bartenwal, einem Finnwal, dem größten Tier nach dem Blauwal.

Hier die Aufzeichnungen dieses Tages:

Zahlreiche Hammerhaie schwimmen mitten unter Delphinen.

Am Morgen erreicht die *Calypso* Kap Guardafui. Nach einer Drängelei zwischen zwei Zodiac-Schlauchbooten und drei Delphin-Schulen bemerkt Bébert eine mächtige Fontäne. »Laßt die Delphine – dorthin!« ruft er. Das Wetter ist schön, wir können schnell folgen, die Schlauchboote machen gut 15 Knoten. Zwei Stunden lang hält der Wal ein Höllentempo durch. Kein Zweifel, das ist ein Finnwal von 10 oder 15 Meter Länge. Wir müssen uns beeilen, denn der Finnwal bleibt nur kurze Zeit an der Oberfläche. Mit Sicherheit wird er tauchen und für 10 oder 20 Minuten verschwinden. Endlich ist er außer Atem und wird langsamer. Die Abstände von einem Blasen zum anderen verringern sich.

Gewiß ist der schräge Spaut des Pottwals einzig in seiner Art; der des Finnwals sieht ganz anders aus. Die Walfänger haben sie nie verwechselt, uns aber fällt es noch sehr schwer, den Unterschied auf Anhieb zu erkennen. Weitaus charakteristischer ist die Form der Rücken-

Unter der riesigen Fluke des Finnwals erkennt man zwei Taucher.

flosse: stärker zugespitzt als beim Finnwal, während der Pottwal überhaupt keine Rückenflosse besitzt, sondern nur einen etwas sonderbaren »Kamm« auf dem letzten Drittel der Rückenoberfläche. Beim Finnwal hat sie zudem deutliche Hakenform.

Verschieden ist ferner die Art des Wegtauchens. Der Pottwal schnellt in die Vertikale und hebt dabei klar erkennbar seinen Schwanz aus dem Wasser, während ein Bartenwal mehr schräg taucht. Er knickt weniger ab. Der, dem wir begegneten, schien außerdem keiner Schule anzugehören. Offensichtlich bewegen sich die Finnwale einzeln oder in Gruppen von zweien oder dreien.

Das Zodiac-Schlauchboot befindet sich endlich in günstiger Position gegenüber der blaugrauen Flanke des Tieres. Bébert zielt mit seinem Markierungsgewehr. Der Wal schießt getroffen davon. Es ist erschreckend: Die Leine spult sich mit 15 Knoten ab!

Die 500 Meter Polypropylen sind ohne Zwischenfälle abgelaufen; es folgen 300 Meter blaues Nylon. In dem Augenblick, als Bébert sein Zodiac-Schlauchboot vor Anker gehen läßt, gibt die Leine nach – der Finnwal ist freigekommen. Aber das Schlauchboot mit der Filmausrüstung und die *Calypso* sorgen dafür, daß die Verfolgung fortgesetzt werden kann. Falco holt die gesamte Leine ein, lädt das Markierungsgewehr erneut und zieht ab: Das Eisen prallt jedoch ab. Bébert holt es wieder ein: Die Widerhaken sind geöffnet wie ein Regenschirm. Falco versucht das Armbrustgewehr; aber die stählerne Sehne reißt. Schließlich packt er die dicke alte Harpune, die mit der Hand geschleudert wird. Der Wal macht nicht mehr als 8 Knoten. Man kann ihn durch die Wasseroberfläche hindurch erkennen, denn er taucht nur noch flach. In dem Augenblick, in dem er zum Atmen ansetzt, ist leicht an ihn heranzukommen. Zweimal schneidet ihm Bonnici, am Steuer des Zodiac-Schlauchboots, den Weg ab. Der ungeheure dreieckige Kopf durchstößt das Wasser wenige Zentimeter vom Boot entfernt. Schließlich sticht Falco ihn in die linke Seite. Die Spitze dringt ein, doch als der Wal ins Wasser zurückfällt, knicken Eisen und Schaft wie ein Strohhalm. Trotzdem hält diesmal alles. Falco gibt 500 Meter Leine und hängt eine dicke rote Boje von 50 Litern daran. Die Verfolgung beginnt. Laban und Deloire filmen seinen Weg. Barsky macht Aufnahmen an der Oberfläche. Die eigentliche Jagd dauert vier Stunden. An Bord der *Calypso* beginnt man alles aufzuzeichnen, was der Wal macht.

Der Wal ist sichtlich gereizt durch all die Schlauchboote, die ihn wie Moskitos umschwärmen. Und in Anbetracht seiner Größe ist das, was Falcos Harpune ihm beigebracht hat, tatsächlich wohl nur ein Mückenstich. Beständig ändert der Wal die Richtung. Die beiden

Schlauchboote flankieren das Tier, die Kameramänner zur Rechten, die »motorisierten« Taucher zur Linken. Sie stürzen sich vor dem Wal ins Wasser und sehen ihn ganz nahe an sich vorüberziehen. Der Wal atmet beinahe alle 15 Sekunden. Trotz Hitze und trockener Luft ist der Dampf seines Atems weithin sichtbar und hält sich in der Atmosphäre.

Das Film-Schlauchboot kommt zurück. Falco ist schon an Bord und richtet den Kytoon her. Dieser soll, mit Wasserstoff aufgeblasen und mit einem Schwanz aus Aluminiumwickeln geschmückt, als Zielobjekt für das Radar dienen; er läßt sich schnell an die Boje anhängen.

Durch den Ballon neugierig gemacht, nimmt ein Schiff Kurs auf den Wal. Die *Calypso* führt Ablenkungsmanöver aus, um es davon abzubringen.

Marcellin und Dumas wollen Tonaufnahmen machen, indem sie fast gleichzeitig den Wal verfolgen und ein Mikrophon an einer Stange über seinen Spritzlöchern anbringen: die Fontänen brechen empor wie dumpfe Kanonenschläge.

Mit diesem Finnwal haben wir ein außergewöhnliches Objekt vor uns. Außergewöhnlich zunächst durch seine Abmessungen: Er ist größer als alle Pottwale, auf die wir bisher gestoßen sind. Und viel schöner. Der Körper ist nicht so massiv und setzt sich fort in einem feinen, bei geschlossenem Maul unten etwas gefurchten Kopf. Ein Hals ist nicht zu erkennen, die Stromlinienform ist vollkommen, das ganze Vorderteil hat etwas Graziles und Elegantes. Auch die Farbe ist rein, seidig, viel prächtiger als die der Pottwale.

Jedermann an Bord singt ein Loblied auf den Finnwal. Das Urteil lautet einmütig: Man kann viel leichter an ihn herankommen als an den Pottwal. Das kommt zweifellos daher, daß er allein ist. Er gehört nicht zu einer Schule, deren Angehörige nach ihm rufen.

»Die Pottwale«, sagt Michel Deloire, »hatten nur das eine im Sinn: auszureißen, um sich ihrer Herde wieder anzuschließen.« Sie versuchten uns wegzudrängen, um durchzukommen. Dagegen setzt der Finnwal selbstsicher seinen Weg beinahe unbeirrt fort. Ihm ist nicht anzumerken, daß die Trennung von den Seinen ihn kopflos gemacht hat.

»Der Bartenwal ist ein fabelhaftes Tier, zehnmal, hundertmal schöner als der Pottwal! Mit seinem ziemlich flachen Kopf scheint er zu lächeln, ja, von vorne besehen besteht der Finnwal eigentlich nur aus einem riesigen Lächeln. In seinem Ausdruck liegt etwas Sympathisches, das dem Humor ähnelt. Er ist ein Tier, das in mir ein Gefühl des Entzückens erweckt.«

In der Nacht richten wir Patrouillen ein, um mit einem Zodiac-Schlauchboot die Boje zu überwachen. Manchmal bleibt der Wal für einen Augenblick stehen, dann wieder legt er Spurts mit 6 oder 7 Knoten ein.

Samstag, 13. Mai. An Bord werden Listen aufgestellt, denn wir möchten sichergehen, daß dieses Ereignis nach allen Seiten ausgewertet wird.

Am Morgen filmen Barsky und Deloire bei Sonnenaufgang den Kytoon und die *Calypso.* Unterwasserfotos vom Wal. Die gleiche Taktik wie gestern.

Ein Zodiac-Schlauchboot verfolgt den Finnwal. Dieser taucht, kommt im Norden wieder zum Vorschein, bricht erst nach Osten aus, dann nach Westen. Die reinste Corrida! Michel Deloire filmt in einem Schlauchboot mit der Unterwasserkamera, Barsky in dem andern mit einem gewöhnlichen Filmgerät.

Zum Glück laufen die beiden Fahrzeuge parallel zueinander, denn infolge einer halben Drehung verwickelt sich die Leine, die das Tier mit der Boje verbindet, in der Schraube des Schlauchbootes. Wir sind Zuschauer einer außergewöhnlichen Szene: Die gespannte Leine zieht das Fahrzeug nach unten, drückt es ein, zieht es unaufhaltsam ins Wasser. Der Zug muß enorm sein, denn so ein Schlauchboot stellt doch ein beachtliches Luftvolumen dar. Das Heck sinkt so tief, daß sich das Boot mit Wasser füllt. Die Kameras sind in den anderen Außenborder umgeladen worden, weil wir gehofft haben, das Tier doch noch zu halten; aber schließlich muß Falco die Leine kappen, sonst hätte der Wal das Boot in die Tiefe gerissen.

Ich fürchte, wir haben uns gestern ein wenig von der Vermenschlichung verleiten lassen, wenn wir unseren Wal als »elegant« bezeichneten. Hat er sich um uns auch nur ein bißchen gekümmert? Er verfolgt unbeirrt seinen Weg. Ich glaube, daß wir mit einer Skala von Empfindungen kaum rechnen können – von den durch Lärm verursachten vielleicht abgesehen...

Falco verschießt zwei weitere Harpunen, um den Finnwal noch einmal zu bekommen. Und er hat Glück! Damit sind wir wieder dort angelangt, wo wir gestern waren, aber es ist uns dabei warm geworden. Die *Calypso* macht, so gut sie kann, die Bewegungen der Schlauchboote und des Wales mit, der offensichtliche Geringschätzung für uns zeigt. Nach dieser Unterbrechung macht Deloire Aufnahmen mit dem Weitwinkel, die er für sensationell hält. Zum erstenmal wird ein Finnwal unter Wasser beobachtet und gefilmt – ein bedeutender Augenblick! Bonnici hängt sich an die Rückenflosse des Wales und schwingt sich über das Wasser empor. Ebenfalls eine Premiere!

Barsky filmt diese akrobatische Leistung von Bonnici vier- oder fünfmal.

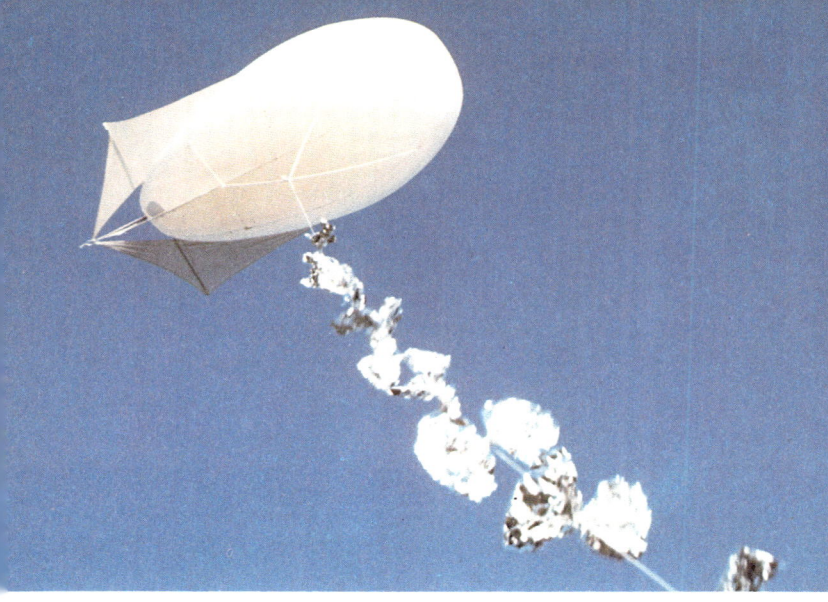

Der Kytoon ist mit Wasserstoff gefüllt und mit lustigen Aluminiumwicklern geschmückt, damit das Radar gut auf ihn anspricht.

Laban und Bébert tauchen, um den Wal zu fotografieren. Er ist sehr geschmeidig, aalglatt, sein riesiges Auge gleitet in ein Meter Entfernung an ihnen vorbei.

Am Spätnachmittag, als Barsky wieder ins Wasser soll, kommt es zu einer Begegnung, in deren Verlauf das Schlauchboot die Leine abermals mit seiner Schraube erfaßt. Noch bevor das Schlauchboot vollaufen und davongerissen werden kann, kappt Falco die Leine! An Bord zurückgekehrt, filmt Barsky den Abschied der *Calypso* von dem kostbaren Wal, der backbords vorbeizieht, immer noch ungerührt... zumindest vermuten wir es.

Am Abend setzen sich Bébert, Dumas, Laban und die Kameramänner zusammen und machen eine Aufstellung von dem, was gedreht worden ist, und von den Anschlüssen, die noch gemacht werden müssen.

»Der Finnwal«, sagt Laban, »ist doch viel eindrucksvoller als die Pottwale, weil er viel beachtlichere Ausmaße hat. Der hier war sicher mehr als 15 Meter lang. Für den Taucher bietet der viereckige Kopf eines Pottwals einen ungeheuerlichen Anblick: Er nimmt ein Drittel des Körpers ein. Das ist beeindruckend, aber nicht schön. Man könnte sagen, ein schlecht geschnittenes Ding, schlecht behauen, schlecht ausgeführt. Was wäre es für uns alle für eine Überraschung gewesen, den Kopf des Finnwals unter Wasser zu sehen!«

Man könnte meinen, der Finnwal sei nicht gefährlich. Auf alle Fälle kann er nicht beißen: er hat ja nur Barten im Maul. So näherten sich ihm die Taucher unbefangener als dem Pottwal: Sie sahen bei ihm keine Zähne im Wasser blitzen. Dennoch verfügt der Finnwal über eine fürchterliche Waffe, die er gegen Schwertwale und Haie einsetzt: Sein Schwanz ist eine riesige Patsche aus biegsamem Fleisch, das, was Falco mit seinem schönen südlichen Akzent »eine Fliegenklappe« nannte. Mit einem einzigen Schlag dieser zweizipfeligen Fluke kann er einen Menschen zerschmettern oder ihm zumindest einen Arm brechen.

»Solange man sich bei dem Tier vorn befindet, hat man nichts zu befürchten«, sagt Deloire. »Der Anblick seines Mauls ist nicht sehr beunruhigend. Danach aber, wenn die Hälfte des Körpers vorbei ist, heißt es aufpassen. Man ist beim Tauchen wohlgemerkt nicht so beweglich wie auf dem Land. Unversehens ist man bei der großen Schwanzflosse angelangt, die breit daherfegt und das ganze Wasser aufwühlt. Man muß lernen, sich in Sicherheit zu bringen, sonst bekommt man den berühmten Schlag mit dem Fächer…«

Nicht alle Wale nehmen sich im Wasser gleich aus; es gibt Nuancen des Gigantentums. Die Finnwale sind Riesen und legen mit Vorliebe eine hübsche Gleichgültigkeit an den Tag; die Buckelwale, die Humpbacks, die wir bei den Bermudas gefilmt haben, sind von einer Grazie und Wendigkeit, die an die einer Schwalbe wie an die einer Boeing 707 heranreichen. Sie haben sehr lange, unten weiße Flossen, die im Wasser an Flügel erinnern. Beim Wenden legen sie sich auf die Seite. Sie schwimmen nicht auf geradlinigem Kurs wie der Finnwal. Sie streifen den Taucher, lassen ihn an sich herankommen, schwenken, kreisen um sich selbst, bieten ihm einen langen, zylindrischen Kopf mit einem etwas herabhängenden Kinn.

Sie haben übrigens keinen Buckel. Die Art, wie sie tauchen und dabei Nacken und Rücken zeigen, hat ihnen diesen Beinamen eingebracht.

Man braucht sich nicht zu wundern, wenn unsere Taucher Lieblinge unter den Walen haben: Sie haben mit eigenen Augen gesehen, wie diese Tiere leben. Manche haben sie enttäuscht, manche haben sie in Bewunderung versetzt.

Am meisten hingerissen sind sie unstreitig von den Grauwalen Kaliforniens, mit denen wir mehrere Monate zusammen gelebt haben.

»Als ich zum erstenmal einen Grauwal im klaren Wasser schwimmen sah«, erzählt Philippe, »sprang ich in ein Schlauchboot. Ich packte eine

Tag und Nacht wird das Radar der *Calypso* den Kytoon orten können.

Kamera, aber ich fuhr so schnell ab, daß ich meine Maske vergaß. Genau vor dem Wal sprang ich ins Wasser. Er wich nicht zurück, er versuchte nicht auszuweichen. Ich war an seiner Nase, an den weitgeöffneten Augen. Unklar hatte ich die Vision dieses ungeheuren Maules, wie ich nie zuvor eines gesehen hatte. Dann glitt der Körper vorbei. Die Bewegungen schienen mir von unvergleichlich bezaubernder Geschmeidigkeit, ineinanderfließende, vollkommene Bewegungen. Vielleicht gerade weil ich keine Einzelheiten unterscheiden konnte, war ich empfänglich für die Vollkommenheit dieser hydrodynamischen Kraft, die da vorbeiglitt, unüberwindlich. Dennoch verschwand er schließlich, weil man nicht so schnell schwimmen kann, wie er vorwärtskommt. Ich stieg wieder in das Schlauchboot; ich legte meine Maske an und tauchte nochmals. Die Verzauberung war nicht mehr die gleiche. Ich mußte die Kamera bedienen, den Sehwinkel einstellen, die Blende… Ich konnte mich nicht mehr dem instinktiven Vergnügen der Bewunderung überlassen – aber es war mir erschienen, als hätten wir einen flüchtigen Augenblick in vollkommenem Einvernehmen gestanden.«

Die Annäherung an die Riesen vollzog sich unter den verschiedensten Bedingungen, je nachdem, ob wir sie an der Meeresoberfläche oder beim Tauchen versuchten. Schlauchboot, Harpune, Bojen verwirrten das Tier allzuoft, selbst wenn wir aus seinem Verhalten kaum ahnen konnten, was es empfand. Jedesmal dagegen, wenn wir uns ihm unter Wasser anschließen konnten, ihm in seinem eigenen Element entgegentraten, behauptet Philippe, daß an keinem der Wale, denen er begegnet sei, auch nur das geringste Zeichen von Feindseligkeit zu erkennen war. Aber all diese Wale hatten nie eine Harpune zu spüren bekommen.

Vor allem bei den Bermudas widersetzte er sich daher der Markierung von Buckelwalen. Und ich glaube, er hatte gute Gründe dafür.

»Man möchte sagen«, behauptet er, »daß sie sich unserer Zerbrechlichkeit bewußt sind. Für sie genügte es völlig, einen Schlag mit der Fluke oder der Flosse auszuteilen, einen Stoß mit dem Kopf, wenn wir ihnen gegenübertreten, und alles wäre vorbei. Sie haben es aber noch nie getan. Ich erinnere mich an etwas Außergewöhnliches: *Sie* sind es, die eine Berührung vermeiden. Die meisten Tiere entziehen sich uns mit jäher Bewegung, zum Beispiel die Fische. Die Wale aber weichen kaum ein bißchen zur Seite, sie gleiten fließend, berechnen sachte ihre Bahn.«

Es ist nicht unmöglich, daß im Verhalten der Wale eine sexuelle Komponente mitspielt. Bei einer Begegnung mit einem weiblichen Grauwal bemerkte Philippe, daß dieser sich um sich selbst drehte, auf dem Rücken schwamm und eine »bizarre Haltung« einnahm. Die Walkuh war nicht trächtig, ihr Bauch erschien nicht dick. Aber sie hatte eine wie entzündet geschwollene Geschlechtsöffnung. Möglicherweise war sie »läufig«. Vielleicht hoffte sie auf eine »Begegnung« mit jenem seltsamen Meereswesen, das ein Taucher darstellt, oder auch mit dem Zodiac. Das gleiche geschah ja bei dem »Delphin« Dolly, dessen Liebesverlangen nicht abzustreiten war.

Jedenfalls kann ich behaupten, daß sich bei solchen Konfrontationen im Meer eine Anziehung von Lebewesen zu Lebewesen einstellte, von Säugetier zu Säugetier. Und obgleich ein solches Mißverhältnis in der Größe besteht, sind wir den Walen doch wohl nicht immer gleichgültig.

Bernard Mestre gehörte zu den Meistern in der Annäherung an Grauwale; und doch bekennt er, daß sie ihm große Angst einjagten.

Es geschah in der Lagune von Matancitas...

»Sobald wir den Strand verlassen hatten«, erzählt er, »kamen ziemlich harte Wogen. Die Wale waren 50 Meter entfernt. Wir hatten sehr hochfliegende Pläne. Wir träumten davon, sie anzufassen, hofften sogar, einem jungen Tier ein Lasso um den Schwanz zu werfen. Aber es stellte sich dann heraus, daß das alles nicht zu verwirklichen war. Der Boden war sandig und vertiefte sich jäh schon in der Nähe des Ufers. Das Wasser war sehr trüb; man sah nicht weiter als 50 Zentimeter vor der Maske. Aber wir wollten ja auf die Wale zuschwimmen. In solchen Augenblicken ist es schwer, jegliche Furcht abzuschütteln. Ich weiß, daß ich einfach Angst hatte. Das ist auch vielleicht der Grund, warum ich niemals von der Seite auf einen Wal zuschwimmen konnte. Übrigens – ein anderer hat es auch nicht fertiggebracht, obwohl wir es mehr als zwanzigmal versuchten. Wir dachten an die ungeheuren Wirbel, die die Grauwale auslösten, während wir ihnen mit unserem Schiff, der *Polaris*, auf ihrer Zugstraße folgten. Man vergleicht sich ja nun einmal nur zögernd mit so einem Tier, das eine derartige Wasserverdrängung hat und mit einem Schwanzschlag zumindest die Oberfläche einer Lagune weiß von Schaum werden läßt oder ganze Geiser hochschleudert. Die Wale machten uns mehr Angst als die Haie, vor allem, weil wir alle möglichen Beweise ihrer Intelligenz hatten. Während die Haifische sozusagen rohe Tiere sind, zeigten sich die Wale, vor allem die Grauwale, als listig und geradezu gewitzt. Es war dies das wichtigste Gesprächsthema in der Messe der *Polaris*.«

Es ist gar nicht so sehr verwunderlich, daß die Wale im 20. Jahrhundert, nachdem man sie in einem solchen Ausmaß gejagt, gemordet, zerstückelt hat, dennoch in vieler Hinsicht so wenig bekannt sind. Sie entsprechen so gar nicht menschlichen Maßstäben, so gar nicht dem Leistungsvermögen unserer Kräfte. Und wir wissen aus Erfahrung, wie schwierig es ist, sie zu berühren, ja schon sie im Meere zu betrachten und dabei eine Gesamtansicht von ihnen zu erhalten. Diese Tiere bieten sich vor allem ihrer Riesenhaftigkeit wegen weder fürs Beobachten noch fürs Fotografieren an. Und so sind wir die einzigen, die eine reiche Dokumentation über sie in Film und Bild zusammengetragen haben.

Wie bei den Haien, den Zackenbarschen oder den Tintenfischen ist alles anders, sobald man sich ein Bild von diesen Tieren in ihrem eigenen Element machen kann. Wir hoffen, unser Beweismaterial wird den Landratten eine Hilfe sein, jenes Hindernis zu überwinden, das die Riesenhaftigkeit bedeutet – diese großen Säuger vermögen jedermanns Neugierde, vor allem aber auch jedermanns Sympathie erwecken.

3 Die Wanderung der Wale

4000 Meilen in dreieinhalb Monaten – Erste Erkundung im Flugzeug – Dem Schiffbruch entgangen – Schwierigkeiten beim Markieren – Der Antrieb der Wale – Das ideale Gerät

Die Wale sind große Wanderer. Ein gebieterischer Instinkt treibt sie dazu, im Winter die äquatorialen Meere mit ihrem warmen Wasser aufzusuchen und dann im Sommer in die Arktis und die Antarktis zurückzukehren.

Die Walfänger nutzten diese Wanderungen dazu aus, die Herden anzugreifen und ein Gemetzel unter den Riesentieren anzustellen. Trotzdem weiß man noch nicht sehr viel über die Einzelheiten dieser Wanderungen und über das Verhalten der Tiere, wenn sie Tausende von Kilometern durch die Ozeane zurücklegen.

Wir waren bestrebt, den Walen mit allen verfügbaren Mitteln und Methoden zu folgen, uns unter die wandernden Schulen zu mischen, sie zu filmen, an sie heranzukommen, nicht nur mit Schlauchbooten, sondern wenn möglich durch Tauchen.

Die optimalen Bedingungen, unter denen das Wandern von Walen zu beobachten ist, schienen uns bei den Grauwalen Kaliforniens gegeben. Sie verlassen im Januar die Arktis, um vor der Küste Niederkaliforniens ihre Jungen zur Welt zu bringen und sich zu paaren.

Hier eine der dramatischsten Episoden dieser Expedition im Pazifik, die drei Monate dauern sollte, erzählt von Bernard Delemotte.

»23. Januar 1968. Es ist 14 Uhr, das Schlauchboot liegt im Wasser. Die Kameras stehen auf ihren Schaumgummipolstern. Yves Omer steigt in den Taucheranzug, denn er will filmen. Auf dem Wulst backbords sitzend, wird er im letzten Moment seine Kamera packen und sich ins Meer stürzen. Falco bleibt vorn.

Der Grauwal schwimmt noch sehr schnell. Trotzdem müssen wir jetzt unser Glück versuchen, denn in zwei Stunden reicht das Licht zum Filmen unter der Meeresoberfläche nicht mehr aus.

Wir fahren mit fünf oder sechs Knoten und machen einen Satz nach vorne, sooft der Wal bläst. Yves konnte schon dreimal ins Wasser springen, aber nicht unter wirklich idealen Bedingungen. Bei Großaufnahmen des Kopfes muß man nämlich den Schuß fast auf den Sekundenbruchteil genau berechnen. Schnellt sich der Taucher zu früh ab, so wendet der Wal und weicht ihm aus. Kommt er zu spät ins Wasser, so sieht er an der Kamera nur Körper und Schwanz vorbeiziehen.

Wir beschlossen, Yves nicht mehr aus dem Boot springen zu lassen, außer auf Nummer Sicher, selbst wenn wir mehrere Fontänen abwarten müßten. Die spannende Verfolgung geht weiter, trotz der Stöße, die uns bei jeder Woge die Nieren bis in den Hals jagen. Unsere Position wird besser und besser, sooft der Wal erscheint. Jetzt sind wir auf 50 Meter heran. Er bläst. Ich beschleunige... Wir sind über ihm! Er taucht, aber wir sehen ihn noch, denn er ist nicht mehr als acht oder zehn Meter unter der Oberfläche.

Bébert, der vorne steht, erkennt ihn noch besser als ich. Er führt mich durch Zeichen, damit wir uns über ihm halten. Schon hat Yves seine Kamera ergriffen. Offensichtlich will der Wal zum Atmen an die Oberfläche kommen. Wenn er aufsteigt, sind wir da. Doch die Anwesenheit und der Lärm des Schlauchbootes stören ihn sichtlich. Er wendet sich nach links, dann nach rechts, er wird schneller und wieder langsamer, aber von Falco dirigiert, halte ich das Zodiac stets über ihm. Eben nehme ich das Gas weg, und schon gleitet Yves aus dem Boot, die Kamera in der Hand. Da brüllt Bébert plötzlich: ›Vorsicht!‹ Aber es ist schon zu spät.

Das aufgewühlte Wasser erfüllt die Luft mit unbeschreiblichem Getöse. Ist es der Atem, ist es der Sog dieser ungeheuren Masse, die da aus den Wellen aufsteigt? Ich weiß es nicht mehr. Der riesige Kopf ist aus dem Wasser geschnellt. Er überragt das Boot um drei oder vier Meter. Ich sehe eine schwarze Masse, ich stoße auf sie. Auch das eine Bein von Yves sehe ich noch – und da ist mit unglaublicher Gewalt der Schlag! Brutal werden wir unter Wasser getaucht. In den Ohren spüre ich, daß es abwärts geht. Ich lebe noch, ich habe die Augen weit offen, aber dennoch ist alles schwarz. Ich versuche zu schwimmen. Unmöglich, die geringste Bewegung zu machen. Ich bin eingekeilt, festgeklemmt, gegen etwas Lebendiges gepreßt. Etwas Glattes berührt meine linke Wange. Ich klebe am Fleisch des Wals, kann aber nach der anderen Seite auch nicht entkommen. Etwas hat mich eingekeilt: das luftgefüllte Schlauchboot, das gleichzeitig mit mir vom Wal hinuntergerissen wurde und nun emporzusteigen versucht. Ich bin unter dem Bauch des Wales gefangen!

Ich werde wütend bei dem Gedanken, daß ich diesen entsetzlichen Schlag überlebt habe und nun womöglich hierbleiben soll, weil ich sinnlos unter einem Wal eingeschlossen bin.

Da lösen sich plötzlich meine Arme und Beine. Ich schnelle mich ab, bin frei. Mit großen Stößen steige ich zur Oberfläche empor, als stürmte ich eine Leiter hinauf. Es dauert lange, und ich spüre schließ-

Philippe Cousteau (links) und Jacques Renoir bei der Verfolgung der Grau-wale.

lich, daß ich unbedingt atmen muß. Als ich auftauche, empfängt mich ein langer Schrei. Yves brüllt: ›Mein Bein, mein Bein!‹ Er hat sich an das Schlauchboot gehängt, das vor mir vom Grunde aufgetaucht ist, aber nun umgekehrt treibt. Etwa zehn Meter entfernt schlägt Falco um sich, in einen Pack Seile verwickelt mit Kleidern, die vollgesogen sind

Ein Zwischenfall: Der Grauwal greift das Schlauchboot an; Bernard Delemotte versucht Yves Omer aus der Gefahrenzone zu ziehen.

wie ein Schwamm. Ich rufe Yves zu: ›Warte, ich helfe dir!‹ Während ich mich ins Boot schwinge, gebe ich ihm die Hand und ziehe ihn herein. Dabei spähe ich unwillkürlich nach seinen Beinen. Ich habe Angst, eines davon zerquetscht herabhängen zu sehen... Aber zum Glück ist es nichts. Yves war in dem Augenblick, als der Schlag kam, gefangen zwischen Schlauchboot und Wal, aber seine Beine befanden sich auf einem luftgefüllten Teil des Zodiac. Der Schlag war hart, aber dennoch stark abgedämpft. Er scheint sich nichts gebrochen zu haben.

Falco hatte Zeit gehabt zu springen, vergaß aber, daß er mit einem Geschirr an das Schlauchboot gebunden war. Die Arme über Kreuz, war er bestimmt 20 Meter geschleift worden, bis die Zugkraft so stark wurde, daß der Karabiner von sechs Millimeter Dicke glatt brach. Das zweite Schlauchboot kam bald zu uns und schleppte uns zur *Calypso*. Auf der Brücke erwarteten uns die Kameraden, alle ein wenig blaß. Sie hatten wirklich große Angst um uns gehabt, und zwar deshalb, weil sie den Verlauf des Unfalls genauestens verfolgen konnten, während wir selbst uns kaum bewußt wurden, wie uns geschah. Sie sahen den Wal aus dem Wasser emporschnellen und in einer ungeheuren, schäumenden Wassergarbe zurücksinken. Als sich dieses Feuerwerk beruhigt hatte, gab es nichts mehr auf dem Meer, weder Wal noch Schlauchboot, noch Menschen. Unsere Freunde hatten ausgerechnet, daß mindestens 15 Sekunden vergingen, bevor das umgedrehte Schlauchboot 50 Meter weiter entfernt auftauchte. Dann kamen ein Kopf, zwei Köpfe, drei Köpfe zum Vorschein.

Trotz unseres beruhigenden Lächelns sind wir doch ein wenig angegriffen. Bilanz: Yves Omer hat eine Zerrung im Knie, das Schlauchboot sieht aus wie eine zerknackte, geplatzte Wurst, der Boden zertrümmert und der Benzinkanister platt wie ein Zwetschgenkuchen.«

Aus diesem Bericht geht hervor, daß der Umgang mit Walen nicht immer ungefährlich ist. Bis jetzt freilich hatten sich die, auf die wir stießen, eher gutmütig gezeigt. Aber diesmal, im Pazifik, handelte es sich um Grauwale.

Anfang 1968 hatte mein Sohn Philippe in Los Angeles von diesen Grauwalen *(Eschrichtius glaucus)* gehört. Diese seit dem Anfang des 20. Jahrhunderts vom Aussterben bedrohte Art ist jetzt durch inter-

Ein Grauwal versucht, sich der Verfolgung durch Tauchen zu entziehen.

nationale Abkommen geschützt, und zwar hat man derartig wirkungsvolle Maßnahmen ergriffen, daß sie aufs neue gedeiht. In den letzten Jahren konnte die Jagd auf 600 Exemplare freigegeben werden. Die Gesamtzahl der Grauwale hat man auf 20 000 Exemplare geschätzt.

Grauwale verbringen den Sommer in der Arktis, schlagen sich an den Küsten Sibiriens den Bauch voll Plankton und ziehen dann im Winter in die warmen Zonen Niederkaliforniens an der Küste von Mexiko.

Da die Grauwale nur in geringer Entfernung von der Küste Kaliforniens entlangziehen, konnte ihre Wanderung gut erforscht werden. Immer ist eine Menge Menschen da, um ihrem Vorbeimarsch zuzusehen – man spricht von der »Moby-Dick-Parade«. Im Durchschnitt kommen täglich 40 bis 50 Wale vorbei, manchmal sogar 75. Es ist dies eines der schönsten kostenlosen Schauspiele an der Westküste Amerikas. Die Rückkehr lockt weniger Zuschauer an, denn auf ihrer Reise nach Norden halten sich die Wale weiter im offenen Meer. In San Diego haben sich die Walfreunde zu einer Vereinigung zusammengeschlossen, um sie zu schützen oder ins offene Meer zurückzubringen, falls sie sich in einen Hafen verirren. Diese »Whale Watchers«, die ihren Sitz auf einer Seewarte haben, verfolgen die Wanderung aufmerksam und greifen bei Zwischenfällen ein.

Der Zug nach dem Süden hat einen ganz besonderen Grund: Die einen wollen ihre Jungen zur Welt bringen, die anderen sich in den Lagunen paaren, wo das Wasser tief und im Winter warm ist. Die Walfänger, namentlich ein gewisser Captain Charles Melville Scammon, der dieses Geheimnis der Grauwale entdeckt hatte, richteten im 19. Jahrhundert wahre Massaker unter den Tieren an. Seit sie nun geschützt sind, kommen Männchen und Weibchen in großer Zahl zurück zu diesen gut abgeschlossenen, weil von vorgelagerten Sandbänken abgeschnittenen Schlupfwinkeln, wo, wie wir meinten, es für uns relativ leicht sein mußte, an sie heranzukommen.

Es sah so aus, als könnte die »Begegnung« diesmal im voraus festgelegt werden; denn die Grauwale sind pünktlich wie die Uhr. Am vorgesehenen Tag kommen sie jedes Jahr an die gleiche Stelle. Und sie passieren auch die Beringstraße stets am selben Kalendertag.

Im Februar 1968 kam Philippe nach San Diego, um erste Erkundungen für das Filmen der Grauwale vorzunehmen. Damals befand sich die *Calypso* im Indischen Ozean, war aber unabkömmlich. Philippe mietete eine Cessna, nahm Kontakt auf mit Wally Green und außerdem mit einem Grauwalspezialisten, Professor Ted Walker. Er flog beide mit der Cessna die ganze amerikanische Küste entlang bis Mexiko.

Dabei machten sie viele interessante Beobachtungen für den geplanten Film, aber es war auf jeden Fall zu spät, jetzt noch eine Expedition auszurüsten. Wohl aber konnte auf Grund dieser Luftaufklärung bestimmt werden, welche Lagune für die Forschungen und für das Drehen am günstigsten war.

Als Philippe im Indischen Ozean wieder zu mir stieß, vermochte er mich schnell davon zu überzeugen, wie interessant die Grauwale seien, für die er bereits begeistert war. Er veranlaßte mich, im folgenden Jahr nach Kalifornien zu kommen, um diesen Film zu drehen.

Wir hatten vor, den Tieren ab San Diego zu folgen, wenn die Grauwale im Januar nach Süden hinunter ziehen. Die *Calypso* aber konnte bei der Arbeit, die wir für sie vorgesehen hatten, zu diesem Zeitpunkt unmöglich im Pazifik sein.

In San Diego heuerten wir daher die *Polaris III* an, ein kleines Fahrzeug, das mir für diesen Auftrag ganz gut geeignet erschien. Ich beschloß, die Leitung dieser Expedition Philippe anzuvertrauen.

Die *Polaris III* verließ San Diego am 16. Januar 1968; sie hatte an Bord vor allem Ted Walker, einen graubärtigen Gelehrten, der uns beachtliche Dienste leisten konnte.

Die Grauwale wandern in kleinen Gruppen und folgen dabei im allgemeinen einer Linie, auf der die Meerestiefe mindestens 200 Meter beträgt. Mit der *Polaris III* fanden wir sehr schnell eine große Anzahl Wale, gut zu sehen und leicht zu erkennen an ihren Fontänen.

Doch sobald sie sich verfolgt fühlten, verschwanden sie alle gleichzeitig. Während aber noch die gesamte Gruppe unter Wasser eine Wendung von 90 Grad machte, tauchte ein einziger Wal vor dem Boot auf und schwamm in der ursprünglichen Richtung lange genug weiter, um so die Jäger auf eine falsche Fährte zu locken.

Dieses Manöver, das meines Wissens nicht einmal von den alten Walfängern beschrieben worden ist, setzt eine außergewöhnlich gute Verständigung innerhalb der Herde voraus. Wie aber wird sie erreicht? Wie kommt es, daß ein einzelnes Individuum diese verantwortungsvolle Aufgabe bewußt übernimmt und damit alle Gefahren, um den anderen die Flucht zu ermöglichen? Wir können bisher nur sagen: Das ist ein Geheimnis.

Noch überraschender ist die unmittelbare Anwendung dieser Taktik, so daß es aussieht, als ob sie schon vor langer Zeit entwickelt worden sei.

Die Wale aber kannten nicht nur diese eine List... Es kam zum Beispiel vor, daß der Wal, der sich ostentativ zur Verfolgung anbot, nicht vor der *Polaris* an die Oberfläche kam, sondern plötzlich hinter ihr auftauchte, um uns noch mehr vom Kurs abzubringen. Er erschien backbords, er zeigte sich steuerbords. Und all das wechselte häufig. Der Ablauf der Szene unterlag keinem ein für allemal festgelegten Schema. Es war, als falle den Tieren immer wieder etwas Neues ein, je nachdem, was die Situation erforderte.

Ein so variables Verhalten setzt voraus, daß die Wale in bestimmtem Umfang fähig sind, gewisse Abstraktionen – rechte Seite, linke Seite, Tiefe – einander mitzuteilen und das Kommando für das Manöver zu geben, daß sich alle bis auf einen um sich selbst drehen und eine andere Richtung einschlagen.

Man hat sich nie vorstellen können, daß die Intelligenz der Wale so weit reicht. Angesichts dieses derart schlauen Partners mußte die Besatzung der *Polaris* beinahe beim Punkt Null wieder mit den Experimenten beginnen, die mit so viel Pech 1967 im Indischen Ozean an den Pottwalen durchgeführt worden waren.

Am Ende dieser Kreuzfahrt müssen wir jedenfalls feststellen, daß es niemandem gelungen ist, einen Wal auf dem Weg nach Süden zu filmen. Jedesmal, wenn ein Taucher ins Wasser sprang, zog der Wal 10, 20 Meter an ihm vorbei. Wenn sich ein Taucher vom Schlauchboot ins Meer warf, brauchte er gut fünf Sekunden, um klar zu sehen und sich zurechtzufinden. In diesem Augenblick tauchte der Wal oder schlug einen Haken. Der Taucher aber fand sich im Meer, völlig ins Leere geraten. Die Fahrt die Küste Kaliforniens hinunter dauerte lange. Aber die Crew der *Polaris* mußte sich einen Monat lang sehr anstrengen, bis es ihr glückte, einen Grauwal ordentlich zu markieren, ihn aufzuhalten und auf seiner ganzen Wanderung nach dem Süden zu verfolgen.

Dem auf diese Weise markierten Tier verdanken wir die entscheidenden Beobachtungen, die das Thema unserer Forschungen darstellen. Ihm sind wir lange genug gefolgt, um eine Antwort auf eine Reihe von Fragen geben zu können:

daß die Grauwale den Schlaf nur häppchenweise genießen – sechs- oder siebenmal am Tag eine halbe Stunde;

daß sie in der Nacht ununterbrochen weiterziehen;

daß sie auf ihrer Wanderung Nahrung zu sich nehmen, was bestritten worden war.

Was den letzten Punkt anlangt, so kann man sich darin wirklich kaum täuschen, wenn man sieht, wie die Grauwale in günstigem Meeresgebiet beginnen, im Kreise zu schwimmen, und wenn dann an der Oberfläche Plankton schwebt: Es gibt dabei kaum einen Zweifel, daß sie sich ernähren. Und es sieht so aus, als ob die Küste reichlich Nahrung nach ihrem Geschmack bietet.

Der Finnwal zieht einen Taucher, der an seiner Rückenflosse hängt.

Um eine Vorstellung von den Schwierigkeiten zu vermitteln, welche diese erste Reihe von Beobachtungen mit sich brachte, gebe ich hier einige Szenen wieder, die ein Taucher in der Mannschaft erlebt hat, Bernard Mestre.

» *23. Januar.* Auf offener See vor dem Kap San Diego begegnen uns unübersehbare Flächen von Seetang, jenen Riesenalgen des Pazifik, die niemals weniger als 20 Meter Länge messen. Die Erfahrung hat mehrfach gelehrt, daß sich die Grauwale gern mitten im Tang tummeln. Tatsächlich sahen wir bald zwei von ihnen. Wir wollten sie auf keinen Fall verfehlen.

Wir haben Glück, es ist windstill. Ein außergewöhnliches Schauspiel bietet sich uns: In geringer Entfernung steigen zahlreiche Fontänen auf. Die *Polaris* hat ihre Fahrt verringert und kommt jetzt nur sehr langsam voran. Geräuschlos werden die Schlauchboote zu Wasser gelassen. Kein Motorengetucker. Die Taucher werden in die Tangwiese hineingerudert. Überall in diesem Grün wälzen sich Wale; sie fliehen auch nicht. Das muß eine großartige Bildfolge geben!

Am folgenden Morgen um 9 Uhr schwimmt ein Wal unter dem Schiff durch. Er wird von den Amateurfotografen an Bord buchstäblich unter Feuer genommen.

Gegen 10 Uhr beginnt die Verfolgung eines einzelnen Wales, der Kurs nach Süden nimmt. Falco gelingt es, bei ihm eine Harpune anzubringen, an der ein Paket Fluoreszein hängt; es soll uns ermöglichen, seiner Spur zu folgen und sogar im voraus zu sehen, wo er an die Oberfläche kommt. Das ist die neue ›Pistenmarkierung‹, die wir zu entwickeln versuchen. Die Tauchzeiten des Wales werden immer kürzer: 35 Sekunden; auch wird er etwas unruhig und nervös. Er führt uns vor die Minson Bay, einen ausgedehnten Strand in der Nähe von San Diego. Für einen Augenblick hatten wir geglaubt, daß er auf den Strand laufen würde. Die Tiefe beträgt dort nur 20 Fuß: knapp 7 Meter bis zum Grund!

Das Zodiac-Schlauchboot ist mit höchster Geschwindigkeit bis in den Sog des Schwanzes gelangt. Delemotte hat das Gas weggenommen und das Fahrzeug auslaufen lassen. Man sah den Wal drei oder vier Meter unter der Oberfläche. Er steht nun fast unbeweglich... Plötzlich kippt er über und kommt dabei auf das Schlauchboot zu. Er zeigt seine Flanke, und sein Auge scheint die Menschen aufmerksam zu beobachten. Man möchte sagen, daß ein Glanz von Interesse in seinem Blick schimmert... Noch immer auf der Seite, schwimmt er weiter und schiebt sich das Schlauchboot selbst hinauf, um sich die Insassen aus noch größerer Nähe anzusehen. Dann gleitet seine linke Brustflosse unten am Fahrzeug entlang, er hebt das ganze Boot einen Meter über das Wasser und läßt es dann seine Wirbelsäule entlangrutschen.

Die Crew hatte den Angriff vorausgesehen. Die drei Männer legten sich flach auf den Boden, und es gelang ihnen, sich nicht hinauswerfen zu lassen. So gab es keinen Schaden.

Jacques Renoir konnte an Bord des anderen Schlauchbootes die ganze Szene filmen.

25. Januar. Fast die ganze Nacht südwärts gefahren. Beim ersten Schimmer des Morgengrauens sind wir von Walen umgeben! Etwa eine Seemeile nach Süden bemerken wir einen Wal, der mehrmals springt; mindestens einmal kommt er dabei fast vollständig aus dem Wasser. Wir beginnen eine Schule von vier Walen zu verfolgen, die, wie üblich, recht wirr reagiert. Die Verfolgung wird gegen 8 Uhr aufgenommen, und wir hoffen, wenigstens einen von ihnen zu harpunieren, bevor der Morgen vorbei ist.

Seit gestern hat sich die Landschaft völlig verändert. Nach den dichtbesiedelten Küsten Kaliforniens ist das Land jetzt eine schön goldschimmernde Wildnis. Wir müssen die Grenze Mexikos überschritten haben. Das Ufer ist ziemlich flach, aber genau vor uns erheben sich schroffe Inseln, zwischen denen wir hindurch müssen, wenn wir den Walen folgen wollen. Gegen 10 Uhr scheint eine Gruppe von fünf Walen etwas aufgeregt in alle Richtungen zu schwimmen, wobei sie häufig zum Atmen an die Oberfläche kommen und ihre Brustflossen mehr als sonst zeigen. Ted Walker streicht sich den graumelierten Kinnbart und sagt uns, daß sie wahrscheinlich gerade versuchen, sich zu paaren – was niemals so ganz leicht sei. Wir versuchen, uns an die Wale heranzupirschen und ein weibliches Tier zu harpunieren. Aber in weniger als zehn Sekunden hat der Wal die Harpune kräftig krummgebogen und abgeschüttelt. Wir fragen uns, warum sich unsere Eisen, wenn sie schon stecken, auf diese Weise wieder lösen. Sind die Widerhaken zu kurz oder zu lang? Die Harpune dringt doch in den Speck des Wales ein. In diesem besonderen Falle allerdings war der Schuß zu sehr seitlich gekommen, und so riß die Harpune sofort aus, denn der Zug war zu stark. Wir halten an Bord einen kurzen Kriegsrat und beschließen trotz allem, diesen Harpunen- und Gewehrtyp weiterhin zu benutzen.

Philippe will allein versuchen, das Eisen in einen Wal zu bringen, und so machen wir uns an die Verfolgung einer anderen Schule. (Wir haben hier ja reichlich Auswahl.) Der Himmel ist sehr trübe, das Meer aber ohne das geringste Fältchen: Meeresstille ohne Sonne. Sie verspricht uns für heute abend Regen. Wir nähern uns beträchtlich der Küste – auf eine Viertelmeile etwa –, und Unmengen von Tümmlern begleiten das Schlauchboot.

Um 16 Uhr schießt Philippe die Harpune ab, doch vergeblich, und damit ist die Herde für uns verloren! Wir verzichten darauf, sie weiter zu verfolgen. Wieder einmal ist die Harpune in den Speck eingedrungen, aber sofort wieder herausgekommen, ohne sich im Fett festzu-

Der Schwanz eines Grauwals in der Bucht von Matancitas.

haken. Es ist möglich, daß die beweglichen Widerhaken sich nicht weit genug spreizen. Und die Harpune dringt auch nicht tief genug ein. Wir sind vom Pech verfolgt.

Eine Stunde später gewahren wir wiederum eine Schule von Walen und versuchen ihr zu folgen. Aber es scheint, als hätten wir sie schon einmal gejagt (wie soll man sie auch unterscheiden?), denn sie bleiben unnahbar. Im Augenblick sind wir über einer felsigen Untiefe. Weit vor uns fährt das Schlauchboot. Das Echolot ist in Betrieb, wir bewegen uns nur mit äußerster Vorsicht weiter. Es wird Nacht, und wir müssen fürchten, an einen Felsen zu geraten. Deshalb bemühen wir uns, das Schlauchboot zum Umkehren zu bringen. Schade!

Um 17.20 Uhr erfahren wir über Funk, daß Canoé geschossen hat. Wir bangen um das Resultat... Die Leine hat sich in der Schraube verfangen und ist glatt durchgerissen. Ted Walker glaubt, der 40-PS-Motor sei zu laut und zu schnell, und es sei bei so viel Schwung unmöglich, rasch zum Stehen zu kommen; daher der Zwischenfall von heute abend.

26. Januar. Diesen Morgen hatten wir beim Aufwachen graues, unfreundliches, kaltes Wetter. Im Laufe der Nacht war eine hohe Dünung aus Südosten aufgekommen und hatte uns ein wenig gestört (zerbrochenes Geschirr, Schlingern usw.). Wale in mehreren Gruppen schwimmen vor uns Richtung 170 Grad. Wir haben die Nacht vor Anker in der Nähe einer kleinen Insel verbracht, San Martin, wo Millionen von Vögeln leben, vor allem Kormorane und Pelikane, sowie eine große Kolonie Seelöwen – ein sehr schönes Beispiel für friedliche Koexistenz.

Bald gelingt Canoé ein Treffer. Voller Freude sehen wir die Boje schwimmen. Doch wieder einmal ist die Leine gerissen, vielleicht abgescheuert durch Entenmuscheln, jene Parasiten, die auf dem Rücken des Wales sitzen und ihm ein marmoriertes, pockenähnliches Aussehen geben. Wir knüpfen nochmals 80 Meter Leine an und beschließen, einen weiteren Versuch zu machen. Gerade fahren wir dicht an einer Untiefe (1,50 Meter) vorbei, zu erkennen an ihrer Brandung. Tausende von Vögeln sitzen auf einem winzigen Eiland. Sie fliegen auf mit ohrenbetäubender Kakophonie.

Wir folgen einer Schule von fünf, dann einer von drei Walen. Mal ein sehr schöner Schuß, aber noch mit recht magerem Ergebnis.

In höchster Wut schwören alle Harpuniere oder Harpunierkandidaten an Bord, daß sie auf das norwegische Gewehr verzichten wollen, zumindest jetzt. Sie einigen sich darauf, Versuche mit der guten alten Wurfharpune der Walfänger des 19. Jahrhunderts zu machen, denn wir haben eine auf der *Polaris.*

Ich glaube, Ted Walker ist noch nie einer Mannschaft begegnet, die sich ihre Aufgabe so zu Herzen nimmt; er ist von dem Erlebnis begeistert.

Eine Schule von acht Walen erscheint, ziemlich weit entfernt, etwa zwei Meilen, und wird sogleich von den Spähern angekündigt. Das Schlauchboot braust in die Richtung und versucht, keines der Tiere mehr entkommen zu lassen. Canoé, der in der traditionellen Haltung des Harpuniers am Bug steht, findet sich um 14.45 Uhr in Schußposition und trifft. Wir sind festgekommen. Aber Canoé hat den Stoß mit solcher Wucht geführt, daß der Schaft gebrochen ist und er selbst beinahe dem Wal auf den Rücken gefallen wäre. Die Harpunenspitze ist jedoch steckengeblieben und zieht auf dem Meer ein Bündel roter Bänder hinter sich her. Das ist ein neuer Trick, um den Kontakt mit dem Wal nicht zu verlieren. Nur ist diesmal der Kontakt leider im Nu verloren! Der Wal nämlich taucht ab, die Bänder in geheimnisvolle Abgründe ziehend. Unmöglich, ihn wiederzufinden. Vielleicht wird er uns später in einer Lagune Kaliforniens wiederbegegnen, noch immer von seiner roten Schleppe gefolgt.

27. Januar. Wir kommen in die Nähe von Lagunen und sehen große Sanddünen. Es sieht hier aus, als ob eine gelbe Wüste ins Meer vordringe. Genau vor der Einfahrt in die *Scammon Bay* erhebt sich sehr steil eine große Insel: Cedros. Dort haben wir gestern abend geankert. Anker auf um 7 Uhr. Kurs Süd... Wir fahren an den Felsen von Cedros vorbei, deren rotgelbe Steilhänge wie aus Kupfer gezogen erscheinen. Dicke weiße Wolken verbergen die Spitzen.

Der Walfang im Schlauchboot beginnt aufs neue. Was sich aber aus nächster Nähe von Bernard Delemotte und Philippe filmen läßt, ist ein Seelöwe. Die beiden haben den Motor gerade rechtzeitig abgedrosselt, um tauchend mit dem Tier spielen zu können, ohne daß es sich fürchtet. Eine gute Folge, aber nicht das, was wir suchen.

An der Insel Cedros trennen sich die Grauwale in zwei Gruppen. Fast alle, die zwischen der Insel und dem Festland hindurchschwimmen, begeben sich in die Lagune von Scammon hinein; die, die außerhalb bleiben, halten weiter auf die Lagune von Matancitas und die Magdalenenbai zu. Manche gehen sogar bis zur äußersten Spitze Niederkaliforniens.

Wir folgen denen, die sich nach Süden wenden, und wollen dabei eine neue Taktik einführen. Sie soll darin bestehen, daß wir die Wale unbemerkt einholen, ohne zu beschleunigen und ohne jemals den Motor brummen zu lassen; er wird dazu auf gleicher Drehzahl gehalten. Doch etwa 10 Meter vor dem Wal, als alles schon gewonnen scheint, kann der Fahrer des Schlauchbootes einen Augenblick seine Aufregung nicht unterdrücken: Er beschleunigt! Sofortiges Ergebnis: Das Tier wird unruhig und taucht weg.

Eine andere Taktik: den Motor abstellen und versuchen, ein anderes Paar Wale durch Rudern einzuholen... Praktisch unmöglich. Wir kommen gegen 13 Uhr zurück, hungrig und etwas nervös. Wir beschließen, wieder die Wurfharpune zu nehmen und, koste es, was es

Ein Grauwal ist aufgetaucht und »bläst«.

wolle, einen Wal zu markieren. Am Nachmittag ein gelungener Schuß. Die Boje beginnt an der Leine zu schwimmen, steht dann aber nach zwei Minuten still. Also wieder nichts! Diese Pechsträhne beginnt unseren Optimismus ein wenig zu dämpfen.«

Wenn jemand an Bord der *Polaris* an all unseren Anstrengungen und auch an unseren Unannehmlichkeiten teilnimmt, so ist es Ted Walker. Mit seinen Ratschlägen und seiner wunderbaren Einfühlungsgabe in das Verhalten der Wale ist er uns eine wertvolle Hilfe. Philippe und seine Kameraden haben an ihm einen unermüdlichen Begleiter, stets bereit, auf alle Fragen zu antworten. Er zeigt eine leidenschaftliche, geradezu ansteckende Liebe zu den Walen. Für die jungen Taucher ist er ein alter Herr, ein verehrungswürdiger Gelehrter. Mit seiner Liebenswürdigkeit aber versteht er jeglichen Abstand aufzuheben und die Altersunterschiede vergessen zu machen. Ohne zu klagen nimmt er die harten Bedingungen an Bord eines so kleinen Fahrzeugs wie der *Polaris* auf sich, wo alle aufs engste zusammengepfercht sind. Der Anblick der Blaswolke eines seiner geliebten Wale läßt ihn alles andere vergessen.

Zweifellos zur Abhärtung hat Ted unseren Kameraden von dem Unfall erzählt, der seinen Freund Rick Grigg beinahe das Leben gekostet hätte. Grigg schwamm mit der Freitaucherausrüstung. Als er an die Oberfläche kam, befand er sich so nahe bei einem Grauwal, daß er ihn berühren konnte. Und genau das tat er auch. Er spürte ein Zittern im Fleisch wie unter der Haut eines Pferdes. Dann aber gab es ein riesiges Brodeln, es war, als werde das Wasser in einer Explosion emporgeschleudert, und dann – ein schwarzes Loch.

Das einzige, woran Grigg sich erinnerte, war, daß er sich im Boot seines Taucherkameraden sitzend wiederfand. Auf der Stirne ist ihm eine Narbe geblieben, die zweifellos von einem Schlag mit der riesigen Schwanzflosse des Wales herrührt, die von Entenmuscheln verkrustet war.

Die »Markierungen«, die wir mit der *Polaris* an den Grauwalen vorzunehmen versuchten, waren genauso harmlos wie jene, die wir an den Pottwalen im Indischen Ozean durchführten. Die »Marken«, welche die Internationale Walfangkommission (International Whaling Commission) benützt, dringen tiefer ein als die unseren, scheinen aber dennoch keine Verletzungen hervorzurufen. Man hat welche gefunden, die nicht nur im Speck staken, sondern sogar von neuen Fettschichten umhüllt und überwachsen waren. Wenn wir so viel und so lange Pech hatten und es uns nicht gelang, einem Grauwal eine Boje anzuhängen, so beruhte das gewiß darauf, daß wir es ablehnten, gefährliche Waffen zu gebrauchen, daß wir stets leichte Harpunen benützten, die dann das Tier meist sofort abschüttelte. Nach und nach haben wir dann aber gelernt, die Markierung so schnell und so vorsichtig wie möglich durchzuführen.

Das richtige Manöver besteht in der Hauptsache darin, daß man es fertigbringt, einige -zig Meter hinter dem Wal zu halten und zu warten, bis er atmet. Um ihm Zutrauen einzuflößen, ist es auch nicht schlecht, das Gas für einige Sekunden wegzunehmen und ihn so darüber zu täuschen, in welcher Entfernung sich das Schlauchboot befindet. Aber es gibt bei dieser Art der Verfolgung keine absolut gültige Regel. Jeder in unserer Crew trägt mit seinen besonderen Fähigkeiten dazu bei: Einfallsreichtum, schnelles Reaktionsvermögen, Kraft – und vor allem unerschütterliche Kaltblütigkeit.

Trotz all der Streiche, die uns die Grauwale spielten, empfand die Besatzung der *Polaris* schließlich für sie eine besondere Sympathie, und ebenso erging es mir, als ich mit der *Calypso* kam, um diese wichtige Aufgabe zu beenden. Wir hingen an ihnen wegen ihrer Intelligenz, etwa so, wie man an begabten, aber schwierigen Kindern hängt.

Dabei ist zu bedenken, daß die Grauwale sehr schön sind. Ihr Körper und ihr ungeheures Schwanzdreieck sind wie von Malen überzogen, den Parasitennarben.

Der Besatz der Wale mit Parasiten hängt zusammen mit ihren Wanderungen. In den tropischen Meeren werden sie vor allem von Wal-Seepocken überzogen, die man ganz zu Unrecht für Muscheln hält. Es sind vielmehr Krebse, sogenannte Rankenfüßler. Sie bohren sich tief in die feine Haut der Wale, so wie andere, ihnen nahestehende Formen sich an die Felsen der Küste anheften. Bei der Rückkehr zur Arktis aber lösen sich diese Schmarotzer.

Die armen Tiere werden außerdem von Walläusen *(Cyamidae)* geplagt, aber zum Glück befreien sie die Vögel gerne davon. Wie die Seepocken keine Muscheln sind, so sind die Walläuse keine Läuse, sondern ebenfalls Krebstiere, jedoch aus der Verwandtschaft der Flohkrebse.

Unter all den Narben, die ihre Haut zeichnen, finden sich schließlich runde, wie mit der Lochzange ausgestanzte, die man wohl als Bisse von Rundmäulern (das sind urtümliche Fische wie z. B. die Lamprete) betrachten kann.

An den Küsten Sibiriens haben bestimmte Grauwale ein geniales Mittel gefunden, ihre Parasiten abzutöten: sie duschen am Fuße von Klippen, über die Kaskaden von Süßwasser stürzen.

Allgemein verbreitet ist die irrtümliche Behauptung, daß die Wale sich in die kalten Meere geflüchtet hätten, weil sie zu stark gejagt worden seien. In Wirklichkeit ist ihr Ortswechsel an Nahrungs- und Temperaturgegebenheiten gebunden. Das von den alten Walfängern »Whalaat« genannte Plankton – die winzigen Krebschen und Rundschnekken, von denen sich die Bartenwale ernähren – ist im Sommer in der Arktis und der Antarktis überreichlich vorhanden, während die tropischen Meere den Winter über ideale Bedingungen für die Paarung und das Kalben bieten. Während des antarktischen Sommers finden Wale in den Gewässern von 0 Grad im Überfluß Krill-Krebse *(Euphausia superba),* die ihre Hauptnahrung ausmachen. Im Winter suchen sie auf ihrer Hochzeitsreise die warmen Gewässer unter dem Äquator auf.

»Wir wissen nun«, schreibt Professor Budker, »daß es zwei Populationen von Walen gibt, die eine auf der nördlichen Hemisphäre, die andere auf der südlichen, und daß diese beiden Gruppen sich nicht vermischen.«

Die Humpbacks oder Buckelwale, bemerkenswert durch ihre sehr großen, weißen Flossen und ihren »Gesang«, bieten ein ganz besonders schönes Beispiel für eine Wanderung.

Sie gebären zwischen Januar und März in den warmen Gewässern der Karibischen See: um Puerto Rico, die Bahamas, die Virginischen Inseln (Virgin Islands). Im April, Mai und Juni befinden sie sich auf der Höhe der Carolinen-Inseln westlich des Golfstromes. Sie halten sich kurz in den Untiefen der Bermudas auf, wo wir sie gefilmt und dabei ihr außergewöhnliches Geschwatze aufgenommen haben. Durch diese Rast bei den Bermudas sammeln sie offenbar neue Kräfte für die Reise nach Nordosten, die sie bis Island und Norwegen führt.

Auf Grund ihrer streng eingehaltenen Wanderwege sind die Buckelwale um Neufundland, auf der Höhe der Südküste Labradors sowie um Neuseeland und Australien von den Walfängern ausgerottet worden.

Den Verfolgern bieten sie einen Vorteil, der ihren eigenen Untergang herbeigeführt hat: Sie ziehen gemächlich die Küsten entlang, und wenn sie Nahrung suchen oder sich paaren, kann man sich ihnen nähern, ohne daß sie fliehen, so wie wir dies auf den Bermudas erlebt haben.

Und bis vor kurzem wurden sie nicht geschont. Die Walfänger gebrauchen Hubschrauber, Boote mit Funkpeil- und Sonargeräten sowie Harpunenkanonen, um die letzten Herden um so sicherer abzuschlachten. Allerdings haben diese Wale die dumme Gewohnheit, unterzugehen, sobald sie tot sind; deshalb bläst man sie mit Preßluft auf, um sie schwimmend zu halten. Keine Population kann einem Massaker von so hoher technischer Perfektion widerstehen. Doch die Walfang-Industrie verurteilt sich selbst zum Tode, indem sie eine Art zum Aussterben verurteilt – welch seltsames Betragen des Menschen gegenüber dem einzigen Wal auf unserem Planeten, der wirklich ein »Sänger« ist.

Allen Erzählungen von der Begegnung mit Walen und ebenso den Hunderten von Fotos, die wir gemacht haben, ist zu entnehmen, welch übergeordnete Bedeutung im Leben der großen Wale ihrer Schwanzflosse zukommt, der Fluke. Sie ist eine Waffe – manchmal wird sie

Ein Pottwal nahe der Wasseroberfläche.

auch gegen uns Taucher eingesetzt – und zugleich ein Motor, der ihre langen Reisen ermöglicht und dessen Stärke auf 500 PS geschätzt wird.

Es dauert lange, bis man sie »bremsen« kann. Wenn ein Wal die Taucher streifte, hatten sie den Eindruck, von einer Lokomotive in voller Fahrt weggestoßen zu werden. Außerdem macht das riesige und doch geschmeidige Tier im Vorbeischwimmen einen ungeheuren Wirbel. Wenn das Tier verschwindet, erzeugt der Schwanz eine Kette von Wellen hinter sich. Zudem ist dann die Kamera sekundenlang nicht zu gebrauchen: Sie wird durch diese ungeheure Wasserverdrängung hin und hergeschüttelt.

Deloire hat sehr zutreffend zwischen dem Schwimmen des Haies und der Bewegung von Barten- oder Zahnwalen unterschieden. Der Hai schießt nach vorn wie eine Spindel, angetrieben durch eine drehendschlängelnde Bewegung seines ganzen muskulösen Körpers. Die Vorwärtsbewegung eines Wales dagegen ist sanft und rhythmisch. Wie mächtig die horizontale Fluke auch sein mag, sie schlägt langsam, geschmeidig – es ist ein Schweben in der Dichte des Meeres.

Wir sind im Indischen Ozean einem Walhai begegnet *(Rhincodon typus),* der kein Wal ist, sondern ein richtiger Hai mit einem vertikalen Schwanz als Verlängerung seines Körpers. Dennoch hatte er beim Schwimmen den langsamen, graziösen Rhythmus des Pottwals; denn er ist der größte Hai, 12 bis 15 Meter lang. Für diese Riesen ist rasches Schlagen mit einer sehr großen Schwanzflosse, sei sie senkrecht oder waagerecht, wahrscheinlich ausgeschlossen, denn seien ihre Kräfte auch noch so stark, sie haben eine Menge Wasser zu verdrängen.

Wie gesagt, man muß gesehen haben, wie die Pottwale abtauchen; erst dann weiß man, wie eindrucksvoll diese Fluke ist. Von allen Walen ist der Pottwal der einzige, der beim Ansatz zu langem Tauchen auf den Meeresgrund überkippt und dabei über der Oberfläche diese Platte aus grauem Fleisch aufrichtet, die aussieht, als bestände sie aus zwei Flügeln. Zuerst sieht man den Rücken rollen, das Tier überkippen, dann taucht über dem Meer ein schwarzes Dreieck auf, ungewöhnlich, wie ein Fremdkörper.

Dieser riesige Schwanz erlaubt dem Tier auch, sich auf der Wasserfläche aufzurichten und Antrieb nach vorne zu erhalten, wenn es ganz außerhalb des Wassers ist.

In meinem Tagebuch finde ich dazu folgenden Eintrag vom 24. Januar 1968:

»Am Ende des Tages, als praktisch kein Licht zum Filmen mehr da ist, sehen wir zweimal einen Wal herauskommen, eher springen, vollkommen aus dem Wasser heraus. Ein phantastisches Schauspiel, aber leider zu kurz. Dennoch müssen wir ständig wachsam sein und dürfen uns niemals entmutigen lassen, auch wenn sich nichts ereignet.«

Dieses Mal hatte es sich ganz sicher um einen Bartenwal und nicht um einen Pottwal gehandelt, wahrscheinlich sogar um einen Grauwal. Alle diese großen Wale müssen nach ihrer Nahrung tauchen; und das Kommen und Gehen zwischen der Oberfläche, wo sie atmen, und dem Grund, wo sie fressen, wird durch ihre waagerechte Fluke ermöglicht. Sie verfügen damit über ein sehr großes und entsprechend wirksames

Höhensteuer und gleichzeitig über eine Art Wrickruder, das flach im Wasser liegt – ein wahrhaft ideales Gerät.

Welche Geschwindigkeit entwickeln die Wale? Man muß bei der Antwort auf diese Frage nach Arten unterscheiden. Wir hatten sehr oft Gelegenheit, die Zeit der Tiere zu nehmen, auf die wir trafen, und zwar sowohl im Indischen Ozean als auch im Pazifik. Hier einige von den Angaben, die wir sammeln konnten.

Wiederum erscheinen die Pottwale als Meister. Sich selbst überlassen, bewegen sie sich kaum mit 3 oder 4 Knoten weiter (also mit 3 bis 4 Seemeilen zu je 1,85 Kilometern in der Stunde); sobald sie sich aber beunruhigt fühlen, machen sie Spitzengeschwindigkeiten von 10 bis 12 Knoten. Man hat bei den Azoren festgestellt, daß verfolgte Pottwale in der Lage waren, Boote mit 20 Knoten abzuhängen.

Ein Blauwal von 100 Tonnen Gewicht und 27 Meter Länge machte zwei Stunden lang 14 bis 15 Knoten und zehn Minuten lang 20 Knoten. An einem Finnwal wurden Spitzengeschwindigkeiten von 18 Knoten beobachtet.

Es heißt, daß der Seiwal noch schneller ist und 35 Knoten erreichen kann; aber wir sind nie einem begegnet.

Die Buckelwale schaffen derlei Tempo nicht. Ihre normale Geschwindigkeit beträgt 4 Knoten, und wenn sie beunruhigt sind, können sie 10 Knoten überschreiten. Zu bedenken ist, daß die Kuh mit ihrem Kalb langsamer schwimmt; die Herde aber wird diese nie verlassen und stellt deshalb ihre Marschgeschwindigkeit auf die von Mutter und Kind ein.

Die Reisegeschwindigkeit des Grauwals, den wir sowohl mit der *Polaris* als auch mit der *Calypso* und dem Schlauchboot sehr lange verfolgen und beobachten konnten, beträgt 4 oder 5 Knoten.

Wir haben feststellen können, daß er nach einem Schreck Spitzengeschwindigkeiten von 10 und vielleicht mehr Knoten erreichen kann, jedenfalls höher als die 7 bis 8 Knoten, die ihm die Walforscher zugestanden haben.

Schließlich haben wir errechnet, daß die Wale eine Beschleunigung von 30 Knoten entwickeln müssen, um so aus dem Wasser zu springen, wie sie es tun, unter Bedingungen und aus Gründen, die wir noch nicht genau angeben können.

Anscheinend springen die Bullen häufiger als die Kühe. Die Tauchzeit schwankt zwischen 4 und 15 Minuten.

Trotz ihres kräftigen Motors und ihrer ungeheuren Muskelmasse sind diese Tiere längst nicht die schnellsten im Meer. Kleinere Wale, wie der Schwertwal, der Delphin oder der Tümmler, erreichen unvergleichlich höhere Geschwindigkeiten.

4 Meister im Luftanhalten

Die Pottwale, unsere Lehrmeister – Mindestens 800 Meter
Tiefe – Die Grauwale – Das Rätsel der Blaswolke

Die Pottwale sind wunderbare Taucher. Sie sind uns himmelhoch
überlegen. Warmblütige Säugetiere wie wir, durch Lungen atmend,
sind sie jedoch beim Tauchen unbehindert von all den Unzulänglich-
keiten, die unser Los sind; sie kennen weder den Tiefenrausch noch
die Unfälle durch Druckabfall. Hier stehen wir vor einem Geheimnis.
Wir bemühen uns, es aufzuklären. Vielleicht können wir dadurch erreichen, daß sich die Bedingungen, denen der Mensch im Wasser unterworfen ist, und damit die Möglichkeiten des Tauchers verbessern.
Wenn ein Pottwal abtaucht und dabei mit seinem ganzen großen Körper überkippt und die breite Fluke über das Wasser erhebt, in welche
Tiefe geht er dann hinunter?
Wieder einmal öffne ich mein Tagebuch. Es handelt sich noch immer
um die Reise der *Calypso* in den Indischen Ozean.
Montag, 22. Mai. In der Nacht hatten wir nur fünf Meilen Abdrift. Wir
halten aufs Geratewohl auf das Shab-Arab zu. Weit werden wir nicht
kommen. Bald weichen wir wieder vom Kurs ab, um nach Delphinen
Ausschau zu halten. Das tun wir in bestimmter Absicht. Gewiß – wir
suchen keine Delphine. Aber wir haben festgestellt, daß es auf dem
Ozean Gebiete gibt, in denen das Leben sich konzentriert, Plätze, die
zweifellos des dortigen Futterreichtums wegen aufgesucht werden. Es
können Gebiete sein, in denen vor allem mikroskopisch kleine Formen vorkommen, Plankton, winzige Krebstierchen. Dieses »Misch-
futter« zieht alle an, sogar die Pottwale. Es gibt im Meer eine Nahrungskette, die sich an dieser Stelle schließt. Das ist auch heute wieder
der Fall. Um 10.30 Uhr nähern wir uns mit der *Calypso* einer Schule
friedlicher »Muskat«-Pottwale. Deloire steht auf der Harpunier-
Plattform, Barsky hinter Falco, Falco am Steven mit einer unserer
neuen, schweren Wurfharpunen, deren Spitze jedoch zu schwach ist.
Li ist in der Beobachtungskammer unter Wasser. Alan und Jack filmen
ganz aufgeregt alles mit allen Kameras, die sie finden können.
Das erste »Objekt«, das sich zeigt, ist ein junger oder eher jugendli-
cher Pottwal. Falco jagt ihm die Harpune in die Seite, doch vor unse-

ren Augen schlägt er heftig um sich und reißt die Spitze heraus. Noch einmal! Der zweite ist erwachsen, er präsentiert sich günstig, aber die Harpune trifft ihn zu flach. Wir holen unsere Waffe wieder ein, da sie entschieden zu wenig offensiv ist.

Der dritte (sie sind ahnungslos!) ist riesig, der größte dieser Schule. Falco wirft mit aller Kraft; ich stehe an seiner Seite, sehe, wie die Spitze auf die linke Flanke schlägt, höre ein außergewöhnliches Geräusch, so wie es ein Schulranzen aus dickem Leder macht, wenn man ihn flach auf den Boden wirft: Die Haut des Pottwales ist geplatzt wie ein Trommelfell, aber sie erscheint so viel härter und dicker!

Ich bin sicher, daß die Spitze das empfindliche Fleisch nicht erreicht hat. Sie ist in der dicken Speckschicht steckengeblieben, einer Schicht von 50 bis 60 Zentimetern; unsere Spitze ist dagegen nicht länger als 40 Zentimeter. Der Pottwal kann den Stoß kaum gespürt haben. Dennoch stellt er das Schwimmen ein und beginnt sich im Kreise zu drehen, den Kopf über Wasser, als ob er herauszufinden sucht, woher dieser Stubs gekommen ist. Plötzlich beschließt er, das Weite zu suchen; er braust davon, so schnell er kann. Die Polypropylen-Leine zischt aus dem Korb, der auf dem vorderen Aufbau angebracht ist. Als 500 Meter abgelaufen sind, rutscht die große rote Boje, die an dieser Stelle befestigt ist, über Bord. Wir verfolgen sie mit den Augen. Sie wird fortgezogen und springt mit hoher Geschwindigkeit von Woge zu Woge. Eine vielversprechende Begegnung!

Deloire fährt im Schlauchboot ab mit der 35-Millimeter-Weitwinkelkamera. Wir lassen den Pottwal nicht aus den Augen; er schwimmt zu seiner Herde und hat sie schnell wieder erreicht. Es sind sieben oder acht. Deloire stürzt sich mitten unter diese Ungetüme ins Wasser – es scheint, daß ihm eine Aufnahme gelungen ist, die mehrere Wale zugleich zeigt.

Ungefähr eine Stunde lang kreist der Wal am Ende der 500-Meter-Leine säuberlich um seine dicke rote Boje. Zuerst bleiben seine Kameraden bei ihm. Dann geben sie ihn auf, lassen aber trotzdem einen erwachsenen Pottwal zurück, der anscheinend genauso groß ist wie der unsere. Schließlich entfernt sich auch dieser letzte getreue Begleiter, und der Gefangene bleibt allein. Wir kritisieren, allerdings verfrüht, diesen offensichtlichen Mangel an Zusammengehörigkeitsgefühl.

Die Taucher haben bereits Geschmack an dem Rodeo-Pottwal gefunden und möchten sich gerne noch weiter mit dem Tier anlegen, das sich an seiner Longe im Kreis bewegt wie ein Zirkuspferd. Aber der Wal ist lebhafter, als es aussieht, und er »spürt«, daß sich die Taucher nähern. Mit einem Schwanzschlag ist er 20 Meter weiter weg und beginnt dann wieder, seine Kreise zu beschreiben. Die Versuche, ihn einzuholen, erschöpfen die Taucher. Außer Atem werden sie nacheinander vom Zodiac eingesammelt. Es müßten zehn Taucher ringsum auf der Lauer liegen, wenn es gelingen sollte, diesen Mustang zu reiten. Über Funk weise ich das Schlauchboot an, dieses Voltigieren einzustellen, denn es ermüdet alle, ohne daß wir etwas dabei gewinnen.

Gegen 16 Uhr ändert sich das Verhalten: Unser Tier richtet seinen Schwanz auf und taucht ab. Nach wenigen Augenblicken zittert die große rote Boje und verschwindet.

Ein paar Worte zu unseren Bojen: Es sind dicke, aufgeblasene Plastikballons. Dieses Modell wurde von »Gaz de France« entwickelt, um Untersee-Gasleitungen in ihrer Lage zu halten. An der Oberfläche haben sie ein Volumen von etwa 60 Litern. Also müssen mindestens 60 Kilo in die Tiefe gezogen werden, damit sie eintauchen. (In 10 Meter Tiefe entspricht ihr Gewicht nur noch 30 Kilo, in 30 Meter 15 Kilo, in 70 Meter wiegen sie nicht mehr als 7 Kilo, und von da ab kann ihr Auftrieb vernachlässigt werden.) Dagegen platzen sie auch in der größten Tiefe nicht, denn sie sind weich und nehmen ihre Schwimmfähigkeit wieder an, sobald sie an die Oberfläche kommen.

Unser Pottwal ist also mindestens 400 oder 500 Meter tief gegangen. Übrigens bleibt er fast eine Viertelstunde unten, taucht dann auf, und ein paar Minuten später sehen wir die Boje fröhlich auf dem Wasser hüpfen. Rasch schicke ich ein zweites Schlauchboot aus, das noch 300 Meter Leine mit einer weiteren Boje am Ende anstecken soll. Und wir blasen außerdem mit Wasserstoff einen Drachenballon auf, mit hübschen Wicklern aus Aluminiumfolie daran, damit die in der Nacht ein schönes Radar-Echo liefern.

Der Drachenballon – wir nennen ihn Kytoon – wird etwa 30 Meter über der zweiten Boje befestigt. Kaum hat sich die Leine unter ihm gespannt, als der Pottwal von neuem taucht. Die erste Boje verschwindet; nach ein bis zwei Minuten, in denen die ganze Crew der *Calypso* ängstlich die Vorgänge überwacht, wird auch die zweite Boje unruhig und taucht unter. Dann sehen wir voller Verwirrung, wie auch der Kytoon herunterkommt, sinkt, sich aufs Wasser legt... und sobald die Leine nachgegeben hat, sehen wir, wie er steigt, wieder aufsteigt, sich dann allein in die Lüfte erhebt und am Himmel entschwindet...

Unser Pottwal hat also 800 Meter Tiefe erreicht oder gar noch mehr. In letzter Verzweiflung geben wir abermals 300 Meter Leine zu, noch eine dritte Boje, und wir blasen noch einen Kytoon auf. Leider könnte dieser Drachenballon etwas von einem Wal (nämlich Fischbein!) oder sonst eine Versteifung gebrauchen, die seine Steuerung straff hielte, aber wir lassen uns nicht beunruhigen, denn ohne Wind benimmt er sich ganz manierlich.

Als der Pottwal zum drittenmal in die Tiefe geht, verschwinden die beiden ersten Bojen schön nacheinander, aber der dritten genügt es, langsam weiterzuschwimmen und auf der Oberfläche zu ruhen.

Es läßt sich unmöglich genau feststellen, in welche Tiefe der Pottwal gelangt ist, da er offensichtlich nicht senkrecht abtauchte. Aber der Abstand zwischen dem Punkt, wo er verschwunden, und dem, wo er aufgetaucht ist, war ziemlich gering. Das beweist, daß er trotz allem ziemlich geradlinig auf den Grund zuging. Ich glaube, man kann behaupten, daß er 800 Meter überschritten, aber keine 1200 Meter erreicht hat.

Als der Tag sich neigt, machen wir uns bereit, den Pottwal und seinen Kytoon mit dem Radar zu verfolgen, wie wir es in der Nacht vom 12. auf den 13. Mai mit dem Bartenwal getan haben. Doch es kommt Wind auf, Geflimmer trübt den Bildschirm, der Kytoon zeichnet sich darauf nicht mehr ab. In aller Eile lasse ich eine Schlauchboot-Wache in der Nähe der dritten Boje aufziehen. Sie soll die ganze Nacht dort bleiben. Bonnici macht den Anfang. Er teilt mir über Funk mit, daß der Wind den Kytoon aufs Wasser gedrückt hat, zweifellos, weil das Querruder, das ihn stabilisieren soll, kein festes Gerüst hat. Er nimmt ihn ab und vertäut ihn am Schlauchboot.

Um 21.45 Uhr stellt die dritte Boje plötzlich ihre Vorwärtsbewegung ein. Bonnici signalisiert mir, daß nach seiner Meinung der Pottwal ausgehakt haben muß, »mindestens ist er eingeschlafen...« Dennoch halten wir weiterhin Wache bis Tagesanbruch.

Dienstag, 23. Mai. In der Morgendämmerung holen wir die Leinen ein und stellen dabei fest, daß der Wal tatsächlich ausgehakt hat. Wir untersuchen die Spitze. Der letzte der drei Widerhaken, den wir gelassen haben, damit die Spitze im Speck schwingen kann, ist weg, die Achse gebrochen. Der rostfreie Stahlfaden, der die Spitze mit der Polypropylen-Leine verbindet, ist etwa zu zwei Dritteln durchgerissen, hat aber noch gehalten. Schließlich hat also die Spitze mit ihren drei scharfen Schneiden die Haut zerschnitten und sich darunter quergestellt. Aber es ist schon außergewöhnlich, daß so ein lächerlicher Satz von Spitze, Faden und Leine ein so großes Tier so lange Zeit am Gängelband halten konnte.

Die Walforscher haben viel darüber diskutiert, bis zu welcher Tiefe die Pottwale maximal tauchen können. Ein deutscher Zoologe, Willy Kükenthal, behauptete 1900, daß sie 1000 Meter erreichen könnten. Offensichtlich bestätigt wurde diese Meinung durch eine seltsame Tatsache ganz anderer Art. 1932 arbeitete ein Kabelschiff, die *All America,* an einem Telegrafenkabel auf der Höhe von Britisch-Ko-

Im Indischen Ozean – ein Pottwal schwimmt am Bug der *Calypso* vorbei.

lumbien. Die Besatzung war nicht wenig überrascht, als sie nach großer Anstrengung den Kadaver eines Pottwals barg, der sich in das Kabel verwickelt hatte. Das Tier war ertrunken, erstickt; es war durch den Druck nicht beschädigt worden. Das Kabel aber lag 988 Meter tief!

Dieser Einzelfall konnte jedoch Professor Budker nicht davon überzeugen, daß die Pottwale für gewöhnlich so tief hinuntergehen. Es erschien ihm »zumindest unvorsichtig, nach diesem einzigen Vorkommnis zu behaupten, daß die Pottwale laufend einen Kilometer unter die Oberfläche tauchen«. Immerhin: 1957 wurde nach Kenneth S. Norris: »Whales, Dolphins and Porpoises« ein anderer Pottwal gefunden, der sich bei 1145 Meter Tiefe in einem Kabel verfangen hatte.

Die Länge der Leine, die ein harpunierter Wal mitziehen kann, gibt jedoch keine genaue Auskunft, denn sie entspricht nicht dem senkrechten Abstand, sondern man muß die Abdrift berücksichtigen.

Relativ genaue Experimente machten die Norweger mit Finnwalen, indem sie ein Manometer an der Harpune befestigten. Die größte Tiefe, die bei fünf Versuchen registriert wurde, betrug 355 Meter. Als der Finnwal, der diesen Rekord aufstellte, wieder an die Oberfläche kam, war er noch so kräftig, »daß er das Fangboot eine halbe Stunde hinter sich herschleppte und ein zweites Mal harpuniert werden mußte« (P. Budker: »Baleines et baleiniers«, S. 76).

Unsere eigenen Beobachtungen zeigen, daß die von den Walen erreichte Tiefe je nach der Art stark variiert. Die großen Meeressäugetiere tauchen aus Notwendigkeit, nämlich um ihre Nahrung zu suchen. Deshalb gehen die Glattwale und die Furchenwale weniger tief hinunter als die Pottwale. Sie sind, wie wir im Kapitel über die Nahrung sehen werden, die großen Krill-Fresser. Das Krill, bestehend aus Krebstieren der Art *Euphausia superba,* hält sich nahe an der Oberfläche, wo es oft sehr reichlich vorhanden ist, findet sich jedoch kaum unterhalb 100 Meter Tiefe.

Die Pottwale aber, die die Riesenkraken in 500 bis 800 Meter Tiefe jagen, scheinen die Meister im Tauchen zu sein; und doch ist es gut möglich, daß sich die Entenwale (*Hyperoodon,* von den Amerikanern »bottlenose whales« genannt) als noch glänzendere Tauchkünstler zeigen.

Zu bemerken ist auf jeden Fall, daß die Leistungen um so besser sind, je größer das Individuum ist. Besonders gut tauchen also die größeren Bullen; die Kühe und Kälber sind ihnen unterlegen.

Wie lange kann ein Pottwal unter Wasser bleiben, ohne zum Atmen an die Oberfläche zu kommen? Zu diesem Thema verfügen wir über zahlreiche Informationen. Alle legen übereinstimmend die Tauchzeit der großen männlichen Tiere zwischen 60 und 90 Minuten fest.

Doch handelt es sich bei diesen Beobachtungen meist um gejagte, verfolgte Tiere, die zu entkommen versuchen und folglich so lange wie möglich unter Wasser bleiben. Es ist dies also kein normales Tauchen. Die Pottwale, die wir verfolgten, sind zweifellos niemals sehr in Angst

Zwei Beiboote bemühen sich, einen Finnwal einzukreisen.

gewesen, und wir haben sie nicht in die Lage versetzt, daß sie um ihr Leben kämpfen mußten, indem sie bis an die Grenze des Möglichen unter Wasser blieben.

Unter dem Datum des 14. März, als wir auf der Höhe von Scotra waren, finde ich in meinem Tagebuch folgende Eintragungen:

»Am Morgen treffen wir fünf bis sechs Schulen von Pottwalen. Die Tiere halten sich manchmal allein, manchmal zu zweit. Wenn wir uns nähern, gehen sie oft unter Wasser, ohne wirklich abzutauchen, und wir können ihrer Spur folgen. Sie hinterlassen jene Furche, die wir mehrmals beobachtet haben und die wie eine Ölspur aussieht. Mehr und mehr komme ich zu der Überzeugung, daß ihre Schwanzbewegung diesen ganz feinen, aus winzigen Wassertröpfchen bestehenden Schaum hervorruft, der zweifellos der Kraft der Fluke seine Entstehung verdankt. Sie navigieren dann nur 5 oder 10 Meter unter der Oberfläche. Aber sie haben unglaubliche Fähigkeiten. Oft bleiben sie 20 Minuten weg, ohne zu atmen, obwohl sie nichts dazu zwingt.«

So gibt es also im tierischen Verhalten keine absolute Regel. Das eindrucksvolle Bild des Pottwales, der wegtaucht, indem er seinen riesigen Schwanz vollkommen über die Wasseroberfläche erhebt, kündet Tieftauchen an. Wie wir aber zu wiederholten Malen feststellen konnten, kommt es auch hin und wieder vor, daß der Pottwal unter Wasser verschwindet, ohne abzuknicken; dann bewegt er sich in geringer Tiefe.

Wenn die Wale auf ihrem Wanderzug unterwegs sind, tauchen sie im allgemeinen nicht, außer sie werden beunruhigt oder gejagt.

Die Beobachtungen, die wir mit der *Polaris III* ebenso wie mit der *Calypso* an den Grauwalen machten, haben gezeigt, daß die Bartenwale bei weitem nicht so lange tauchen wie die Pottwale.

Für die Grauwale, die wir entlang der Pazifikküste antrafen, haben wir eine sehr genaue Aufstellung der Tauchzeiten und zugleich der Tiefen angelegt, in die sie wahrscheinlich hinabtauchten. Der Rekord betrug 8 Minuten 27 Sekunden, während das Mittel zwischen 2 und 4 Minuten lag. Die größte geschätzte Tiefe war 150 Meter. Mit diesen kniffeligen Beobachtungen war Bernard Mestre beauftragt; er hat sich ihrer mit peinlichster Genauigkeit entledigt.

Die Buckelwale scheinen ein wenig besser für das Tauchen eingerichtet zu sein. Die Mitglieder unserer Crew, die sie beobachteten, haben Tauchzeiten von 10 bis 15 Minuten festgestellt.

Es scheint, als könne allein der Finnwal sich mit dem Pottwal messen, wie es derjenige bewiesen hat, den wir im Indischen Ozean markierten.

Noch mehr als die lange Tauchzeit der Wale oder die Tiefe, zu der sie hinabsteigen, wundert mich eine geheimnisvolle Eigentümlichkeit: Wenn die Tiere unter Wasser sind, gleich wie hoch oder wie tief, so scheinen sie stets zu wissen, was an der Oberfläche vorgeht, denn sie richten sich in ihrem Verhalten danach ein.

Wir haben ein glänzendes Beispiel dafür in dem Finnwal von Mahé, von dem ich bereits im zweiten Kapitel berichtet habe – der uns so geschickte Schnippchen schlug. Wenn er tauchte, wußte er ständig, wo sich die *Calypso,* das Schlauchboot und das Beiboot befanden, selbst wenn sich die Schrauben nicht drehten und alle Motoren abgestellt waren.

Kein anderes Säugetier verfügt über die gleiche Leistungsfähigkeit, wenn es sich unter der Wasseroberfläche fortbewegen soll, ohne zu atmen. Immerhin: Katzen, Hunde und Kaninchen können 3 bis 4 Minuten aushalten, ohne zu atmen, die Bisamratte 12 Minuten, Robben und Biber 15 Minuten.

Man sieht, daß so etwas wie das Tauchtalent der Wale bei den Landsäugetieren nicht völlig unbekannt ist. Die Wale sind dem Leben unter Wasser nur besser angepaßt – und außerdem schlägt der Biber die schwache Leistung der Grauwale.

Aber worauf beruht der Rekord der Pottwale?

Er ist keineswegs, wie man meinen möchte, durch eine außergewöhnliche Kapazität der Lungen begründet; diese sind im Verhältnis zur Größe des Tieres nicht besonders entwickelt.

Doch entleert der Pottwal an der Oberfläche seine Lungen weitaus gründlicher als alle anderen Säugetiere. Er erneuert 80 oder 90 Prozent der im Brustkorb enthaltenen Luft, während beim Menschen jeweils nur 20 Prozent erneuert werden. Ein Atemzug beim Wal entspricht acht beim Menschen!

Der Pottwal atmet übrigens in außergewöhnlich langsamer Folge: sechsmal in der Minute. Bei den Bartenwalen ist der Rhythmus noch langsamer: einmal pro Minute.

Das Fleisch der großen Wale ist sehr dunkel, beinahe schwarz. Man hat festgestellt, daß diese Färbung eine Eigentümlichkeit derjenigen Säuger ist, die über besonders gute Tauchleistungen verfügen. Bewirkt wird die dunkle Färbung durch das Myoglobin, das den Sauerstoff in den Muskeln bindet, wie das ihm verwandte Hämoglobin – der rote Blutfarbstoff – den Sauerstoff an die roten Blutkörperchen bindet. Daraus ergibt sich eine der bestmöglichen Erklärungen für die Fähigkeit, zu leben, ohne Atem zu holen. Nach Professor Grassé kommen »von dem Sauerstoff, den ein Mensch beim Tauchen verbraucht, 34 Prozent aus den Lungen, 41 Prozent aus dem Blut, 13 Prozent aus den Muskeln und 12 Prozent aus anderen Geweben. Beim Wal ist das ganz anders: 9 Prozent des verbrauchten Sauerstoffs kommen aus den Lungen, 41 Prozent aus dem Blut, 41 Prozent aus den *Muskeln* und 9 Prozent aus anderen Geweben.«

Bliebe die Tatsache zu erklären, daß die Wale, Säugetiere mit Lungenatmung wie wir, gegen die Gefahren gefeit zu sein scheinen, die dem menschlichen Taucher aus dem Stickstoff in der Atemluft erwachsen. Dieser Schutz, um den wir die Wale beneiden, und der mich seit vielen Jahren beschäftigt, dürfte auf einer ganzen Anzahl physiologischer Besonderheiten beruhen. Da gibt es zunächst die »Wundernetze«, ein Teil des Kreislaufsystems ganz besonderer Art, das sich bei den Seeottern und bei gewissen Robben wiederfindet. Es handelt sich um Anhäufungen von Blutgefäßen, die zu beiden Seiten der Wirbel-

Bonnici und Falco richten die Bojen und das Nylonseil her, die an der Harpune befestigt werden sollen.

säule verteilt sind und genau beim Schwanz enden. Von diesen Netzen gibt es zwei Arten, arterielle und venöse. Ein solches System erleichtert die Verlagerung großer Mengen Blut in verschiedene Bereiche des Körpers. Es könnte zum Beispiel die Durchblutung des Gehirns oder des Herzens beim Tauchen gewährleisten. Möglicherweise regelt es auch die Temperatur. Ebenso hat man, um die Anpassung an das Tauchen zu erklären, die Stärke der Sinusvenen angeführt; auch gab man zu bedenken, daß die starken Speckschichten der Wale zur Absorption des Stickstoffes während des Nichtatmens beitragen könnten. Die gleiche Rolle soll eine ölige Emulsion spielen, deren Vorhandensein in den Lungen festgestellt wurde und die in gleicher Weise die Grundlage für die Blaswolke bilden soll.

Doch in all unseren Erklärungen gibt es noch nichts Sicheres. Wirkliche Erfahrungen fehlen uns. Sind sie überhaupt zu gewinnen?
Ein einziger Hinweis vielleicht: Der Herzschlag der Wale ist so langsam wie bei den Wasserreptilien, den Meeresschlangen oder den Meerechsen von den Galápagos, die lange aushalten können, ohne zu atmen.

Nachdem Philippe die Lagunen Niederkaliforniens erkundet hatte, um die Grauwale ausfindig zu machen, kam er im Flugzeug nach San Diego zurück und überflog dabei die innere Küste der Cortez-See.
Er war in Begleitung von Ted Walker und Wally Green. Sie überflogen den Kanal von Las Ballenas – den so treffend benannten, denn »ballena« ist das spanische Wort für Wal –, der zwischen dem Ufer und der Insel Angel de la Guardia liegt. Aus der Luft nahmen sie eine Schule Finnwale wahr, die anscheinend entweder hier beheimatet oder zumindest Stammgäste in diesen Gewässern waren.
Philippe landete sofort in der Nähe eines Fischerdorfes und mietete ein Boot. Hier seine Erzählung von dem außergewöhnlichen Tag, den

Canoé Kientzy und Bernard Delemotte mit Harpune und Boje im Schlauchboot.

er mit seinen beiden Begleitern verlebte, mit unseren Freunden Ted und Wally:

»Das Wetter war sehr schön. Wir brachen auf, um die Herde zu sehen. Ein wunderbares Schauspiel: Diese zerklüfteten roten majestätischen Küsten haben sehr hohe Steilhänge, rauh und zackig, ohne einen Baum, ohne jede Vegetation, die absolute Wüste, eine Felswüste. Steilhänge von 50 Metern fallen jäh ins Wasser ab.

Ein spiegelglattes Meer, ein erstaunlich leises Motorboot, wie es nur die Amerikaner herzustellen verstehen. Wir sehen die Wale, wir halten, und in der beinahe vollkommenen Stille, die vor allem vorn am Boot herrscht, erhebt sich die ungeheure Blas-Fontäne eines Finnwals drei Meter vor dem Bug... Der Weltraum scheint erfüllt von diesem Geiser. Wir waren im Innern der Cortez-See. Es konnte sich nicht um Grauwale handeln, sondern nur um Finnwale. Die Grauwale dringen niemals in die Cortez-See ein.

Plötzlich begann Ted zu brüllen und mit den Füßen zu trampeln. Wir verstanden, warum. Wir hatten einen Finnwal auf jeder Seite, fünf oder sechs Meter vom Boot, und wir bewegten uns alle mit der gleichen Geschwindigkeit vorwärts. Von Zeit zu Zeit ließen sich die beiden Finnwale sachte absinken. Wir fuhren weiter voran; das Wasser vor uns war mit Blasen bedeckt wie Mineralwasser. Diese Blasen rührten von einem Schwarm kleiner Fische her, die sehr schnell die Tiefe wechselten: Sie ließen dabei die Luft aus ihrer Schwimmblase durch den Mund aus.

Ich begriff, was hier geschah: Die Wale, die links und rechts von uns ihren Kurs steuerten, benützten unser Boot und den Lärm seines Motors, um die kleinen Fische einzukreisen.

Bei dieser Gelegenheit habe ich zum erstenmal gesehen, wie intelligent die Wale sind und wie sich das auswirkt. Die Wale erkannten und nutzten die Gelegenheit sehr rasch – innerhalb von 20 Minuten nach unserem Eintreffen hier.

Das Wasser war trübe, ich konnte nicht tauchen, um zu filmen, aber ich habe es nicht bedauert; denn von Bord unseres Schiffchens aus erlebt, war die Szene viel außergewöhnlicher als im Wasser gesehen. Es war wunderbar, in dieser großen Stille der Wüste einem Wal ganz nahe zu sein, der nicht einmal so schnell war wie ein Mensch, der langsam zu Fuß geht. Der eine der Riesen, der uns steuerbords folgte, war dreimal so groß wie unser Boot. Ted schätzte ihn auf 85 Fuß – 25 Meter! Der backbords war kleiner.

Das war meine erste wirkliche und ernsthafte Begegnung aus nächster Nähe mit einem Wal. Wale hatte ich meine ganze Kindheit lang gesehen, immer wenn ich auf der *Calypso* war. Doch an jenem Tage sah

und hörte ich die Fontäne. Was ich empfand, war anders als alles mir
Bekannte; vor allem versetzte mich das Geräusch in Erstaunen. Man
hätte sagen können, eine schwimmende Höhle erklang auf dem Meer,
und ihr geheimnisvolles Tönen setzte sich in drohenden Echos fort.
Dieser Tag gehört zu den bedeutungsvollsten in meinem Leben. Damals habe ich all den Schrecken und all die Geschichten verstanden,
deren Urheber die Wale waren. Was hatte ich bisher von den Walen
gewußt? Mehr oder weniger romanhafte Erzählungen, Schemata,
Zeichnungen in Büchern. Jetzt sah ich sie in ihrer wahren Größe aus
nächster Nähe. Und vor allem hörte ich sie. Und diese monströse
Klangfülle war noch viel mächtiger von Leben erfüllt als die zur Hälfte
unter Wasser liegende Masse.
Und es war noch mehr: Ich sog den Atem des Wales selbst ein. Die
Blaswolke schlug sich auf uns nieder. Leichter Dunst, Wasserstaub
bedeckt mir das Gesicht, die Hände, bedeckte das Boot. Dieser Dampf
roch nicht schlecht, beinahe wie Moschusduft, fein. Eine seltsame
Dampfbildung, mit der uns nur ein Riese aus nächster Nähe markieren
konnte, indem er unsere Haut mit souveräner Autorität besprengte.«
Eine allgemein verbreitete Meinung will wissen, daß der Atem der
Wale überriechend sei.
Unsere Taucher wurden bei vielen Gelegenheiten mit diesem Aerosol
bespritzt, haben sich aber selten über seinen Geruch beklagt. Zwar
muß gesagt werden, daß sie im Eifer des Gefechts oft andere Sorgen
hatten. Dennoch wurden ihre Taucheranzüge oder gar ihre Körper
nicht von übelriechenden Absonderungen durchtränkt.
Möglicherweise riecht der Atem des Pottwals schlechter als der der
Bartenwale, da ja ihre Nahrung so ganz anders ist.
Was die Grauwale betrifft, so sagt Philippe ausdrücklich: Ihre Blaswolke verbreitet keinen unangenehmen Geruch. Nach seiner Meinung
haben die Walfänger ihnen den traurigen Ruf verliehen, daß sie einen
übelriechenden Atem hätten. Aber die Walfänger näherten sich immer nur solchen Tieren, die von einer langen Jagd ermüdet oder verwundet waren.

»Er bläst!« war der uralt überlieferte Schrei, mit dem man an Bord
der Walfangschiffe das Erscheinen eines Wales verkündete, und es ist
noch immer der Alarmruf, den die Beobachter auf der *Calypso* ausstoßen, wenn sie Wale im Indischen Ozean oder im Pazifik sichten.
Wenn ein Wal nach dem Tauchen an die Oberfläche kommt, treten
als erstes seine Spritzlöcher zutage. Durch sie stößt er eine weiße Säule
gen Himmel, einem Dampfstrahl ähnlich, die über dem Wasser gut
sichtbar ist – eine unheilvolle Notwendigkeit, denn sie trägt es den

Walen ein, daß man sie schon aus ziemlich weiter Entfernung ausmachen kann. Die Blaswolke ist vom Geräusch der gewaltsam verdrängten Luft begleitet, das bis auf 250 Meter Entfernung zu hören ist. Das ist der aus nächster Nähe vernommene »hohle Ton«, der Philippe so lebhaft in Erinnerung blieb.

Die Mannschaft der *Curlew,* eines von uns gecharterten alten Seglers, hatte während ihrer Arbeit unter den Buckelwalen bei den Bermudas Gelegenheit, das Geräusch zahlreicher Fontänen auf Tonband aufzunehmen. Unser Toningenieur, Eugène Lagorio, stellte dabei außerdem fest, daß dieses Geräusch von Wal zu Wal sehr verschieden sein kann.

Das Schlauchboot fährt auf zwei Grauwalfontänen zu.

Die Bullaugen der »falschen Nase« der *Calypso* zu säubern, ist eine harte Arbeit.

Die Umstände waren besonders günstig, vor allem am Ende eines ganz bestimmten Tages: Nachdem wir viele Außenaufnahmen gemacht hatten, lag das Schiff vor Anker, die Motoren waren abgestellt. Sieben oder acht Wale waren um die *Curlew* geblieben. Sie ließen sich offenbar durch die Anwesenheit des Schiffskörpers überhaupt nicht stören. Die Taucher gingen ins Wasser, und auch sie haben die Schule offenbar nicht im geringsten beunruhigt. Die Szene spielte sich nahe einer Untiefe ab; wahrscheinlich suchten die Wale hier in aller Ruhe oder gar faul nach ihrer Nahrung. Sie hielten sich an der Oberfläche auf und tauchten von Zeit zu Zeit. Da sie stets wieder in der Nähe unseres Fahrzeuges auftauchten, konnte Lagorio sie alle getrennt aufnehmen, einen nach dem andern. Nun gab es unter dieser Menge einen, dessen Blasen nicht wie das der anderen klang. Es war rauher, dumpfer. »Man könnte sagen, daß er Asthma hat«, behauptete Lagorio in seiner von keinem an Bord übertroffenen trockenen Art.

Die Wale können erst dann wieder tauchen, wenn sie an der Oberfläche mehrmals ein- und ausgeatmet haben; die Zahl der Atemzüge ist je nach Art verschieden. »Der Blauwal atmet kaum drei- bis fünfmal, der Finnwal fünf- bis sechsmal, der Buckelwal zehn- bis fünfzehnmal. Der Pottwal atmet in den 10 bis 11 Minuten, die er an der Oberfläche schwimmt, 60- bis 70mal und zeigt dabei einen viel rascheren Atemrhythmus als die Bartenwale« (Budker: »Baleines…« S. 71).
Die Blaswolke, die unter beachtlichem Druck aus den Spritzlöchern ausgestoßen wird, kann bis 15 Meter hoch steigen; sie ist um so höher, je länger und tiefer das Tier getaucht hat. Die Walforscher haben geglaubt, eine Näherungsregel formulieren zu können: Für jede Tauchminute, so schreibt Kenneth S. Norris, dürfte ein Pottwal von 20 Meter Länge und 60 Tonnen Gewicht bei 60 Tauchminuten 60mal blasen.
Alle Walfänger können nach dem Aussehen der Fontäne die Art des Tieres, sein Alter und selbst seine Größe erkennen. (Im Anhang findet der Leser schematische Darstellungen unter dem Stichwort »Blaswolke«.)
So stoßen die Furchenwale durch ihre beiden sehr nahe beieinanderliegenden Spritzlöcher zwei Fontänen aus, die sich zu einer einzigen Säule vereinigen. Die Blaswolke des Grönlandwales ist säuberlich in zwei nach vorne gerichtete Strahlen geteilt; die des Buckelwales stellt eine einzige Säule dar, die sich nach oben zu einer Art Kugel erweitert.

Im Gegensatz zu dem, was allgemein angenommen wird, ist die Blaswolke absolut kein »Wasserstrahl«. Professor Budker schreibt zu diesem Punkt ausdrücklich: »Anatomisch ist es unmöglich, daß ein Wal durch das Spritzloch Wasser ausstößt, denn es gibt bei den Meeressäugetieren keine Verbindung zwischen den Atem- und den Verdauungswegen. Schlucken und Atmen vollziehen sich unabhängig voneinander, und es gibt keine Möglichkeit, das durch den Mund aufgenommene Wasser durch das Spritzloch auszustoßen.«
Was verleiht dieser Blaswolke nun das Aussehen von weißem Dampf? Die wahrscheinlichste Erklärung dafür ist, daß die Luft, die beim Tauchen im Brustkorb des Wales zusammengedrängt wurde, sich beim

Ausatmen entspannt und dabei ein Absinken der Temperatur und somit eine Kondensation des Wasserdampfes hervorruft.

Bei Walen von geringer Größe ist die Blaswolke unsichtbar, so vor allem bei Schwertwalen und Delphinen.

Wie die Dauer des Atemanhaltens, so scheint auch das Blasen mit der Häufigkeit der Herzschläge in Verbindung zu stehen. Ein amerikanischer Kardiologe hatte es sich in den Kopf gesetzt, das Elektrokardiogramm eines Wales zu erhalten. Es war Dr. Paul Dudley White, der Eisenhower betreute, als dieser das Opfer eines Herzinfarkts geworden war.

Dr. White, der mit Ted Walker befreundet ist, hatte schon Elektrokardiogramme von Elefanten (30 Schläge pro Minute) und von Vögeln (bis 1000 Schläge) aufgenommen. Ganz offensichtlich schlägt das Herz um so langsamer, je größer ein Tier ist.

Ted Walker erzählte uns, daß Dr. White für seinen Versuch die Grauwale ausgesucht hatte, da man sie für die zugänglichsten (!) hielt. Er stellte eine Mannschaft zusammen, rüstete eine Expedition aus und versah ein Schiff mit allem, was für dieses Unternehmen nötig war.

Aber seine Taucher, mit den Gewohnheiten der »Grauen« wenig vertraut, versuchten Elektroden am Körper einer Walkuh zu befestigen, die von ihrem Kalb begleitet war. Es ist eigentlich immer gefährlich, dem Herzen einer Mutter zu nahe zu kommen.

Diese hier jedenfalls reagierte mit äußerster Gewalttätigkeit.

Im Nu dreht der große Wal um und schlug zu. Er zerbrach das Steuerruder, verbog die Schraube und ließ das Fahrzeug mit einem klaffenden Loch im Schiffsrumpf zurück. Die Besatzung mußte pumpen, um sich über Wasser zu halten, bis Hilfe kam.

Dr. White mußte sich deshalb mit einem Patienten von 30 Tonnen begnügen, der in der Lagune von Scammon gestrandet war. Der Elektrokardiograph registrierte 27 Schläge in der Minute.

In Anbetracht der Tatsache, daß es sich um einen gestrandeten Wal handelte, dürfte die Frequenz dreimal so hoch sein wie die normale – diese beträgt zweifellos nicht mehr als 9 Schläge in der Minute.

Für den Uneingeweihten, etwa für den Passagier eines Luxusdampfers, ist ein Wal, selbst aus geringer Entfernung betrachtet, vor allem ein »Blas« auf hoher See, manchmal ein dunkler Rücken, der in den Wogen rollt. Wir Taucher aber sind so weit gekommen, daß wir die Besonderheiten der einzelnen Walarten sehr viel genauer unterscheiden können, vor allem, wenn es uns gelingt, im offenen Wasser ganz in ihre Nähe zu kommen und dabei sogar dann und wann ihren Blick aufzufangen.

5 Sie sprechen, singen, hören

Ein Universum von Tönen – Die Grauwale – Ruhe auf Kommando – Unterhaltung auf weite Entfernung

Schon Aristoteles wußte sehr gut, daß die Delphine »sprechen«. Aber sein Zeugnis wurde übergangen oder galt als Fabel, bis eines Tages im Zweiten Weltkrieg die amerikanische Marine längs der Küste der Vereinigten Staaten SOFAR-(Sounding-Fixing-And-Ranging)-Unterwasser-Mikrophone zur Schallortung anbrachte, um feindliche Unterseeboote aufzuspüren. Aus den Geräten hörte man Knirschen, Klicken, Miauen: das Meer sprach. So wurden die »Stimmen« in der Welt des Schweigens entdeckt: das Geräusch der Krebstiere auf dem Boden, das Grunzen der Fische, das Pfeifen der Tümmler, das Quieken der Delphine, die Zurufe der Pottwale, die Triller der Bartenwale. Freilich kommt nicht jegliches Aussenden von Tönen, wie es bei den Walen geschieht, einem »Sprechen« gleich. Gewisse Töne stellen nicht eine Ausdrucksweise dar, sondern eine Art von Navigation. Der Mensch war nicht der erste, der die Ortung durch Schall und Ultraschall in den Tiefen des Meeres nutzte. Die Wale besitzen ein Sonar-Schallortungsgerät, ganz wie auf dem Lande die Fledermäuse. Dieses System, das den großen Meeressäugern ermöglicht, Hindernisse zu entdecken, und ihre Feinde oder ihre Beute ausfindig zu machen, ist noch viel umfassender, als man sich vorstellen kann, denn man glaubt heute, daß es auf zwei Ebenen funktioniert: Zum Beispiel sollen die niedrigsten Frequenzen von den Pottwalen zum Aufspüren der Riesentintenfische in großer Tiefe benutzt werden, während die hohen Frequenzen dazu dienen, Kontakt mit den Artgenossen aufzunehmen oder – bei den Delphinen – Beute und Hindernisse über große Entfernungen hin auszumachen.
So wichtig der Gesichtssinn für das Verhalten der Landsäugetiere auch sein mag, für die Wale ist er nicht der bedeutendste Sinn; vielmehr überwiegt das Gehör. Barten- und Pottwale führen ihr Leben mit Hilfe eines Universums von Tönen. Obwohl sie keine Stimmbänder haben, sprechen und singen sie. Sie hören Schallsignale und senden sie vor allem aus; durch das Echo dieser Töne aber werden sie unaufhörlich über die Umwelt unterrichtet, in der sie sich bewegen.

Die Pottwale grunzen, um Eindrücke auszutauschen, und knarren sehr rhythmisch und mit sehr hohen Tönen, um den Raum zu erkunden. So hören und finden sie einander unfehlbar auf Entfernungen von mehr als drei Seemeilen. Das erklärt, warum man einzelne Kälber fern von ihren Eltern antrifft: Beide Teile wissen ständig voneinander, wo sie sich befinden und was sie tun. Diese Ortung mit Hilfe des Gehörsinns erfolgt weder automatisch noch passiv. Ich glaube vielmehr, daß Senden und Empfangen raumorientiert sind – die Tiere müssen sich wie eine Radarantenne drehen, um die Umwelt zu erkunden. Das erklärt auch, warum die *Calypso* leicht von hinten an die Wale herankommen kann, ohne sie aufmerken zu lassen. Wenn sie wissen wollen, was um sie herum vorgeht, richten sie sich vertikal auf, den Rand ihres Maules über Wasser. Aber das tun sie nicht, um die *Calypso* zu sehen, wie wir erst dachten. Die Sende-Ebene (und vielleicht auch die des Empfangs) liegt lotrecht zum Zylinder ihres Körpers, und zweifellos ist außerdem ein sehr wichtiger Sektor nach unten gerichtet.

An der Oberfläche erkunden die Pottwale unablässig die Tiefen mit ihrem Sonar: tak, tak, tak, tak... Wenn sie eine oder mehrere Kraken von stattlicher Größe 600, 800 oder sogar 1000 Meter unter sich ausgemacht haben, tauchen sie senkrecht ab und gehen geradewegs auf ihre Beute los, ohne zu zögern. Dieser senkrechte Verlauf des Sonar-Bereichs scheint mir das Verhalten beim Tauchen in die Vertikale zu erklären, das Pottwale und Grindwale zeigen.

Der Lärm der Außenbordmotoren ist den Walen besonders unangenehm. Das ist wahrscheinlich eine Frage der Frequenz. Vielleicht ist es aber auch dieser Frequenz zu verdanken, und zwar ihren wohlklingenden Oberschwingungen, daß unsere Taktik des »vire-vire«, des »Karusselfahrens«, oft von Erfolg gekrönt ist: dabei dreht sich ein Außenborder in nächster Nähe wie eine Hornisse um eines der Tiere. Das Sonar des Pottwales in der Mitte dieses Teufelskreises muß gestört werden, er bleibt an der Oberfläche, wie angenagelt und wütend. Zweifellos ist das Tauchen an die Informationen des Sonars gebunden. Bei gestörter Schallortung erfolgt kein Tauchen mehr. Man könnte hier von einem automatischen Reflex sprechen, denn der Pottwal hat sonst genügend hochentwickelte psychische Fähigkeiten, die es ihm schon erlauben, eine Wahl zu treffen.

Bevor wir die Wirkungsweise des akustischen Sinnes beim Pottwal richtig verstanden, haben wir die Tiere leichtfertigerweise der mangelnden Solidarität beschuldigt. Doch das war falsch. Wenn sich einer von ihnen in Schwierigkeiten befindet (harpuniert oder innerhalb des Lärmkarussells), dann beschließt der Leitbulle eine allgemeine Wendung. Aber die Herde bleibt auf Sonar-Distanz, was mehrere Meilen bedeuten kann. Wenn der Zwischenfall länger andauert, schickt man einen oder mehrere Kundschafter aus – die Mutter, wenn es sich um ein Junges handelt, einen Großen, wenn es ein Erwachsener ist. In mehreren Fällen dieser Art verschwand die Herde eine Meile östlich von dem Gefangenen und kam eine Meile westlich von ihm wieder zum Vorschein, 30 oder 40 Minuten später. Um diese Entfernung zurückzulegen, brauchen sie aber eigentlich noch keine 20 Minuten. Ganz sicher halten sie sich also ohne ihren Gefährten eine Weile in der Zone auf, wo sie für das Tier an der Oberfläche gut vernehmlich sind, rufen ihm zu und sagen ihm, daß er erwartet wird.

Philippe hat zwei Monate lang die geschwätzigsten und zugleich auch geräuschvollsten aller Wale beobachtet und aufgenommen: die Bukkelwale oder Humpbacks.
Es sah so aus, als könne er diese Studien am leichtesten bei den Bermudas durchführen, weil die Wale dort regelmäßig im Frühling Rast machen, bevor sie in die Arktis wandern, wo sie dann den Sommer verbringen, um sich mit kleinen Krebstieren vollzustopfen. In diesem Jahr aber war das Wetter schrecklich und die Arbeitsbedingungen unerfreulich. Das größte Fahrzeug, das wir an Ort und Stelle chartern konnten, war die *Curlew,* ein alter Segler, aus dem man den Ballast herausgenommen hatte, um das Fahren über die Untiefen zu ermöglichen. Die *Curlew* rollte abscheulich, so daß die Crew nicht länger als einen oder zwei Tage auf See bleiben konnte.
Am ersten Tag war die Mannschaft hellauf begeistert. Sie richtete sich an Bord der *Curlew* ein und durchquerte dann die Lagune, wo das Meer ganz flach war. Einmal im offenen Fahrwasser, mußte man es mit Wogen von zwei bis drei Metern Höhe aufnehmen – und plötzlich gab es die erste Begegnung mit den Walen. Die *Curlew* beschleunigt, daß ganze Garben von Gischt aufspritzen. Die meisten Taucher sind krank – und da befindet sich ganz in der Nähe ein Wal in guter Position! In diesem Augenblick bricht zu allem Unglück auch noch das Steuerruder. Glücklicherweise kann die *Curlew* als alter Segler auch mit gedrosseltem Motor von selbst Kurs halten, und so kommt es zu keinem Schiffbruch inmitten der Korallenbänke.
Im Heckraum bemüht sich Bernard Delemotte, unterstützt von Philippe, das Ruder wieder flottzumachen. Der Kapitän, Philippe Sirot, hilft dabei. Und die zusammengeflickte *Curlew* kann in den Hafen zurückkehren.
Wieder an Bord der *Curlew,* begegnete die Mannschaft einige Tage später am Rande eines Saumriffes in 20 Meter Tiefe einer Schule von sieben Walen, die spielten, herumschwammen, sich am Boot rieben

und ganz ungewöhnliche Töne ausstießen: modulierte, sehr gut vernehmliche Töne.

Da Philippe schon im Tauchanzug bereitstand, ging er sofort mitten unter den Walen ins Wasser. Das aber war trübe. Und alles, was man in diesem von Lärm und bewegten Schatten erfüllten Meer sehen konnte, waren »große Schwingen«, die vorüberglitten, sich senkten, sich wieder hoben. Die Brustflossen der Buckelwale sind weiß und riesengroß. Sie messen ein Drittel der Körperlänge; der Körper selbst aber ist schwarz. Es war wie das Vorübergleiten riesiger Gespenster im Meer, die ihre Laken schwenkten.

Endlich besserte sich das Wetter. Das Meer wurde ruhiger, und es gelang, den »Gesang« der Wale auf Tonband aufzunehmen. Das hatte in der Nacht zu geschehen, denn die Buckelwale sind dann viel gesprächiger als am Tage. Sie »senden« stärker, und sie sprechen aus sehr weiter Entfernung miteinander.

Die Mannschaft hatte einen untermeerischen Cañon gewählt. Über ihm bezog die *Curlew* ihre Stellung; die Unterwasser-Mikrophone wurden 25 Meter tief hinuntergelassen.

An manchen Abenden hatte unser Toningenieur, Eugène Lagorio, die phantastische Gelegenheit, ein regelrechtes Konzert aufzunehmen. In mehr oder weniger großer Entfernung hielt sich gewiß ein gutes Hundert Wale auf, die »sprachen«. Zu Beginn der Nacht waren die Töne vereinzelt, unpräzis, als ob Musiker ihre Instrumente stimmten. Ein Wal »sang«, dann zwei, dann drei. Bald nahm das Blöken, Miauen, Muhen zu, teils nah, teils fern. Durch die Wände des nahen, unterseeischen Cañons brachen sich die Töne und erzeugten ein zwei- oder dreifaches Echo im Abstand von fünf bis sechs Sekunden. Man hätte fast von einer Kathedrale sprechen können, in der die Gläubigen ihre Wechselgesänge ertönen ließen.

Diese Aufnahmen haben unstreitig gezeigt, daß die Wale untereinander Mitteilungen austauschen.

Derjenige Buckelwal, der der *Curlew* am nächsten war, ließ eine Reihe von Tönen hören, andere gaben Antwort aus weiterer Entfernung. Dieses Senden von Tonsignalen vollzog sich wirklich im Wechsel; es erinnerte an eine geheimnisvolle Unterhaltung, an vertrauliche, unübersetzbare Mitteilungen auf weite Entfernung.

Die Töne, die von den Buckelwalen ausgesandt werden, sind mit keiner Lautäußerung anderer Tiere zu vergleichen. Die Buckelwale verfügen über ein viel umfangreicheres Register, eine Vielfalt des Ausdrucks, die selbst über den Gesang der Vögel hinausgeht.

Ich glaube, daß die Zahl der von diesen Walen produzierten Töne, die

Mitten in der Nacht nimmt der Toningenieur Eugène Lagorio den »Gesang der Wale« auf.

unser Ohr klar unterscheiden kann, auf rund 1000 geschätzt werden darf. Klangfarbe, Tonhöhe und Frequenz variieren beinahe bis ins Unendliche. Da hört man Triller, ein Klirren wie von Ketten, die von Gespenstern über den Meeresgrund geschleppt werden, das Knirschen der Angeln eines Tores, einen ganz kurzen, lachenden Aufschrei. Manchmal erhob sich aber auch ein wahres Gebrüll, wie das Röhren eines Hirsches.

Es kam vor, daß die Brülltöne sich überschnitten; doch wandten die Wale sich fast immer an einen Gesprächspartner. Es waren tiefe Schreie, die anscheinend auf seltsamen, geheimen Kanälen ausgetauscht wurden.

Lagorio, der seit vielen Jahren mit uns arbeitet, hatte die Aufgabe seines Lebens gefunden. In der Finsternis kommandierte er mit Tasten

Eugène Lagorio, genannt Gégène, ausgerüstet mit allem, was er braucht, um die Unterhaltung der Wale aufzunehmen.

seine Hydrophone und seine Tonbänder. Wie ein Hexenmeister schien er die Ungeheuer zu beschwören, die am Grunde des Meeres an ihren Ketten zerrten und ein schauriges Gebrüll ausstießen. Es war, als stünde er mit dem Abgrund in Verbindung und ließ hohl klingende Stimmen von dort aufsteigen. Noch nie hatte ein Toningenieur, über die schwarze Tiefe gebeugt, ein so modernes Unternehmen geleitet, das mit so alten Mythen verknüpft war.

In manchen besonders ruhigen Nächten bildeten die Gesänge der Buckelwale etwas, was Lagorio »Chöre« nannte. Diese Töne kamen aus der Nähe der *Curlew* und bildeten eine wahre Polyphonie, wie die eines Ensembles. Den Grundton bildete dabei stets das Knirschen der verrosteten Türangeln.

Einige unserer Kameraden meinten, die Buckelwale schwatzten ganz einfach zum Vergnügen, aus Lust daran, im Meer Lärm zu machen. Aber selbst die Vögel singen niemals ganz ohne Grund.

Es gab Fälle, in denen es möglich schien, der Sprache der Wale eine genaue Bedeutung beizulegen. In einer Nacht sprachen sie besonders viel und waren vollkommen deutlich in den Hydrophonen zu hören. Sie kamen an die Oberfläche und fanden dort Lagorio in seinem Schlauchboot, die Kopfhörer auf den Ohren, umgeben von all seinen Drähten und Apparaten. Sie waren ganz nahe bei ihm und begannen, kleine aufgeregte Schreie vernehmen zu lassen wie ein Gelächter. Lagorio hat sich niemals die Überzeugung nehmen lassen, daß sie von ihm sprachen.

»Sie müssen miteinander über mich gesprochen haben, das merkte man«, sagte er. »Sie gaben ihren Kommentar zu dem, was sie sahen. Vielleicht fragten sie sich, ob ich gefährlich sei oder nicht, ob sie fliehen sollten.«

Und Lagorio ist sehr stolz darauf, daß sie sich am Ende doch entschlossen, an Ort und Stelle zu bleiben. Sie müssen zu dem Ergebnis gekommen sein, daß er ihr Freund sei.

Auch wenn man sich vor jeder allzu menschlichen Interpretation hüten sollte, läßt sich seinen unmittelbaren Eindrücken nur schwer etwas entgegensetzen. Wenn man die Wale so in der Nacht »sprechen« hört, erscheint es einem ganz klar, daß sie in Kommunikation miteinander stehen, sich also nicht mit dem Aussenden bedeutungsloser Schreie begnügen, sondern Meinungen austauschen. Da meine Kameraden und ich den Walen allzu nahe gekommen sind, lassen wir uns vielleicht von einer Illusion täuschen. Wie aber sollten wir diese wechselweise ertönenden Stimmen mit ihrer verschiedenartigen Modulation sonst nennen, wenn es sich nicht um eine »Konversation« handelt? Man muß wohl zugestehen, daß da Fragen gestellt und Antworten gegeben werden oder zumindest Mitteilungen, die vielleicht in der Ferne mit so etwas wie »Verstanden« bestätigt werden.

Am überraschendsten erscheinen die Klangformen, die, wie die »Chöre«, Äußerungen einer Gruppe darstellen, kollektive Lautäußerungen also. Manche werden zu einem Gebrumme von wechselnder Stärke – die Wirkung ist die gleiche, wie wenn eine große Schulklasse mit lauter Stimme ihre Lektion aufsagt.

Ist es möglich, diese Geräusche näher zu bestimmen? Vielleicht dürfen wir gewisse Schreie für eine durch Überraschungen hervorgerufene, für das Ohr vernehmbare Reaktion halten. Doch ist das subjektiv. Lagorio hat jedenfalls eines Abends geglaubt, Zeuge ihres Erstaunens zu sein, und solches Erstaunen wurde bei anderen Gelegenheiten ebenfalls festgestellt. Es gibt auch keinen Zweifel, daß die Wale, wenn sie die Anwesenheit der *Curlew* oder eines Schlauchbootes entdeckten, kleine Schreie ausstießen, die ihre Neugierde ausgedrückt haben können. Sie flohen nicht, sondern umkreisten das Fahrzeug, weiterhin leise quiekend. Offensichtlich fanden sie etwas merkwürdig, und dies war wohl der Sinn ihres Gepiepses.

Es hat merkwürdigerweise den Anschein, als verfügten die Buckelwale nicht über einen ausgesprochenen Alarmruf, wie ihn die Vögel haben, zum Beispiel die Krähen. Zumindest haben wir keinen Schrei aufgenommen, dem die Flucht einer Herde gefolgt wäre.

Die Mannschaft mit Philippe und Lagorio konnte eine sehr gute Aufnahme von beinahe einer Stunde machen, während die *Curlew* vor Anker lag, und zwar von 11 Uhr bis 12 Uhr nachts. Diese Aufnahme ist deshalb besonders interessant, weil es sich um eine ganze Schule handelte, die sich sehr langsam voranbewegte, immer dabei schwatzend. Während aber das Schwatzen vorherrschte, stieg manchmal ein sehr kräftiges Brüllen auf. Dennoch ist eine Erklärung wahrscheinlich, denn bei anderer Gelegenheit konnte ein Brüllen in der Nähe aufgenommen werden und ein anderes in der Ferne, das ihm zu antworten schien. Ist es so etwas wie ein Liebesruf? Oder wie der Gesang der Nachtigall, die ihr Revier verteidigt? Wir wissen noch viel zuwenig, als daß wir eine einigermaßen begründete Behauptung aufstellen könnten.

Was die Buckelwale betrifft, so ist zu bemerken, daß wir sie bei den Bermudas nicht in ihrer Brunstzeit antrafen; dazu war es zu spät. Sie paaren sich am Ende des Winters und im Frühling bei den Bahamas und den Antillen. Annehmen zu wollen, daß dieses Brüllen der Anruf eines Männchens an ein Weibchen war, hat deshalb seine Schwierigkeiten. Zu den Bermudas kommen die Buckelwale anscheinend nur, um dort Station zu machen, Nahrung aufzunehmen und auszuruhen, bevor sie ihren Weg nach Norden fortsetzen.

Die Bermudas sind reich an ihrer Lieblingsnahrung, und das ist denn auch der Grund, warum sie dort haltmachen. In den Unterwasser-Mikrophonen war ganz deutlich das Knirschen der kleinen Krebstierchen

Die Buckelwale sind wahre Unterwasser-Akrobaten.

zu hören, die sie fressen; es war sogar manchmal störend für die Aufnahmen. Dieses ständige Geräusch machte die Lautäußerungen der Wale undeutlich.

Diese Aufnahmen stellen uns übrigens vor viele Probleme: Nur bei ruhiger See sind nämlich die Unterwasser-Mikrophone wirklich zuverlässig. Die Dünung macht zuviel Lärm. Und auf den Bermudas ist das Wetter häufig schlecht. Wenn sich das Schiff zwei Meter hob, verschob sich das Hydrophon um ebensoviel. Dabei entstand ein Getöse, in dem der betreffende Frequenzbereich nicht mehr zu hören war. Lagorio machte eine Reihe von Versuchen, um sein Mikrophon auf so geniale Weise anzubringen, daß die Bewegung des Meeres ausgeglichen und die Stabilität der Mikrophone gesichert war: mit Bojen, Korkschwimmern, Federn, einer Verankerung aus Eisenbarren. Das beste Ergebnis brachte schließlich ein System ineinander verschiebbarer Federn und Röhren, das an Bord zusammengebastelt wurde.

Zu ihrem Bedauern gelang es der Mannschaft auf der *Curlew* nicht, die Lautäußerungen aufzunehmen, die zwischen einer Mutter und ihrem Jungen ausgetauscht werden. Da man unmöglich an die Mütter herankommen und sie vor allem nicht an einer Stelle halten kann, muß man das Baby mit dem Schlauchboot einkreisen und dann das Lärmkarussell fahren. Das ist aber nur am hellen Tage möglich und vereitelt außerdem jede Aufnahme; denn der Motorenlärm überdeckt den Dialog zwischen beiden Tieren.

Von all den Tonsendungen der Buckelwale, die auf den Bermudas aufgenommen wurden, lag keine jenseits des Bereichs, der für das menschliche Ohr wahrnehmbar ist. Die höchsten Frequenzen erreichten 8000 bis 9000 Schwingungen. Lagorio war für Aufnahmen bis zu 35 Kilohertz ausgerüstet, aber er hat nichts im Bereich des Ultraschalls aufzeichnen können.

In den Lagunen von Niederkalifornien war das Wasser ausnehmend schmutzig. An den Ein- und Ausgängen der Lagunen, wo wir auf die Grauwale lauerten, war es beinahe unmöglich, sie zu sehen, aber dafür hörten wir sie.

Auch ihre Stimmen hat Lagorio aufgenommen. Meist richtete er sich in einem der Beiboote an einer Durchgangsstelle ein und brachte seine Hydrophone zu Wasser. Dann setzte er die Kopfhörer auf und wartete. Er stellte sie durch den Ton fest, während sie sich dem Boot näherten und Schallwellen vor sich herschickten. Das Wasser war so trübe, daß Lagorio manchmal Angst bekam: Er hatte den Eindruck, daß sie gerade auf ihn zusteuerten und gegen sein Fahrzeug prallen müßten. Plötzlich aber beschleunigte sich die Frequenz der Tonstöße: Die Wale hatten das Hindernis »gespürt« und bemühten sich nun,

Lage und Umriß mit ihrem Echolot-System zu bestimmen. Der anfängliche Wellenzug mit zunächst großen Abständen ließ sich etwa durch ta ta ta ta… ausdrücken, dann lief er in ein einziges zusammenhängendes trrrrr… aus. Die Tiere erhöhten die Zahl der Signale, um genauere Angaben über den Gegenstand zu erhalten, den sie vor sich hatten. Ohne sie zu sehen, konnte man dann hören, wie sie sich abwandten und entfernten, wobei sie ihren regelmäßigen Schallrhythmus wiederaufnahmen.

Lagorio und seine Mannschaft fuhren morgens vor Sonnenaufgang im Beiboot aus, denn unsere Kameraden hatten festgestellt, daß die Wale gerade dann in die Lagune zurückkehrten. In der Nacht zogen sie im offenen Meer ihre Kreise, in der Morgendämmerung kamen sie zurück. Um diese Zeit konnte man sie also am besten hören. Aber auch dann war eine Aufnahme nur unter schwierigen Bedingungen zu machen. Denn das Unterwasser-Mikrophon wurde vom Gezeitenstrom mitgezogen, während die Brise das Boot in die entgegengesetzte Richtung schob. Außerdem verwischte das Plätschern an der Bootswand die Töne.

Dennoch gelang es Lagorio dieses Mal, die Sonar-Signale einer Mutter und ihres Jungen zusammen aufzunehmen. Die beiden »Triller« sind sehr gut zu erkennen. Die Klicklaute der Mutter sind kräftiger als die des Kindes. Und Lagorio sah ihre beiden Schattenbilder am Boot entlanggleiten.

Die Ortungslaute waren nicht die einzigen Geräusche, die von den Unterwasser-Mikrophonen aufgefangen wurden. Die Grauwale stießen auch kleine lachende Schreie aus, vergleichbar denen der Buckelwale. Aber sie waren weniger geschwätzig und hatten vor allem eine weniger kräftige Stimme als die Humpbacks.

Ein Zeugnis Philippes über die Grauwale verdient besondere Aufmerksamkeit.

»In der Lagune von Matancitas«, so erzählt er, »brachten wir ein Schlauchboot zu Wasser und ließen ein Hydrophon hinunter. Wenn wir auf Hörweite blieben, vernahmen wir zahlreiche Geräusche von großer Verschiedenartigkeit. Die Wale waren zwar unsichtbar, aber sie waren da, überall um uns herum, und sie erhöhten die Zahl ihrer Sonar-Laute, weil sie sich in sehr schmutzigem Wasser bewegten.

Wir tauchten mit dem Anzug. Die Wale machten uns auf sehr weite Entfernung aus, sie gingen tiefer, um unter uns durchzuschwimmen, aber die Sicht war so schlecht, daß wir sie kaum erkennen konnten. Sehr schnell verloren sie sich wie im Nebel.

Aber noch etwas viel Merkwürdigeres: Von dem Augenblick an, in dem wir von den Walen festgestellt worden waren, wurden alle ihre

Lautäußerungen in der Lagune plötzlich eingestellt. Man hörte nur noch die Geräusche der Tiefe, vor allem die der Krebstiere. Auf das Signal eines von ihnen hin erlegten sie sich also ganz diszipliniert Stillschweigen auf, und zwar sofort.«

Die Tatsache kann kaum bestritten werden, denn die vorhandenen Tonbänder bezeugen sie. Von einem bestimmten Augenblick an – in dem der Alarm gegeben worden sein muß –, ist vom Sprechen der Wale auf den Bändern nichts mehr zu hören.

Das erscheint ganz natürlich: Die Wale hielten sich uns gegenüber an eine Sicherheitsvorschrift, die sie wohl anderen Meerestieren gegenüber entwickelt haben, Meerestieren mit ebenso feinen Ohren wie sie selbst – den Schwertwalen zum Beispiel.

Man hat einmal behauptet, der Schrei eines Buckelwales in der Arktis sei am Äquator zu hören! Die Probe aufs Exempel ist allerdings noch nicht im entferntesten gemacht worden. Sicher ist jedoch, daß die Wale über eine phantastische Tonstärke verfügen. Über welche Entfernung trägt ihr Brüllen oder Schreien? Das hängt ganz von der Art und vielleicht auch von den Umständen ab: Wanderung, Brunstzeit...

Eine Gewißheit haben wir auf jeden Fall: Die Grauwale bewegen sich im allgemeinen mit einer Geschwindigkeit von 5 bis 6 Knoten. Wir hörten sie aber eine Stunde bevor sie bei uns waren, und wir hörten ihre Schreie noch eine Stunde nachdem sie uns verlassen hatten. Und diese Schreie waren bei weitem nicht so stark wie das Brüllen der Buckelwale.

Dr. Payne, einer der großen amerikanischen Spezialisten für die Buckelwale, glaubt, daß sie Tonkanäle gebrauchen, darunter einen »Tiefton-Kanal«, um sich auf weite Entfernung zu verständigen. Übrigens ist das Wasser ein viel günstigeres Medium für die Fortpflanzung des Schalls als die Luft. Es vermag daher die Lautäußerungen der Wale sehr gut weiterzuleiten. Zudem wählen die Buckelwale anscheinend die Stelle und die Tiefe aus, die für die Verbreitung ihrer Signale besonders vorteilhaft sind. Möglich ist auch, daß dieser Schrei im Verlauf der ganzen Wanderung von Gruppe zu Gruppe weitergegeben wird.

Durch welches Organ und auf welche Weise werden die Töne ausgesandt, die im Leben der Wale eine so große Rolle spielen? Noch sind Fachleute sich nicht einig darüber. Das Problem ist um so schwieriger, als diese »geräuschvollen« Wale keine Stimmbänder haben. Um Geräusche auszusenden, könnten sie ihren Kehlkopf, ihre Atemwege und

Die Crew hört sich die Unterhaltung der Wale an, die Lagoric (rechts, mit Kopfhörer) aufgenommen hat.

das Spritzloch selbst gebrauchen. Alle diese Organe sind allerdings sehr kompliziert gebaut.

Das Problem ist bisher vor allem an Zahnwalen in Gefangenschaft untersucht worden. Die Beobachter haben es bisher erreicht, zwei Arten von Tönen zu unterscheiden: die Knacklaute und die Zischlaute. Die Knacklaute werden sowohl mit geschlossenem als auch mit offenem Spritzloch erzeugt; ihre Frequenz ist im ersten Fall anders als im zweiten. Die Sonar-Signale von hoher Frequenz scheinen nur bei geschlossenem Spritzloch möglich zu sein. Aus all diesen Beobachtungen kann man schließen, daß die »Stimmbildung« das Ergebnis eines ganzen anatomischen Komplexes ist, in dem das Spritzloch nur eines der Elemente darstellt.

Wir dürfen nicht darauf hoffen, daß dieses Rätsel durch das Beobachten von Walen in der Freiheit gelöst wird. Ich erinnere mich an Philipps Begeisterung, als er beim Tauchen Reihen verschieden großer Blasen sah, die aus dem Spritzloch eines Buckelwales aufstiegen. Dieser Wal da »sprach«, genau vor ihm. Möglicherweise sprach er sogar mit ihm – ein Dialog zwischen Tauben!

Die Wale haben zwar kein deutlich sichtbares äußeres Ohr, sind aber den Fischen gegenüber sehr im Vorteil: sie besitzen ein Mittelohr und ein inneres Ohr, während die Fische nur ein inneres Ohr haben. Für sie ist es daher auch nicht möglich, die Herkunft eines Geräusches zu orten.

Entgegen dem Augenschein ist ein äußeres Ohr bei den Walen durchaus vorhanden. Es springt nur nicht außen am Körper hervor, sondern ist in die Haut eingebettet. Mittelohr und inneres Ohr stellen Spezialanpassungen dar, die ohne Zweifel eine große Hörschärfe gewährleisten. Das Mittelohr ist teilweise von Hohlräumen umgeben; diese sind mit einer Substanz gefüllt, die zu Schnee geschlagenem Eiweiß gleicht. Die Sinneszellen des inneren Ohres schließlich zeigen eine Sonderentwicklung wie bei anderen Tieren, die Ultraschall wahrzunehmen vermögen, beispielsweise Fledermäuse, Mäuse und Katzen sowie Hunde, wie jedermann von den »lautlosen« Hundepfeifen weiß.

Eine andere wichtige Besonderheit ist die außergewöhnliche Stärke des Hörnervs. Und während im menschlichen Gehirn das Seh- und das Hörzentrum gleiche Ausmaße haben, sind bei Fledermäusen und Walen die akustischen Zentren größer als die visuellen. Man hat deshalb zu bedenken gegeben, daß sowohl Fledermäuse als auch Wale den Bereich des festen Bodens verlassen und sich an außergewöhnliche Lebensbedingungen angepaßt haben: Die Fledermäuse haben ihre Schallortung erworben, um sich das nächtliche Fliegen zu erleichtern, die Wale, um sich im feuchten Element auch bei verminderter Durchsichtigkeit bewegen zu können.

Wie man weiß, sind Gesellschaft und Sprache eng miteinander verbunden. Und so wäre es unser Traum, uns in die Unterhaltung der Wale einschalten zu können.
Den Landtieren gegenüber ist die menschliche Stimme vielfach verwendbar: sie leitet eine Handlung ein, besänftigt, beruhigt, befiehlt auch manchmal. Was aber vermag sie gegenüber den Walen? Vielleicht werden wir es eines Tages wissen. Man versucht – wir haben versucht – Zugang zu einer verbalen Kommunikation zu finden. Aber es ist nur zu vagen Beziehungen gekommen mit vorerst recht unsicheren Perspektiven. Das Tier entzieht sich solchen Versuchen einer Kommunikation nicht, und es widersetzt sich ihnen auch nicht; man könnte in gewissen Fällen sogar sagen, daß es sich ihnen zur Verfügung stellt. All die Experimente, die in den großen Meeresaquarien an Delphinen und Schwertwalen durchgeführt wurden, haben das gezeigt Analoge Versuche mit Pottwalen und Bartenwalen im offenen Meer sind nicht undenkbar. Wir haben ihre Stimmen auf Kilometern von Tonband aufgenommen. So ist es sehr wahrscheinlich, daß man in nicht allzu langer Zeit zur Entzifferung dieser Tiersprache gelangen wird, mindestens aber sich ihrer bedienen, die Laute senden und ihre Wirkung beobachten kann.
Wer weiß aber wirklich, ob das rechte Kommunikationsmittel zwischen Wal und Mensch der Ton, die Stimme ist, so wie unter uns Menschen? Es genügt jedenfalls nicht, Töne zu hören und Töne erklingen zu lassen, um einander zu verstehen. Umsonst hat Dr. Lilly versucht, seinen Delphinen Englisch beizubringen: sie sprechen nur die Delphinsprache, und es ist eher an uns, diese zu lernen. Aber schließlich ist ein solches Unternehmen weder absurd noch von vornherein zum Scheitern verurteilt.

Barten- und Zahnwale verlassen sich für ihre Navigation auf ihr Sonar. Der bei ihnen vorherrschende Sinn ist das Gehör. Aber auch das Gesicht spielt bei ihrer Orientierung eine Rolle.
Das Auge der meisten Wale ist von einem etwas opaken Blau und dennoch, wie alle Taucher bezeugen, sehr lebhaft, leuchtend. Wenn man es aus der Nähe sieht, ist es sehr schön, strahlend blau wie Email.
Aber es ist ein kleines, kurzsichtiges Auge, zumindest bei Barten- und Pottwalen; die Schwertwale sind mit einem ausgezeichneten Gesichtssinn begabt.
Diese Kleinheit ist beinahe unglaublich. Man könnte fast sagen, daß

sich alles am Wal vergrößert hat, nur nicht sein Auge. Es erreicht bei Pottwal und Blauwal $1/600$ des Körpers, während es beim Menschen $1/70$ und beim Maulwurf, der doch für seine Kurzsichtigkeit berühmt ist, $1/80$ beträgt.

Selbst beim Schwimmen an der Oberfläche bleibt es unter Wasser, und deshalb ähnelt es dem Fischauge sehr stark.

Manche Taucher haben behauptet, sie hätten bei den Walen, vor allem bei Buckelwalen, festgestellt, daß sie den Menschen absichtlich verschonen wollten. Es ist nicht sicher, daß dieses Verhalten vom Gesichtssinn bestimmt war. Wenn Humpbacks es vermieden haben, einen Menschen anzurempeln, so taten sie es durch Anheben der Flosse. Und sie können dies nur auf Grund einer akustischen Sensibilität getan haben, da der Mensch sich vor ihrem Kopf befand. Die Augen der Wale sind ganz seitlich angeordnet und nicht für ein plastisches Rundumsehen geeignet. Es ist sehr wahrscheinlich, daß sie die Taucher mit dem Echolot geortet hatten.

Man braucht daraus nicht zu schließen, daß der Wal überhaupt nicht sehen kann. Sein Gesichtssinn ist vielleicht anders als unserer oder gar schlecht, aber er sieht trotzdem. Wir haben Fotos vom Auge aus einem Meter Entfernung gemacht; der Blick ist nicht der eines Blinden.

»Im Wasser«, sagt Canoé, »da gibt es gar keinen Zweifel, daß der Pottwal einen anschaut. Man hat sogar den Eindruck, daß er einen manchmal boshaft ansieht. Das kommt vielleicht ganz einfach daher, daß er unter dem Auge ein paar Falten hat, die ihm ein bösartiges Aussehen geben.

Jedesmal, wenn ich einem Wal im Wasser begegnet bin, habe ich gefühlt, daß er mich sah. Selbst durch die Oberfläche hindurch weiß man, daß man beobachtet wird. Das ist ein Blick, ganz anders als bei einem Hai. Die Haie haben einen flüchtigen Blick, sie ziehen vorbei, daß man meint, sie sehen einen nicht. Bei den Walen ist er freier, sie fixieren einen, und nicht nur aus dem Augenwinkel.«

So lautet das Zeugnis von Canoé, der an Pottwale, Buckelwale und Grauwale nicht nur herangegangen ist, sondern sie berührt, sich an ihre Flossen gehängt hat und sich von ihnen hat mitziehen lassen.

Michel Deloire hat sie gefilmt und dabei gelegentlich wahrhaft akrobatische Leistungen vollbracht. Hier, was er sagt:

»Ich bin mehrmals in das Blickfeld eines Wals gekommen. Es läßt sich nicht bestreiten, daß sein Auge, auch wenn es klein ist, uns sieht. Das ist allerdings nur ein persönlicher Eindruck, er ist ganz subjektiv.

Bevor unsere Taucher die Wale erneut verfolgen, besuchen sie diese herrlichen Korallengründe.

Der Pottwal aber erhält sein seltsames Aussehen dadurch, daß man hinter der Riesenstirn nur mit großer Mühe das Auge finden kann. Es liegt sehr tief und sehr weit hinten, beinahe am Mundwinkel. Dieser Anordnung wegen ist ein binokularplastisches Sehen für das Tier unmöglich. Schneiden sich überhaupt die Gesichtsfelder der beiden Augen vor dem Wal? Es kann sein; beim Pottwal aber scheint es mir ausgeschlossen. Seiner Stirn wegen muß er eine Zone vor sich haben, die im toten Winkel liegt. Wenn ein Taucher 20 Meter vor dem Pottwal mit seiner Kamera schoß, sah er ihn dann? Die Begegnung verlief in Wirklichkeit niemals so einfach. Es gab stets einen Augenblick, in dem man sich rechts oder links befand und damit im Sehfeld eines Auges.«

Ich glaube, den Tastsinn muß man seiner Bedeutung nach bei den Walen an die dritte Stelle setzen. Es handelt sich allerdings nicht um einen »Tastsinn« wie bei den Menschen, sondern um eine besondere Empfindlichkeit der Haut. Die Haut der Wale unterscheidet sich von der Haut der Landsäugetiere durch die Feinheit der Epidermis und der Lederhaut: selbst bei den größten Walen machen sie nur 5 bis 7 Millimeter aus. Dagegen ist der darunter liegende Fettschicht ausnehmend dick. Die Dünne der Oberhaut muß eine hohe Berührungsempfindlichkeit bedingen, aber zweifellos auch Lustempfindungen, die für einen Landbewohner schwer zu analysieren sind.
Wir haben mehrfach gesehen, wie die Wale sich aneinander rieben. Fast immer ist dies das Vorspiel zur Paarung. Und die Walkälber suchen hartnäckig den Kontakt mit der Mutter; sie reiben sich auch gern an einem Schiffsrumpf.
Lagorio wurde Zeuge der folgenden Szene. In der Lagune von Scammon hatte ein kleines Walkalb seine Mutter verlassen, um sich an der *Polaris III* zu reiben. Die Mutter holte es wieder ein, stieß es weit weg von dem Schiff und verabreichte ihm dabei Flossenhiebe, die Backpfeifen recht ähnlich sahen. Sie sollten ihm offensichtlich beibringen, daß man als Wal das Berühren eines hölzernen Schiffsrumpfes nicht mit dem des mütterlichen Bauches zu verwechseln hat.
Es besteht kein Zweifel, daß Wale sich genauso gern streicheln lassen wie Landtiere. Delphine, Grindwale und Schwertwale in den großen Meeresaquarien schätzen die Berührung durch die menschliche Hand sehr. Nach Aussagen aller Dompteure und Pfleger zähmt man sie am besten, indem man sie berührt oder... abbürstet.
Unser Freund Jerry Brown, der Schwertwale fängt und zähmt, sah sich in einem Bassin von einem weiblichen Tier in die Enge getrieben, das ihm seine Liebesgefühle zeigte, indem es sich beharrlich mit Genuß an ihm rieb.

Ein gestrandeter Pottwal an der Beringstraße (Stich aus: Lacépède »Histoire des Cétacés«).

Die Finnwale haben kleine Hautknoten am Rande ihres Maules, und manche Walarten besitzen auch sehr sensible Haare auf den Backen. (Von einigen »Schnurrhaaren« abgesehen, besitzen die Wale kein Haarkleid; wohl aber ist es noch beim Embryo vorhanden.) Die Zellen, die zu den Hautknoten und den Haaren gehören, lassen vermuten, daß sie dem Tier eine außergewöhnliche Empfindsamkeit verleihen, einen weiteren Sinn, der mit den Druckveränderungen oder den Strömungsverhältnissen des Wassers in Verbindung steht.

Was die anderen Sinne betrifft, so sind die Wale nicht besonders gut ausgestattet.
An ihrer Zungenwurzel gibt es Papillen wie auf der des Menschen. Das sind Geschmacksorgane. Man sollte deshalb meinen, daß Barten- und Pottwale in der Lage sind, den Geschmack des Krill oder eines Tintenfischs zu würdigen. Dennoch sollte man nicht darauf schwören, daß die Wale in der Auswahl ihrer Nahrung große Unterschiede machen. Es ist wenig wahrscheinlich, daß sie Feinschmecker sind, denn der Geschmacksnerv, der von der Zunge ausgeht, ist sehr klein und kann dem Tier keine intensiven Sinneseindrücke vermitteln.
Der Geruchssinn, bei den Fischen gut entwickelt, spielt bei den Mee-

111

Kameramann Michel Deloire stellt seine Apparate ein, bevor er nach einem Wal taucht.

ressäugetieren eine geringe oder gar keine Rolle. Bei den Zahnwalen ist er überhaupt nicht vorhanden, nur rudimentär ausgebildet ist er bei den Bartenwalen. Der Pottwal hat in seinem Spritzloch – das ja eigentlich ein Nasenloch ist – nichts, was den Nervenzellen unserer Nase entspräche. Die Bartenwale haben sich wenigstens einige Riechzellen bewahrt.

Das wenige, was wir bisher wissen, erlaubt uns gewiß keine Vorstellung vom Sinnesleben der Wale. Aber werden wir solche Vorstellungen überhaupt jemals gewinnen? Zumindest können wir diesem sehr komplexen Sinnesleben einen außergewöhnlichen Platz im Rahmen der Psychologie dieser Tiere zuschreiben. Denken wir zum Beispiel daran, daß der Pottwal das größte Gehirn unter allen Lebewesen besitzt, und dazu ein ungewöhnliches, rätselhaftes Organ, der »Case« der alten Walfänger, der das Walrat (»Spermaceti«) enthält. Wie mag wohl die Innenwelt dieser ständig von den Meereswogen umschlossenen Riesentiere beschaffen sein, dieser Tiere, deren Leben mehr durch das Sonar-Echo und den Austausch von Schreien bestimmt ist als vom Sehen und die für Berührung so äußerst empfänglich sind? All das liegt ganz offensichtlich außerhalb unseres Einfühlungs- und Vorstellungsvermögens. Wir müssen uns damit abfinden, daß wir niemals »fühlen«, was ein Barten- oder ein Pottwal fühlt, denn ihr Gemeinschaftsleben erscheint uns noch seltsamer als das des Haies oder des Zackenbarsches.

Bis jetzt haben Naturwissenschaftler und Schriftsteller sich immer nur damit beschäftigt, was der Mensch vom Wal denkt. Was aber denkt der Wal vom Menschen? An Bord der *Calypso* hat jeder Taucher seine eigene Meinung darüber. »Wenn man sich an den Rücken eines Wals hängt«, sagt Philippe, »so ist das etwa, als ob einem ein hübsches Kunststück am fliegenden Trapez gelingt, oder als ob man in die Luft aufsteigt. Es ist aufregend. Den Walen jedoch macht es, glaube ich, überhaupt nichts aus. Sie ziehen einfach weiter. Wir langweilen sie sichtlich. Für sie sind wir nicht einmal komisch. Ihre Kraft ist so über jeden Zweifel erhaben, daß sie es gar nicht nötig haben, aggressiv zu werden.«

Man müßte schon wissen, welche Informationen sie über uns sammeln, welche »Vorstellung« sie von uns haben, welches »Bild« sie sich mit Hilfe ihrer kurzsichtigen Augen und ihres hochentwickelten Sonars von uns machen.

Zunächst sehen sie die Taucher im offenen Meer. Sie werden neugierig. Ein alter Taucher auf den Bermudas, mit dem wir oft geplaudert haben, versicherte uns, daß ihn ein Wal zu besuchen pflegte, als er auf einer U-Boot-Werft arbeitete. Ich glaube es ihm. Man könnte sagen, daß sich die Wale dem Menschen ebenso zu nähern versuchen wie die Delphine. Sie können aber auch jeden Taucher in 10 Sekunden hinter sich lassen, senkrecht wegtauchen und verschwinden. Solange wir nicht dafür ausgerüstet sind, ihnen zu folgen und bei ihnen zu bleiben, wird die Kluft zwischen ihnen und uns nicht verschwinden.

6 Die größten Raubtiere der Erde

Ein Saugnapf im Menü der Calypso – Riesen kämpfen in der Finsternis – Ein Konkurrent für Jonas – Das Krill – Besuch in der Speisekammer

20. Mai. Wir sind im Indischen Ozean. Es ist beinahe schön. Bei Tagesanbruch gibt Dumas Alarm, weil er hinter der *Calypso* eine Blaswolke gesehen hat. Wir fahren weiter, und schon bald zeigen sich zahlreiche andere Fontänen am Horizont.

Um 8 Uhr ruft mir Dominique Sumian von der Höhe des Beobachtungsstandes aus zu:

»Commandant, backbords schwimmt etwas Weißes!«

Wir sind, wie immer, auf der Hut. Auf hoher See kann das geringste Treibgut einen Hinweis bedeuten, vor allem das, was man schlecht erkennen kann, was man nicht identifizieren kann. Man muß erahnen, was unter der Oberfläche vor sich geht oder vor sich gegangen ist. Eigentlich sollte man Hellseher sein. Ich greife zum Fernglas: Tatsächlich, auf dem ziemlich ruhigen Meer treibt eine weißliche Masse. Was kann das nur sein? Wir werden sehen.

Bébert fährt mit dem Schlauchboot hin und bringt uns den Gegenstand auf seinen vorgestreckten Armen: ein schweres, quabbeliges Stück Fleisch mit blauen und silbernen Reflexen. Es ist ein großes Stück vom Schwanz eines riesigen Tintenfisches, vorne zerfetzt und durchlöchert: sieht ganz nach den Zähnen von Pott- oder Grindwalen aus.

Begeisterung an Bord. Es gibt keinen Zweifel: Wir sind ganz in der Nähe einer Schule von Pottwalen... auf dem Meeresgrund findet ein Kampf statt – das Stück Tintenfisch ist noch ganz frisch. So frisch, daß wir es zu Mittag essen werden, wenigstens hat das der Koch entschieden. Die *Calypso* wird sich munden lassen, was der Pottwal verschmähte.

Bébert hat auch eine Art Untertasse aus Fleisch mitgebracht, oder eher einen weichen Teller: es ist ein Saugnapf. Dr. François sucht nach einem Metermaß. Der Saugnapf hat einen Durchmesser von 60 Zentimetern. Offensichtlich handelt es sich um die Überreste eines »kleinen« Riesentintenfisches. Der Körper dürfte 2,50 bis 3 Meter messen, die beiden große Arme noch mehr. Immerhin ein ganz schönes Tier. Es hat sich tapfer geschlagen.

Die Beweisstücke dieses Unterwasserkampfes erwiesen sich aber als ungenießbar für Menschen. Das Schwanzstück – vielleicht zu frisch –, gekocht mit Knoblauch, war unglaublich hart und der »weiche Teller« nicht zu beißen: ein Schaumgummipolster.

Die Pottwale sind fürchterliche Raubtiere. Ihre Lieblingsbeute, die großen Tintenfische, lebt in ziemlich großer Tiefe – zwischen 600 und 1000 Metern –, und manche von ihnen können länger als 12 Meter werden.

Doch ob Kraken oder Tintenfische – dem Pottwal schmeckt alles; dieses Tier ist mit seiner Nahrung nicht sehr wählerisch. Die Walfänger behaupten, daß er große Krebse, Robben, Rochen, ja selbst Haie von 3,50 Meter Länge verschlingt. Auf jeden Fall hat er eine Vorliebe für Kopffüßer, Verwandte des Tintenfisches. Daraus kann man schließen, daß der Pottwal, der es beinahe zwei Stunden ohne Atemholen unter Wasser aushalten kann, mehrere Meilen über den Meeresboden streicht, immer auf der Suche nach Eßbarem. Bei dieser Jagd in der Finsternis des Meeres muß ihm sein natürliches Sonar unschätzbare Dienste leisten.

Die ungeheuren Tintenfische der Tiefsee, die phantastischen »Kraken«, gehören keineswegs ins Reich der Legende, sie existieren wirklich, sind aber wenig bekannt, weil sie sich nicht fangen lassen und auch nur selten – und dann im allgemeinen nachts – an die Oberfläche kommen. Das gilt auch für die *Architeuthis,* die größten dieser Giganten. Man kennt sie fast nur durch Exemplare, die, noch unverdaut, im Magen von Pottwalen gefunden wurden.

Bei den Azoren hat man einen ganzen Kraken, noch völlig intakt – samt seinen Fangarmen –, aus dem Magen eines toten Pottwals geholt. Er maß 10,50 Meter und wog 184 Kilo. Der Pottwal war etwas über 14 Meter lang.

Ganz sicher ist der Krake für den Pottwal kein leichter Gegner; er verfügt über ein gut entwickeltes Nervensystem, ausgezeichnete Augen und Schleimdrüsen, die ein Gift absondern. Man nimmt an, daß die Taktik des Pottwals darin besteht, ihn zu überraschen und zu verschlingen, bevor es überhaupt zum Kampf kommt. Offensichtlich gelingt ihm dieser Überfall aber nicht immer.

Der Krake läßt sich nicht mit Gewalt in einem Stück verschlingen, ohne Widerstand zu leisten. Diese beiden Riesen mit ihren so verschiedenartigen Waffen müssen einen erbarmungslosen Kampf führen. Der Tintenfisch schlingt seine Arme um Augen und Spritzlöcher des Pottwals und zerfleischt ihn mit Schnabelhieben. Außer Atem versucht der Pottwal die Oberfläche zu gewinnen und schwingt die enorme Fleischlast über seinen Kopf. Wie eine Schere zerschneiden seine Kiefer mit großen Bissen den weichen Körper des Tintenfisches, und die einzelnen Stücke beginnen auf dem Meer zu treiben; die lebenswichtigen Teile sind jedoch sehr schwer zu erreichen.

Man stelle sich diese Kämpfe in der Finsternis der Tiefsee vor! Beide Gegner müssen gleich viel List und Kraft entwickeln, denn beide sind großartig, wenn auch ganz verschiedenartig gewappnet, und es ist sehr wahrscheinlich, daß sie auch in ihrer – ebenfalls verschiedenen – Intelligenz einander ebenbürtig sind.

Dem Gehirn des Wales und seinem schrecklichen Kiefer widersetzen sich Saugnäpfe, Fangarme und Schnabel des Tintenfisches. Dank ihrer Nervenzentren und ihrer hochentwickelten Sinnesorgane sind die Kopffüßer in der Lage, sich mit einer Präzision und Schnelligkeit zu bewegen, die denen der Wirbeltiere gleichkommt. Außerdem verfügen sie über hochempfindliche psychische Reaktionen – es sind fürchterliche Gegner.

Wenn die Taucher der *Calypso* im offenen Meer auf Pottwale trafen, waren sie stets beeindruckt von deren ungeheurem viereckigen Kopf mit dem sehr weit zurückgesetzten Auge. Nicht weniger bizarr erscheint die Lage des Mundes: weit entfernt von der runden Schnauze, fast kann man sagen »am Bauch«. Die Kinnlade ist eng und schmal. Aber alle Zähne haben in ihr Platz – etwa 40 in zwei parallelen Reihen. Manche wiegen mehr als ein Kilo und sind 20 Zentimeter lang – bei der Größe des Pottwals heißt das eher klein. Diese Zähne rasten in den Oberkiefer ein, in dem nur kleine, rückgebildete Zähne sitzen. Diese Zähne – etwa 60, denn wir sind noch weit entfernt von den 200 Zähnen gewisser Delphin-Arten – sind trotzdem musterhaft: es gibt keinen Schneide- und keinen Mahlzahn – nur Greifzähne. Denn dieses Tier, das offensichtlich so gut ausgerüstet und dazu noch ein Raubtier ist, hat keineswegs das Gebiß eines Fleischfressers: es zermahlt seine Nahrung nicht, es kaut sie nicht, ja wenn man es genau nimmt, zerbeißt es sie nicht einmal. Es schluckt alles im ganzen hinunter, auf einen Sitz. An Bord der *Calypso* hat jeder sich auf ein Gebiet seemännischer Tätigkeit mehr oder weniger spezialisiert. Sehr oft aber hat das Hobby der einzelnen nichts mit ihrer an Bord übernommenen Aufgabe zu tun. Ein Elektriker wie Marcellin begeistert sich für die Korallen. Ingenieur Laban malt beim Tauchen Unterwasserlandschaften. Delemotte, unser Taucher, entdeckte seine Leidenschaft für das Sammeln von Zähnen: Walroßzähne von den verlassenen Inseln des Pazifik, Schwertwalzähne aus Alaska. Mit Pottwalzähnen von den Malediven hat er diese wirklich sehr lehrreiche und sogar hübsche Sammlung ergänzt. Es gibt keinen erfreulicheren Anblick als diese schönen, polierten Elfenbeinstücke, wenn sie uns nicht bedrohen, wenn sie aus dem fürchterlichen Kiefer entfernt sind.

Was aber würde Jonas dazu sagen? Seine Geschichte ist nur zum Teil falsch. Es geschah tatsächlich einmal, daß ein Mensch, der ins Meer gefallen war, von einem Pottwal verschluckt wurde. Er wurde weder zermalmt noch zerstückelt. Aber er kam auch nicht mehr lebendig heraus: seine Brust war eingedrückt. Als man den Pottwal zerlegte, hatten die Magensäfte bereits begonnen, das Opfer zu verdauen, und wie man sich vorstellen kann, stank es fürchterlich. Dr. Egerton Y. Davis aus Boston, der die Autopsie an Mensch und Tier vorgenommen hat, berichtet über diesen Unfall im »National History Magazine« von 1947.

Einer erklärte sich auch bereit, den Jonas zu spielen; er versuchte, die Füße voran, in einen – toten – Pottwal von 20 Meter Länge einzudringen; aber der Schlund war so eng, daß ihm das Hindurchgleiten sehr große Mühe bereitete. Seiner Meinung nach wäre ein Mensch bereits tot, bevor er überhaupt im Magen ankommt. Aber drei Tage darin zu überleben, wie Jonas, damit sollte man lieber nicht rechnen!

Alle Wale sind Fleischfresser und verzehren eine ungeheure Menge lebender Tiere. An Land wäre es ihnen gar nicht möglich, einen so großen Körper zu ernähren. Noch nie hat es – auch in den frühen Epochen der Erdgeschichte nicht – Fleischfresser ihrer Größe gegeben. Ihr Nahrungsverbrauch ist erschreckend, und es bedarf des ganzen lebendigen Reichtums der Meere, um ihn zu decken.

Um Nahrung aufzunehmen, öffnet der Wal – während des Schwimmens – lediglich sein riesiges Maul: Die Kinnladen des Tieres, gefältelt wie ein Akkordeon, sind etwa halb so lang wie der ganze Wal – sie reichen in seinem Innern bis zum Magen. Ein Mundvoll: das kann bei einem Wal mehrere Tonnen Wasser bedeuten – mit allem, was sich darin befindet. Man könnte das Maul mit einem Schleppnetz oder einer Schöpfkelle vergleichen. Die Barten, die vom Oberkiefer herabhängen, bilden eine Art Gitter: Der Magen zieht sich zusammen, das Wasser wird durch diesen gewaltigen Filter ausgestoßen, und zurück bleibt alles, was sich an Krill, Muscheln und kleinen Fischen im Wasser befand. Das Wasser wird also erst beim Ausstoßen gefiltert.

Taucher können da manchmal erstaunliche Schauspiele miterleben. Am faszinierendsten ist es, einem Finnwal beim »Fischen« zuzu-

An Bord der *Polaris III*. In der Mitte Philippe Cousteau, rechts der Toningenieur Eugène Lagorio.

schauen oder auch nur zu beobachten, wie sich sein ungeheures Maul im Wasser öffnet.

Unser schönster Finnwal, dem wir im Indischen Ozean begegneten und der Bonnici erlaubte, sich an seine Rückenfinne zu hängen, hatte einen langen, ziemlich schmalen Kopf. Die beiden gut schließenden Kiefer zeigten zusammengepreßte Lippen und eine verlängerte, beinahe flache Schnauze. Einmal aber, nur ein einziges Mal, öffnete sich diese Falle und ließ, ein wenig zurückgesetzt, das Barten-Gitter sehen, schwarz und weiß, im Halbkreis angeordnet, phantastisch wie eine Maske, seltsam wie die Karikatur eines geknebelten Tieres. Einen Augenblick nur – und die Tabaksdose schloß sich wieder, ohne Stoß und ohne Wirbel, über nichts, über der Leere. Es war wie ein stiller Seufzer. Dann wurde der Kopf wieder flach und verbarg sein Geheimnis. Was hatte er gespürt, gesehen, gewünscht, was hatte er verschlingen wollen? War es ein Gähnen? Das Zeichen eines Reizes, ausgelöst durch die akrobatischen Bewegungen Bonnicis? Nicht so wichtig. Wir haben die Barten gesehen und sie fotografiert.

Diese Barten sind eine recht sonderbare Eigenheit der *Mystacoceti*, d. h. der einzigen echten Wale. Sie können bis zu 3 Meter lang werden und ähneln viel eher Krallen als Zähnen. Wie ist die Natur nur darauf gekommen, die Tiere mit einem Apparat auszustatten, der so merkwürdig und zugleich so funktionsgerecht ist? Früher machte man daraus »Fischbein« für Korsetts und Schirme. Es sind widerstandsfähige, biegsame Hornplatten, die vom Oberkiefer herabhängen. Sie werden umsäumt von Fransen, die mehr oder weniger reichlich vorhanden sind – je nachdem, ob sich der betreffende Wal von einer größeren oder kleineren Krebstierart ernährt.

Denn die jeweilige Ausrüstung der Wale richtet sich ganz nach der Art ihrer Nahrung. So verfügt der Finnwal, der sich von sehr kleinen Krebsen ernährt, über einen haarfeinen Filter. Der Blauwal dagegen frißt größere Krebse und sogar kleine Fische; also stehen seine Barten weiter auseinander.

Da die Wale jedoch einen ungeheuren Nahrungsbedarf haben, müssen sie jeden Tag tonnenweise lebende Tiere verschlingen.

Vor allem aber müssen sie sie erst einmal finden! In den höchsten Breiten, in der Arktis und der Antarktis, suchen die Wale im Sommer ihr Futter, eine Zeit, in der das Licht der langen Polartage die Entwicklung von Phytoplankton bewirkt, was wiederum die Entstehung von Zooplankton nach sich zieht.

In der schönen Jahreszeit mästen sich die Wale in der Nähe der Polarregionen täglich 24 Stunden lang. Sie setzen den Speck an, den sie brauchen, um auf ihrer Wanderung versorgt zu sein; denn während der

Reise fressen sie kaum. Diese Fettschicht unter der Haut dient aber nicht nur als Nahrungsreserve, sondern schützt auch vor Kälte – für warmblütige Tiere lebensnotwendig.

Die Wale sind so gut gegen die Außentemperatur isoliert, daß ihr Körper noch 24 bis 36 Stunden nach dem Tode warm ist.

Der Speckvorrat spielt noch eine andere Rolle: Er besteht aus Geweben, die leichter als Wasser sind und so das Gewicht des Körpers neutralisieren. Zusammen mit der Luft in den Lungen gewährleistet der Speck die Schwimmfähigkeit.

Ein junger Finnwal im vollen Wachstum frißt 3,5 Tonnen Plankton pro Tag; ein erwachsener Finnwal bringt es »nur« auf 1 bis 1,5 Tonnen, das heißt: er schluckt und filtert etwa 1 Million Kubikmeter Meerwasser am Tag.

Das Grundnahrungsmittel der Wale ist das Krill, *Euphausia superba,* ein Krebs, der niemals länger als 5 oder 6 Zentimeter wird und vor allem 10 bis 100 Meter unter der Oberfläche lebt, obwohl man ihn auch noch in 1000 Meter Tiefe finden kann.

In der Arktis und der Antarktis kann das Krill während der schönen Jahreszeit an der Oberfläche richtige Wolken bilden und sich über einige hundert Kilometer erstrecken. Das verleiht dem Meer eine braunrote Färbung, die es dem Vitamin-A-reichen Karotin zu verdanken hat. Die Wale veranstalten wahre Festgelage und nehmen gewaltige Mäuler voll.

Es kommt vor, daß das Tier sich buchstäblich in einem lebendigen Bade wälzt. Es braucht nur das Maul aufzutun – und sein Hunger wird gestillt.

Das Menü ist keineswegs auf diesen einen Gang beschränkt. Nicht nur daß verschiedene andere Plankton-Bestandteile zusammen mit dem Krill verschluckt werden, auch kleine Fische und sogar Pinguine müssen manchmal daran glauben… vielleicht per Zufall beim Gähnen.

Im Magen der Humpbacks, unserer Buckelwale, haben Naturforscher Heringe, Makrelen, Wittlinge, Tintenfische und sogar einen Kormoran gefunden.

»Obwohl es mindestens hundert Arten von Bartenwalen gibt«, sagt Ted Walker, »sieht es so aus, als würde sich jede von einer anderen Krebsart ernähren, die außerdem nur selten zusammen in den gleichen Meeresgebieten zu finden sind. So machen sich die Arten bei der Nahrungssuche keine Konkurrenz.«

Unser Freund, der Grauwal, ist allerdings sehr wählerisch. An den Küsten Sibiriens verzehrt er im Sommer Krebse, die auf dem Meeresboden leben: *Amphipoden*. Im Winter, in den Lagunen Niederkaliforniens, wo wir ihn beobachtet haben, ernährt er sich von Muscheln: den Quahogs.

Philippe hat beim Tauchen in der Lagune von Matancitas deutlich beobachten können, wie die Wale ihre Lieblings-Weichtiere »fischten«. Vor allem bei Ebbe finden sie den Tisch gedeckt; wenn das Meer im Stau ist, schlafen sie.

Bei sinkendem oder steigendem Wasser kann man sehen, wie sie eine Gruppe bilden und zusammen gegen die Strömung angehen. Um den Grund aufzukratzen, der kaum 15 Meter tief liegt, oft noch viel weniger, neigen sie sich um 90 Grad zur Seite und stechen in den Schlick, wo sie mit ihrem Körper Furchen ziehen und dabei ständig Sand, Wasser und Muscheln verschlingen. Dann richten sie sich auf, den Kopf gerade über der Wasserfläche, und filtern mit kräftigen Zungenschlägen, Kolbenstößen ähnlich, die Flüssigkeit durch ihre Barten. Der Sand wird mit dem Wasser herausgezogen, und die Muscheln wandern in ihren Schlund hinab, zum Teil aufgrund der Schwerkraft, zum Teil aber auch, und das muß man berücksichtigen, durch die Muskeltätigkeit der Speiseröhre.

Es ist nicht ganz ungefährlich, zu nahe an einen Wal heranzufahren, wenn er mit dem Fischen von Quahogs beschäftigt ist. Delemotte, Philippe und Chauvellin mußten das am eigenen Leib erfahren. Sie hatten das Schlauchboot genau über einen Wal gerudert, der eifrig den Grund durchwühlte. Er richtete sich jäh auf und ließ, vielleicht ohne Absicht, das Schlauchboot kentern, und die drei Freunde fielen ins Wasser. Aus Bärten und Haaren tropfte das Meerwasser. Alle drei tragen einen Bart, denn an Bord der *Calypso* greift die Mode um sich. Eine Zeitlang war kahlrasiert en vogue, dann kamen schöne Schnurrbärte wie um 1900 an die Reihe.

Jetzt sind wir bei Vollbart und langen Haaren.

Die Männer der *Calypso,* die manchmal mehrere Monate auf ihrem Schiff isoliert sind, haben sehr wohl das Recht, ihre äußere Erscheinung zu pflegen und sich durch mehr oder weniger pittoreske Besonderheiten hervorzuheben. An Bord herrscht da größte Freiheit, um so mehr, als die einzigen Richter über diesen zusätzlichen Haarschmuck Robben, Kormorane und Wale sind.

Der Bart von Bernard Delemotte, auf dem eine gebogene Pfeife ruht, ist von einem hübschen, beinahe roten Blond, der von Philippe braun und gekräuselt. Manche Taucher kultivieren den königlichen Bart à

Im Indischen Ozean: Die schwimmende Untertasse SP 350 wird zur Erforschung der Nahrungsquellen in den verschiedenen DSL zu Wasser gelassen.

la Ludwig XIII., andere wieder den kurzen, eckigen Bart, Modell Tartarin; es gibt sogar Anhänger von Franz Joseph. Manchmal bin ich einen Augenblick lang überrascht, wenn ich diese haarigen Attribute aus dem Taucherhelm hervorkommen sehe. Nur Laban bleibt seiner vorgetäuschten Kahlheit hartnäckig treu: jeden Tag wird der Schädel rasiert!

Man hat sich lange Zeit gefragt, warum die Grauwale so aus dem Wasser kommen, als ob sie die Umgebung inspizieren wollten. Sie können sich eine Minute lang in der Vertikalen halten. Man hat diese Stellung *spy-hopping* – spionieren – genannt. Die Walfänger glaubten nämlich, die Wale würden sie beobachten. Wahrscheinlicher ist, daß sie ganz einfach fressen. Der Grauwal kann zwar in waagrechter Lage schlukken, aber die senkrechte ermöglicht es ihm, seine Filter von Resten zu säubern und die assimilierbare Nahrung rasch durch den Schlund gleiten zu lassen.

»*19. Februar,* in der Lagune von Scammon. Der Himmel ist kaum bedeckt, das Wasser ein wenig klarer. Das schöne Wetter scheint die Wale in gute Laune zu versetzen, denn sie führen heute reihenweise akrobatische Kunststücke vor. Auf fast allen Seiten springen sie in die Luft. Springt derselbe Wal mehrmals, oder sind vielleicht alle vom Frühlingsrausch ergriffen?

Unser Filmexperte, Jacques Renoir, richtet sich auf dem Vorderdeck ein, und er schafft es, einen Wal zu filmen, der zweimal hintereinander vollkommen aus dem Wasser springt. Noch nie war uns eine solche Aufnahme gelungen.«

Wenn sie so springen, dann stützen sie sich wahrscheinlich mit ihrer Fluke am Meeresgrund ab; aber diese Stütze ist nicht unentbehrlich für sie. Vor der Küste von Gabun hat man Buckelwale auch aus 80 Meter Wassertiefe in die Luft springen sehen. Und mit Sicherheit nehmen die Wale die ganze Zeit über, die sie dort in Afrika verbringen, keine Nahrung zu sich.

Man kann sich vorstellen, welch verblüffendes Schauspiel ein Wal bietet, der in die Luft springt und mit seinem ganzen enormen Gewicht rücklings in einer Wassergarbe und mit schrecklichem Aufklatschen wieder herunterfällt. Eine Gymnastik, die uns erstaunt und beunruhigt. Die Taucher plagen Ted Walker mit Fragen: Handelt es sich um ein Spiel? Oder gar um ein Liebesspiel?

Ted zupft seinen grauen Bart und antwortet: »Vielleicht, vielleicht...« Aber seine Erklärung geht in eine andere Richtung: Verdauungsschwierigkeiten der Wale hält er für den wahrscheinlichsten Grund. Diese Kapriolen sollen vor allem dazu dienen, die Nahrung besser hinunterrutschen zu lassen, da sie die Muschelschalen mangels Zähnen nicht zerkleinern können. Die Wale haben nämlich eine lächerlich kleine Kehle für ihren großen Körper, und »es geht nicht immer alles durch«.

Tatsächlich kaut ein Wal nicht; die Pottwale nicht, weil sie keine Mahlzähne haben, und die Bartenwale nicht, weil sie überhaupt keine Zähne besitzen.

Da sie nicht kauen, liegt ihnen die im ganzen verschluckte Nahrung schwer im Magen. Viele von ihnen verfügen über drei Magentaschen. Der Vormagen des Wales erzeugt keinen Magensaft, keine Verdauungsenzyme; es findet eine Art mechanischer Zerkleinerung statt. Seine Muskelwand ist sehr dick, bei den Furchenwalen sogar mehr als 7 Zentimeter. Außerdem enthält die Tasche Sand und Steinchen, die beim Zerreiben der Nahrung mithelfen.

Der Hauptmagen und der dritte Magenabschnitt sind geräumige Säcke. Sie können mehr als eine Tonne Krill aufnehmen, also ungefähr einen Kubikmeter. Der Mageninhalt eines Finnwales wurde genau untersucht: Er umfaßte 5 Millionen Garnelen mit einem Gesamtgewicht von 2 Tonnen.

Die Pottwale haben nur zwei Mägen. Für sie ist ein Tintenfisch lediglich ein Happen, aber sein weiches Fleisch braucht nicht zerrieben zu werden. Ein einziger Körperteil ist hart und ungenießbar: der Schnabel.

Als der Koch uns an Bord der *Calypso* ein Stück Tintenfisch servierte, machten wir dabei eine sehr nützliche Erfahrung: Man darf nicht kauen, wie wir es versuchten, sondern muß schlucken. Dann hätten wir dieses kautschukähnliche Fleisch nicht in drei Mägen zu verdauen brauchen, sondern nur in zweien, wie die Pottwale.

Wäre es uns gelungen, den Schnabel des Tintenfisches zu schlucken, hätten wir vielleicht graue Ambra abgesondert. Diese kostbare Substanz befindet sich nämlich im Darm der Pottwale. Man weiß nicht genau, wie diese Ablagerung entsteht, die ohne Zweifel von all den verschlungenen Schnäbeln herrührt. Der größte Brocken grauer Ambra, der im Innern eines Pottwals entdeckt wurde, wog 480 Kilo – ein Glücksfall!

Das Fleisch der Pottwale ist keineswegs eine Delikatesse und das Fett weniger gut als das der Bartenwale. Deshalb wären sie wahrscheinlich nie so hartnäckig verfolgt worden, wenn die Walfänger nicht ständig gehofft hätten, diesen Schatz in ihrem Darm zu finden. Früher wurde Ambra in der Medizin verwendet und heute dient sie als Fixativ bei der Parfümherstellung. Außerdem führen die Pottwale immer reichlich Walrat mit sich, ein Öl, das sich in ihrem Kopf sammelt.

Es sieht aus, als würden sich die Grauwale über Wasser aufrichten, um die Umgebung zu überblicken – das sogenannte »*spyhopping*«.

Der Darm der Wale ist proportional viel länger als der des Menschen oder auf dem Lande lebender Fleischfresser. Ein menschlicher Darm ist fünf- bis sechsmal so lang wie der Körper; der eines Pottwals dagegen übertrifft die Körperlänge vierundzwanzigmal, wie Sarah R.

Riedman und Eton T. Gustafson in ihrem Buch »Home is the sea for whales« feststellen. Bei einem Pottwal von 17 Metern mißt der Darm 366 Meter. Der des Delphins ist weniger entwickelt; er erreicht nur die zwölffache Körperlänge.

Der Kopf eines Grauwals taucht aus der Lagune von Matancitas auf.

Keine Schiffsbesatzung kann sich rühmen, so vielen Walen in allen Weltmeeren begegnet zu sein wie wir. Doch so vertraut wir auch mit den Walen geworden sind, unsere Bewunderung für sie wird stets gleich groß bleiben, Bewunderung für ihren Wuchs, ihre Kraft, ihre Gutmütigkeit und auch für ihren Appetit.

Allein diese Giganten sind der Unermeßlichkeit der Ozeane ebenbürtig. Sind aber die Nahrungsquellen der Ozeane auch ihnen angemessen? Müssen die Tiere einen harten Kampf um ihre Nahrung führen, oder finden sie mit Leichtigkeit jene Tonnen von Lebewesen, die sie täglich unbedingt brauchen?

Im Winter ist für die Wale in der Arktis und der Antarktis der Tisch reich gedeckt, und wenn sie auf Hochzeitsreise in die Tropen gehen, fressen sie gar nicht oder nur sehr wenig, obwohl wir auch gesehen haben, daß Grauwale und Buckelwale Weichtiere und Krebse nicht verschmähen.

Wo und wann aber können die Pottwale Tintenfische jagen? Ihr Hauptwohngebiet liegt zwischen 40 Grad nördlicher und 40 Grad südlicher Breite – der äußersten Grenze ihrer Wanderungen. Es genügt ihnen nicht, wie den Bartenwalen, ihr weites Maul aufzusperren, um auf einen Sitz 5 Millionen winzige Krebse zu verschlucken. Sie müssen ihre Beutetiere angreifen, eines nach dem andern, und manchmal auch kämpfen; denn sie sind nicht nur Fleischfresser, sondern auch Raubtiere.

Damit stellen sich zwei Fragen: Bietet ihnen das Meer genügend Opfer? Und kennen sie die ergiebigsten Fundstellen?

Ich glaube im Roten Meer und im Indischen Ozean beobachtet zu haben, daß sich die Pottwale mit Hilfe ihres Sonar-Systems fortbewegen; ausgerichtet auf den Meeresboden, offensichtlich auf Beutesuche. Dasselbe muß für die anderen Wale gelten: Delphine, Schwertwale, Grindwale. Auch die *Calypso* verfügt über ein Sonar. Wir können daher ebenfalls die reichsten Jagdgründe in der Tiefe orten.

Mein Ziel war es, die Speisekammer der Meerestiere nicht nur zu finden, sondern sie auch aufzusuchen und, wenn möglich, ihre Bestände zu katalogisieren.

Während unserer Seereise im Indischen Ozean glaubte ich festzustellen, daß es etwa in Höhe des Äquators wahre Versammlungsplätze gab; man konnte sicher sein, dort Schwertwale, Pottwale, Grindwale, Delphine und Haie auf einmal anzutreffen. Ich dachte, sie würden sich gerade auf diese Stellen konzentrieren, weil sich dort außergewöhnlich ergiebige Nahrungsquellen befänden.

Für ein solches Tauchunternehmen hatten wir an Bord der *Calypso* die »schwimmende Untertasse« SP 350. Geplant war, eine Aufstellung über die »Bevölkerungsdichte« in den verschiedenen »Stockwerken« des Meeres anzufertigen.

Hier meine Tagebucheinträge.

8. April. Der erste Tag auf hoher See nach Verlassen der Malediven. Um nichts zu versäumen, lasse ich morgens und abends die automatische Kamera in der »falschen Nase« überprüfen. Sie fotografiert alle Lebewesen, die in Höhe des Vorderstevens an der *Calypso* vorbeischwimmen. Sie soll jeden Morgen ab 6.30 Uhr laufen.

Sonntag, 9. April. Die gleiche Anordnung, das gleiche Programm. Wir fahren seit 5 Uhr morgens praktisch am Äquator entlang. Meine geplante Bestandsaufnahme der örtlichen Unterwasserfauna kommt mir jetzt beinahe unsinnig vor, eine ungeheure Aufgabe. Und dieses Meer erscheint so leer. Wir wissen ja nicht, was in 50, in 100, in 1000 Metern Tiefe vor sich geht. Es ist von jeher mein Traum gewesen, durch die Oberfläche hindurchzuschauen, all das zu sehen, was noch kein Mensch wahrnehmen und erkennen konnte.

Nach dem Essen erster Tauchversuch der »Untertasse« auf hoher See. Wir haben oft davon gesprochen, es aber noch nie ausprobiert. Sie taucht, und die *Calypso* zieht sie an einem 350 Meter langen Nylonseil, das Maurice bei Bedarf abrollen läßt, zum Beiboot zurück. Bébert ist der »Pilot«. Ich bleibe an Bord und halte durch das Sonar die Verbindung mit der »Untertasse« aufrecht und durch mein Walkie-Talkie die mit dem Beiboot.

Der Zweck des Manövers: Die »Untertasse« wird auf 320 Meter hinuntergehen und wieder heraufkommen, das Nylonseil soll lediglich verhindern, daß wir sie verlieren.

Immer wieder kommt es mir vor, als hätte ich mich auf eine ganz absurde Suche eingelassen. Eigentlich dürften wir gar nichts sehen. Der Ozean ist unermeßlich, und durch die »falsche Nase« entdeckt man nur ganz selten etwas. Dieser Tauchversuch der »Untertasse« ist nicht mehr als ein Nadelstich, wenn nicht... wenn nicht die tiefen Schichten viel reicher sind, als wir vermuten. Und schließlich steigt im Laufe der Nacht einiges an die Oberfläche.

All die recht fetten Pottwale leben ja nicht von klarem Wasser und von Liebe allein ...

Ich stelle das Echolot auf 12 Kilohertz und registriere 2 DSL, Echos also von zwei »Schichten« in 185 und 270 Meter Tiefe. Wir werden gut sehen!

Die Operation, genannt S 14, ergibt folgendes:

25 Meter: Planktonsuppe, trübt das Wasser. Kleine, silbrige Fische aus großen Tiefen. Kleine Garnelen und kleine Krebse.

50 Meter: Planktonsuppe, noch trüber. Zwei kleine Tintenfische be-

Einem Taucher gelingt es, an einen Grauwal heranzukommen (oben). Einem anderen Taucher ist es gelungen, sich an den Schwanz eines Finnwals zu hängen (rechts).

suchen Bébert. Fische mit Leuchtorganen zeigen sich, sind aber wegen des trüben Wassers schlecht zu erkennen.

100 Meter: Immer noch die Suppe. Ein Hai von 2 Meter Länge umkreist die Untertasse und stößt dagegen.

150 Meter: Das Wasser wird klarer. Weniger Leben.

170 Meter: Garnelen mit langen Fühlern.

270 Meter: Nichts. Klares Wasser.

350 Meter: Ballast abgeworfen. Langsamer Aufstieg.

230 Meter: Ein sehr großer Kopffüßer, unbeweglich, in 10 Meter Entfernung, starrt die Untertasse mit seinem riesigen Auge an. Eine Beute

für Pottwale. Er regt sich nicht. Nichts scheint ihn zu erschüttern. Träumt er? Schläft er? Ein Pottwal könnte ihn überraschend packen und auf einmal hinunterschlucken.

205 Meter: Zum zweitenmal Ballast abgeworfen. Beim Aufstieg wird die »Untertasse« von zwei Haien begleitet.

So hat dieses einstündige, dem Zufall überlassene Auf- und Abfahren dennoch zur Präzisierung einiger Punkte beigetragen.

Die DSL, die nachts an die Oberfläche steigt, ist sicher ein Planktonschleier, Krebse und kleine Fische aus der Tiefe; das Ganze steigt und fällt mit einer Geschwindigkeit von 6 bis 10 Zentimetern in der Sekunde.

Das Wasser ist in 50 Meter Tiefe trüber, mehr mit Kleinlebewesen bevölkert als bei 25 Metern, was die Ergebnisse unserer Operation »Lumen« bestätigt.

Großtiere: drei Haie, zwei je ein Pfund schwere Tintenfische und ein riesiger Kopffüßer – weder Tintenfisch noch Krake. Sein großes Auge leuchtet vielleicht.

Das Tauchen auf hoher See ist also höchst aufschlußreich, wir sollten wieder damit anfangen. Leider geht die »Untertasse« nicht allzu tief hinunter; das Tauchen mit der SP 500 und der SP 3000 würde noch mehr Informationen bringen.

Die tiefe (etwa 270 Meter) DSL scheint beim Herannahen der »Untertasse« zu verschwinden. Ich habe das gleiche Phänomen 1954 im Indischen Ozean mit den ersten automatischen Edgerton-Blitzlicht-Kameras festgestellt. Im Sucher sah man, wie sie die DSL vor der »Untertasse« zerstreuten. Vielleicht gehört unser großer Kopffüßer zu dieser beweglichen Schicht mit negativem Phototropismus.

11. April. Um 4 Uhr morgens Wecken für die gesamte Mannschaft von Deck und »Untertasse«. Um 5 Uhr, lange bevor der Morgen graut, wird die SP 350 ins Wasser gelassen für ein Unternehmen, das wir S 15 getauft haben.

Vorläufige Erklärung: Das Unternehmen S 14 wurde ein wenig zu spät gestartet; die Schichten begannen offensichtlich schon aufzusteigen. Das Unternehmen S 15 dagegen ist ganz charakteristisch: eine Schicht bei 40 Metern, wieder eine bei 130 Metern, die sich schon gesenkt hat, und bei 265 Metern holt die Untertasse die dritte Schicht ein, die sich aus den Schnellsten zusammensetzt: Garnelen und Staatsquallen, die mit voller Geschwindigkeit nach unten schwimmen…

Vom wissenschaftlichen Standpunkt aus müßte man Hunderte solcher Tauchunternehmen durchführen und sorgfältig alle Aufzeichnungen als Nebenprodukte für die Erforschung der DSL sammeln. Aber wir sind hier, um Filme zu drehen, und unter diesem Gesichtspunkt versprechen die Manöver zu Beginn der Nacht, sagen wir, eine Stunde nach Einbruch der Dunkelheit, den größten Erfolg: Zu der Zeit sind die meisten seltsamen Tiere zur »Untertasse« emporgestiegen.

Zwei Dinge sind noch zu verbessern: Während des Auf- und Abstiegs muß die »Untertasse« langsam geschleppt werden, damit man auch alles richtig sehen kann. Außerdem erfordert die Natur der Objekte, die gefilmt werden sollen, eine entscheidende Veränderung der Beleuchtung. Wir werden uns dahinterklemmen müssen!

Nach dem Essen wieder Tauchen in der »Untertasse«, dieses Mal wird das Nylonseil aber nicht auf dem Beiboot, sondern auf der *Calypso* abgerollt. Damit das Seil die »Untertasse« in der äquatorialen Strömung nicht zu sehr verzieht, wird sie mit doppelten Gewichten für Ab- und Aufstieg beschwert und mit der Stoßstange vertäut, damit sie »Kopf voran« fährt.

Aussetzung um 21.35 Uhr, ungefähr zwei Stunden nach Sonnenuntergang, größte Tiefe 290 Meter um 22.25 Uhr. Aufstieg gegen 23.15 Uhr. Das Tauchen selbst ist sehr interessant, aber trügerisch für den Film. Ich träume von einer Entsprechung der belebten Schichten und der DSL; aber das geht über alles Vorstellbare hinaus. Überall eine oder zwei »Bänke« von Tintenfischen... meist auch Haie. Und trotzdem steigt die »Untertasse« nur auf gut Glück hinab und übersieht lediglich ein sehr begrenztes Gebiet... Diese Milliarden von Tintenfischen sind wahrscheinlich das Manna der großen Fische, der Delphine, der Wale... All das Fleisch, das seinen Ursprung in den Wiesen mikroskopisch kleiner Algen (der obersten Schicht) hat! Das ist nur möglich, wenn die Gewichtszunahme von einem Glied der Nahrungskette zum anderen im Wasser größer ist als auf dem Lande.

Und das muß der Fall sein, denn fast alle Tiere sind Kaltblüter, sie brauchen also keine Kalorien zur Regulierung ihrer Körpertemperatur (im Gegensatz zum Menschen, zum Rind oder zum Delphin) und, da die Schwerkraft fehlt, auch keine Kalorien, um sich aufrecht zu halten, wie wir. Kalorien werden nur für die Bewegung gebraucht (aber der Körper besitzt im allgemeinen die sehr vorteilhafte Stromlinienform) und für das Wachstum.

Ist es nur eine Illusion? Diese Ausflüge in der »Untertasse« brachten unerwartete Ergebnisse und haben mir eine neue Sehweise, eine umfassendere Sicht des Lebens in den Meeren ermöglicht. Es erschien mir logischer, stärker verknüpft, nun, da wir den großen Kopffüßer und die Schwärme von Tintenfischen gesehen und fotografiert haben, von denen sich die Pottwale ernähren und die ihre Anwesenheit dort rechtfertigen. Es ist beinahe, als hätte man uns den Schlüssel für die Speisekammer gegeben, die ich seit langem suche.

7 Die Liebeskunst

Das Geheimnis des Walfängers – Die einsame Bucht – Ein verliebtes Trio – Eine akrobatische Stellung

Die Liebe, die die Welt bewegt, bewegt auch die Grauwale. Sie treibt die Tiere aus den arktischen Eisregionen zur Paarung in die warmen Gewässer Niederkaliforniens.

Das Alter, in dem die Wale geschlechtsreif werden, ist je nach Walart verschieden. Bei dem großen Blauwal tritt die Geschlechtsreife mit 5 Jahren ein, beim Tümmler mit 7. Für die meisten Bartenwale liegt das fortpflanzungsfähige Alter zwischen 2 und 3 Jahren. Doch auch nach der Pubertät wachsen die Wale weiter.

In der Grauwalherde, die Philippe und seine Crew an Bord der *Polaris III* auf ihrer Reise gen Süden begleiteten, gab es nur Verliebte. Dieser Zug umfaßte auch künftige Familienmütter, trächtige Walkühe. Sie haben es besonders eilig, ans Ziel zu kommen und in den ruhigen Gewässern Schutz zu finden, wo sie ihre Last ablegen werden. Die Tragzeit schwankt je nach Walart, im allgemeinen dauert sie ein Jahr, bei Pottwalen jedoch 16 Monate. Wenn sie fühlen, daß ihre Stunde naht, beginnen sie unruhig zu werden und sich zu beeilen, denn es wäre undenkbar für sie, ihr Junges im offenen Meer zur Welt zu bringen. Dafür brauchen sie einen geeigneten Platz, tiefer, gut geschützt, mit warmem Wasser. Diese Klinik kennen sie: es ist der von mehreren Lagunen durchschnittene Meeresarm, der die Küste Niederkaliforniens in Mexiko säumt.

Es dauerte lange, bis die *Polaris III* mit unserem Freund Ted Walker an Bord dort ankam. Die Crew hatte nämlich die ganze kalifornische Küste entlang versucht, die widerspenstigen, launischen, gewitzten Wale zu »markieren« und zu filmen.

Die schwangeren Wale waren vorausgeschwommen. Sie kommen immer als erste an. Philippe und seine Kameraden erreichten die mexikanischen Ufer der Cortez-See mit den letzten, die nicht trächtig waren und darum auch keine Eile hatten.

Diese niederkalifornische Küste bietet eine Szenerie grauer Dünen ohne Vegetation und ein verwirrendes Netz von Rinnen und Engpässen. Es ist ein großartiges, wildes, einsames Land, wo die Wale normalerweise nicht befürchten müssen, von den Menschen gestört zu werden. Dem Sand und der Einsamkeit haben die Grauwale ihren Beinamen »Wale der Wüste« zu verdanken.

Philippe sah, wie sie dort eindrangen; dabei schienen die Grauwale ihr Gebiet genau zu kennen. Für viele von ihnen war es ja eine Reise, die sie seit langem jedes Jahr wiederholten. Der Eingang zur Lagune ist eng und schwer zugänglich. Deshalb müssen die Wale die Erinnerung an diesen geheimen Eingang bewahren oder von den ältesten geführt werden. Auf jeden Fall ist es seltsam, wie sie wissen, daß sie nach Überwindung dieses Engpasses ihr einzigartiges Paradies erreichen, um dort niederzukommen oder sich zu paaren. Sie sind da so gut versteckt, daß bis Mitte des 19. Jahrhunderts noch kein Walfänger ihren Zufluchtsort entdeckt hatte.

1852 wurde Kapitän Melville Scammon, Kommandant der Brigg *Mary Helen,* von einigen Fontänen angezogen, die er aus der Ferne bemerkte. Er kam auf die Idee, in die Lagune einzudringen. Dort entdeckte er Wale in einer solchen Konzentration, wie er sie noch nie gesehen hatte.

Neun Jahre lang töteten Scammon und seine Harpuniere Hunderte von Walen und sammelten einige tausend Fässer Öl.

Lange bemühte der Walkapitän sich, sein Geheimnis zu wahren. Er hatte den Engpaß entdeckt, der zu der belebtesten Lagune führte, zur Lagune *Hasenauge,* die heute *Scammon Bay* heißt.

Im zehnten Jahr kamen ihm seine Konkurrenten, die durch diese wunderbaren Fänge ziemlich beunruhigt waren, auf die Schliche. Sie entdeckten das Geheimnis Kapitän Scammons. Von da an wurde ein schreckliches Massaker unter den in der Falle sitzenden Grauwalen angerichtet. Zu Beginn des 20. Jahrhunderts schien die Art ausgerottet. Doch ist es Mexiko gelungen, internationalen Bestimmungen zur Anerkennung zu verhelfen, die es ermöglichen, daß sich seit etwa 20 Jahren wieder eine Herde bilden kann.

Die Mehrzahl der Tiere ist augenblicklich unter 35 Jahre alt, und im Durchschnitt sind sie 15 Meter lang. Läßt man sie wachsen, leben sie länger als ein halbes Jahrhundert und werden 16,50 bis 18 Meter groß. Scammon unterschied sich von anderen Walfängern dadurch, daß er mit seiner Jagdleidenschaft eine große zoologische Neugier verband und ein gewisses schriftstellerisches Talent besaß. Wir verdanken ihm ein interessantes Buch über einen Gegenstand, den er aus naheliegenden Gründen besser kannte als irgendein anderer: »The Marine Mammals of the North Western Coast of North America«.

Scammon bemerkte, daß sich die Weibchen zum Gebären in die entferntesten Enden der Lagune zurückzogen, die 30 Meilen in der Wüste liegen. Meine eigenen Beobachtungen in der Lagune haben mir bestätigt, daß die Weibchen tatsächlich einsame Stellen aufsuchen, wo der große Salzgehalt des Wassers den Kindern das Schwimmen erleichtert und wo sie dank reichlicher Nahrung genügend Milch haben. Trotzdem halten sich viele Mütter häufig in der Nähe des Engpasses auf.

Beim Eindringen in diese Lagune fühlte ich beinahe das gleiche Erstaunen wie Scammon, als er sie entdeckte. Auf allen Seiten konnte man Blaswolken aufsteigen sehen, die sich gegen einen fast grauen Himmel abhoben. Überall trieben unbewegliche Wale, die zu schlafen schienen. Allein in Sichtweite waren es bestimmt mehr als hundert. Hat man den Engpaß einmal überwunden, erweist sich die Scammon-Lagune als riesig und schwer zu erforschen. Die Rinnen verzweigen sich. Da bei Ebbe Sandbänke auftauchen, verlangen Erforschung und Navigation großes Feingefühl, selbst bei einem Fahrzeug mit geringem Tiefgang. Nachdem Philippe seine ersten Erkundungen mit Flugzeug und Schiff an dieser Küste Niederkaliforniens durchgeführt hatte, wählte auch er für das folgende Jahr eine andere Lagune aus, die ihm für unsere Arbeit günstiger schien: die Lagune von Matancitas, eine schmale Wasserzunge, die durch Dünen vom Meer getrennt ist. Nur ein einziger Zugang ist passierbar: *la Boca Soledad,* die Bucht der Einsamkeit. Zwar gibt es noch einen anderen Durchgang, aber der führt auf die Magdalenenbai und ist sehr lang und beschwerlich.

Die Wale benutzen nur die *Boca Soledad.* Auch die *Polaris* fuhr dort hindurch. Sie wagte sich in die kleinen Rinnen, sie folgte der Linie der Mangroven, die das Ufer umsäumen, und erkundete auch die Magdalenenbai. Die *Polaris* hat fünf bis sechs Fuß Tiefgang und berührte den Grund ziemlich oft – glücklicherweise immer nur Sand oder Schlick. Dieses waghalsige Navigieren war verwirrend für die amerikanische Mannschaft, die dergleichen nicht gewöhnt war.

So öde diese Gegend auch ist, es gibt eine kleine Stadt: Matancitas, die der Lagune ihren Namen gegeben hat. Es ist kaum mehr als eine Konservenfabrik, ein Fischerdorf und eine Landebahn.

Es herrscht da ein entsetzlicher Geruch, so intensiv, daß allen, die zum erstenmal dorthin zum Schlafen gingen, direkt übel wurde. Aber die *Polaris* ist so klein, daß nicht viele an Bord schlafen können. Die Ursache des Gestanks: die Konservenfabrik für Anchovis wirft all ihre Abfälle in die Lagune.

Als die Taucher im Innern der Lagune von Matancitas zum erstenmal ins Wasser stiegen, erlebten sie eine böse Überraschung: man sah so gut wie nichts. Allzu geringe Tiefe, Schlamm und Sand trübten das Wasser ständig.

Bernard Delemotte gelingt es, einen Grauwal zu berühren.

Dieses Labyrinth, das sich zwischen den Dünen hinschlängelt, hat aber einen großen Vorteil: die *Polaris* konnte – ganz leise – sehr nah an die Wale herangleiten. Die ersten, an die der Mannschaft eine Annäherung gelang, ließen sich überraschen; ohne Zweifel schliefen sie. Aber einer nach dem andern fuhr aus dem Schlaf auf, peitschte das Wasser mit seinem Schwanz und verschwand dann in einem großen Wirbel.

Wir mußten für unser Vorgehen einen Plan ausarbeiten, um vielleicht die Bilder drehen zu können, von denen wir alle träumten: eine Folge vom Liebesleben der Wale.

Es kam vor allem darauf an, daß wir die Tiere nicht erschreckten und uns ihnen so leise wie möglich näherten. Die *Polaris* blieb nahe dem Eingang zur Lagune vor Anker liegen, während Kameraleute und Taucher im Schlauchboot losfuhren. Meist ruderten sie, um das Motorengeknatter zu vermeiden.

Die Wale dösen im Dunst der Lagune, und nur ihr Rücken erscheint an der Oberfläche. Man sieht weder Kopf noch Schwanz; von Zeit zu Zeit tauchen sie langsam auf, um im Halbschlaf zu atmen.

Sie sind eigentlich gar nicht grau, sondern schwarz; vor allem die Jungen sind sehr dunkel. Was sie grau erscheinen läßt, sind die von Entenmuscheln oder Rundmäulern hinterlassenen Narben. Einigen unserer

Der Kopf eines Grauwals von vorne gesehen. Diese Aufnahme wurde in der Scammon-Lagune gemacht.

Leute gelang es mit der Zeit, auf ihren Rücken zu steigen. Sie konnten sich davon überzeugen, daß die Parasiten nicht ständig an den Walen haften. Ihre Haut war glatt, beinahe zart, aber gezeichnet von den großen, grauen Narbenflecken; ein marmoriertes Grau, besonders hell bei den alten Walen, denn ihre Haut hat am meisten gelitten.

Wenn man sich einem schlafenden Wal ganz sachte nähert, erhält man einen außergewöhnlichen Eindruck. Man fühlt seine bedrückende, quälende Gegenwart. Von Zeit zu Zeit hört man seine Blaswolke oder wird sogar vollgespritzt. Man rührt an dieses ungeheure, rätselhafte Leben, das in dieser gigantischen, schwarzen Gestalt schlummert. Man muß sich diese Masse vorstellen, die unendlich viel größer ist als die des größten Elefanten und die sich sehr langsam im metallisch grauen Wasser der Lagune bewegt. Darüber das feine, verschleierte Licht Niederkaliforniens, einen oft bleiernen Himmel und am Fuße der Dünen zinnfarbene, flache Wasserlöcher.

Nach mehreren Tagen hatte die Mannschaft noch immer lächerlich wenig gedreht. Trotz aller Vorsichtsmaßnahmen war es schwierig, die Wale von ferne auszumachen. Obwohl die Lagune kleiner ist als die von Scammon, erwies sie sich doch als so ausgedehnt, daß man sie nicht im Schlauchboot rudernd durchqueren konnte. Die Taucher versuchten wohl, vom Ufer aus die Wale schwimmend zu erreichen, aber es gelang ihnen nie.

Da beschloß Philippe, die Lagune zu überfliegen, um vom Flugzeug aus die Tiere zu entdecken und die Schlauchboote hinzuführen.

An Bord einer Cherokee von 300 PS unternahm er eine systematische Erkundung in der Hoffnung, Wale bei der Paarung oder beim Gebären beobachten zu können. So gelang es ihm auch, als er mehrmals täglich über die Bai strich, eine annähernd genaue Zählung der Wale durchzuführen, die in die Lagune eindrangen oder sie verließen, den Durchgang zu überwachen und einen Eindruck vom gesamten täglichen Leben dieser friedlichen Welt von Riesentieren zu gewinnen, der den Leuten im Schlauchboot völlig entging.

Die Cherokee hatte außerdem hinten eine Tür, in der ein Kameramann, fest angeschnallt, die Füße nach draußen, sich niederlassen konnte, um interessante Szenen zu filmen.

Leider machte das Flugzeug sehr viel Lärm. Zwar konnte man mit ihm die Wale ausmachen und überraschen, aber das Dröhnen des Motors verwirrte sie.

Philippe unternahm einen unglücklichen Versuch mit dem Auftriebsfallschirm, der beinahe tragisch geendet hätte. Da die Zugleine gerissen war, bekam er den Ring ins Gesicht und wurde bewußtlos aufgefischt. Außerdem war der Auftriebsfallschirm hier nicht zu gebrauchen, denn er muß gegen den Wind aufgehen und landen. Die lange und schmale Lagune von Matancitas aber liegt um 90 Grad gegen den hier vorherrschenden Wind.

Schließlich nahmen wir den Heißluftballon zu Hilfe, den Philippe schon erfolgreich im Roten Meer und im Indischen Ozean bei der Europainsel benutzt hatte, wie in dem Band »Korallen« (S. 149) beschrieben. Aber dieser hier ist zweimal so groß. Es ist ganz einfach die gute alte Montgolfière, aber beheizt durch einen Propangaskocher. Das Gerät ist seiner großen thermischen Trägheit wegen nicht leicht zu handhaben. Beim Auf- bzw. Abstieg beschleunigt es sehr schnell, und nur mit Intuition und Fingerspitzengefühl kann man es in der gewünschten Höhe stabilisieren. Außerdem braucht es eine äußerst ruhige Atmosphäre.

Philippe wählte einen besonders schönen Tag, um mit den Kameras im Ballon zu starten. Seine Frau Jan wollte ihn begleiten.

»Ich habe noch den Schatten des Ballons auf der Lagune vor Augen«, erzählt Philippe. »Es war wunderbar windstill. Ich sah die Wale an die Oberfläche kommen. Aus der Luft konnte ich im Wasser Rochen, Haie und Sand auf dem Grund liegen sehen. Vom Schlauchboot aus wäre es unmöglich gewesen, das alles zu erkennen. Es war absolut großartig. Die Bilder, die ich in jenen Augenblicken aufnahm, hätten von einem Flugzeug aus nicht gemacht werden können, denn es fliegt zu schnell und ist entschieden zu laut. In wenigen Augenblicken versetzt es ein ganzes Gebiet in Panik. Gewiß verursacht auch der Ballon beim Start Lärm. Die Flamme, die die Luft erhitzt, ist beinahe einen Meter lang und faucht wie ein Gebläse; aber man braucht sie nur zu regulieren, damit der Ballon sich stabilisiert. Dann genügt eine ganz kleine Flamme, um ihn in der Luft zu halten. Man bleibt unbeweglich über dem Punkt, den man beobachten möchte, ohne die Tiere zu erschrecken. Man schaut, so lange man will. Es ist, als würde man zur Szenerie gehören.«

Schließlich kam Wind auf, der den Ballon auf das offene Meer hinauszutreiben begann. Philippe warf eine Leine aus, ein Schlauchboot griff sie auf und konnte die Montgolfière bis zur *Calypso* schleppen. Aber es war auch höchste Zeit.

Vom Ballon aus entdeckten wir die Gebiete, in denen sich die meisten Wale tummelten, und wir konnten die Spiele miterleben, denen sie sich hingaben. So wurden wir mehr und mehr mit ihrem Leben vertraut, und es gelang uns, in besonders interessanten Augenblicken an sie heranzukommen.

Philippe beobachtete das Treiben eines jungen Bullen, der ein Weibchen mit einem Jungen bestürmte. Sie wollte sich nicht verführen lassen, peitschte das Wasser mit heftigen Schwanzschlägen und stieß ihn mit dem Kopf weg; er aber kam immer wieder und belästigte sie.

»Ich habe dieses Schauspiel erlebt«, sagte Philippe. »Das Männchen stürzte sich mit ungeheurem Schwung auf das Weibchen. Ich sah diese beiden Massen aufeinander zuschießen wie zwei Schiffe, deren Zusammenstoß unvermeidlich ist. Das Junge, das dabei ganz unglücklich dazwischengeriet, wurde buchstäblich aus dem Wasser gehoben. Die Walkuh schlug schließlich kräftig mit der Fluke zu und schwamm davon, ihr Kleines mit sich ziehend.«

Ted Walker hatte uns die Paarung der Wale so geschildert: Sie legen sich an der Oberfläche nebeneinander auf den Rücken. Das Geschlechtsteil des Männchens, gekrümmt wie der Griff eines Spazierstocks, befindet sich sehr weit hinten am Körper und ist der Größe des Wales angemessen: etwa ein Zehntel der Körperlänge. Zunächst wird versucht, es einzuführen, und die Wale legen sich dazu im Wasser einander gegenüber auf die Seite. Diese Stellung ist jedenfalls viel bequemer als die anderer Wale, die sich aufrecht paaren.

Ted Walker war das Verhalten der Wale so vertraut, daß er aus gewissen Anzeichen mit großem Einfühlungsvermögen erriet, was sie als nächstes tun würden. So beobachtete er zum Beispiel die Stellung des Schwanzes oder der Flossen und täuschte sich in seiner Auslegung fast nie.

Als Ted Walker eines Tages wieder vom Achterdeck der *Polaris* aus die Lagune beobachtete – es war gegen Mittag –, schrie er plötzlich: »Da, da, Kinder, schnell! Gleich paaren sie sich!«

Sofort sprangen Bernard Mestre, ein Kameramann und ein Taucher ins Schlauchboot – alle ziemlich nervös.

Es waren nicht zwei Wale, sondern drei; im brodelnden Schaum rollten sie übereinander. Es dauerte einige Zeit, bis wir überhaupt begriffen, was da vorging.

Ganz offensichtlich stritten die beiden Männchen sich um das Weibchen. Ted Walker verstand es übrigens ausgezeichnet, die Männchen an ihrem schmaleren Kopf von den Weibchen zu unterscheiden. Im vorliegenden Falle gab es allerdings auch noch andere Kriterien. Jedes der Männchen bemühte sich, den Nebenbuhler zu vertreiben. Man kann sich denken, daß diese Rivalität die Paarung nicht gerade erleichterte. Aber wie Ted Walker berichtet, nimmt an diesen Liebesspielen immer ein zweites Männchen teil. Anscheinend spielt es sogar eine ganz wichtige Rolle. Es legt sich nämlich bei der Paarung über

Grauwalfontänen in der Scammon-Bai.

die beiden anderen Tiere und verhindert dadurch, daß sie rollen; denn sich im offenen Wasser ohne festen Halt zu umarmen, ist gar nicht so einfach.

Bei Ankunft des Schlauchbootes umkreiste das zweite Männchen allerdings nur in großer Aufregung das Paar. Die Liebenden verdrängten unter großem Getöse eine ungeheure Wassermenge. Den Tauchern, die von Ted Walker begleitet wurden, schenkten die drei Tiere keinerlei Beachtung.

Deutlich sichtbar gebrauchte das Weibchen seine Flossen, um das Männchen zu umarmen; ein rührendes Schauspiel, dem es aber keineswegs an Realismus fehlte: Deutlich konnte man das männliche Glied im Wasser sehen, einen riesigen Hebel von 2,50 bis 3 Meter Länge, stets bereit zum Gebrauch.

Beim Anblick dieser außergewöhnlichen Szene war Ted Walker von

Neugier und Begeisterung so hingerissen, daß er, der Nichtschwimmer, sich beinahe ins Wasser gestürzt hätte.

Wahrscheinlich konnte die Crew die ganze Liebesszene miterleben. Vorspiel und Versuche dauerten sehr lange; die Tiere paarten sich oder versuchten es etwa zehnmal.

Unsere Kameraden im Schlauchboot verfolgten das alles aus sehr geringer Entfernung. Sie waren fasziniert von diesem Schauspiel einer Sexualität, die Halluzinationen verursachen konnte – eine Art Alptraum. Eine derart gigantische, derart schwierige und derart enttäuschende Liebe nahm hier Gestalt an, daß es erschütternd war. Die Mißerfolge dieser Riesen hatten etwas Schmerzliches, Tragisches, verstärkt noch durch den dritten Partner, der sie unablässig umkreiste, daß das Wasser hoch aufspritzte.

Kameramann und Taucher im Schlauchboot waren ständig bereit, ins Wasser zu gehen. Aber sie sahen keine Möglichkeit, sich dieser stürmischen Szene zu nähern. Auch war alles so bewegt und verworren, daß keine Hoffnung bestand, zu filmen, zumal das aufgewühlte, ziemlich flache Wasser äußerst getrübt war – noch trüber als sonst.

Und was wäre geschehen, wenn die Männer sich vorgenommen hätten, zu tauchen und das alles aus nächster Nähe im Wasser zu beobachten? Sicher wußten die Tiere nicht mehr, was sie taten, sie waren entfesselt. Zwar sind Grauwale nicht besonders aggressiv – außer wenn sie ihr Junges verteidigen –, aber in diesem Falle mußte man einen Schlag mit der Flosse oder dem Schwanz befürchten, der ausgereicht hätte, einen Menschen zu zerschmettern.

Nach einiger Zeit bildete sich auf dem Meer ein Schaumfleck von etwa 35 Meter Länge. Ted Walker meint, das sei möglicherweise der mit Meerwasser vermischte Samen des Männchens, vielleicht auch Sekretionen des Weibchens. Allerdings kommt es auch vor, daß sich trübes, mit organischer Materie gesättigtes Wasser mit Schaum überzieht, wenn es heftig bewegt wird.

Doch ist es tatsächlich möglich, daß die Paarung nicht wirklich zustande kam und das Sperma sich im Meer ausbreitete. Nach Ansicht der Fachleute gelingt die Vereinigung relativ selten. Deshalb wiederholt sich die Annäherung auch in so schnellem Rhythmus und ist oft nur sehr kurz: Laut K. S. Norris dauert der Akt lediglich 10 bis 30 Sekunden und kann sich eineinhalb Stunden lang in Abständen von einer bis acht Minuten wiederholen. Vor der Einführung des Gliedes kommt es zu zahlreichen Kontakten zwischen dem Penis und dem Bauch des Weibchens.

Gegen Ende der Saison gelang es uns endlich, Zeugen einer Vereinigung zu werden. Das Wasser war klar, und wir konnten aus einer Ent-

Paarungszeit in der Scammon-Lagune: Eine Schule Grauwale vom Flugzeug aus gesehen.

fernung von 20 Metern alles genau beobachten. – Es war ihr letztes Liebesspiel, bevor sie die Lagune verließen, um ihre endlose Reise gen Norden anzutreten.

Erschwert wird die Paarung hauptsächlich dadurch, daß die Wale zum Atmen an die Oberfläche kommen müssen. Sie nähern sich einander

145

im Wasser, halb tauchend, und müssen ihre Atmung aufeinander abstimmen, um gleichzeitig aufzusteigen.

Wenn die Wale absichtlich tauchen, können sie es anscheinend viel länger ohne zu atmen aushalten, als wenn sie im Schlaf oder während der Paarung absinken.

Um lange genug unter Wasser bleiben zu können, bereitet der Wal sich vor: er holt tief Luft. Gerät er aber plötzlich unter die Oberfläche, im Schlaf oder in der Erregung, dann kann er es natürlich nur kurz ohne Atemholen aushalten.

Für die männlichen Wale ist die Paarung ein seltenes und sehr bedeutendes Ereignis; nach Ansicht Walkers jedenfalls. Der Erfolg in der Liebe scheint im Leben eines Wales die Ausnahme zu sein.

Soll das Unternehmen gelingen, ist das Zusammenwirken vieler Gegebenheiten erforderlich: der Jahreszeit, des Ortes, der läufigen Walkuh, des Sieges über einen oder mehrere Rivalen, der Bereitwilligkeit des Weibchens. Im Laufe der Wanderung, wenn die Herde aus dem Beringmeer kommt, ist darum jede Paarung unmöglich. Die Tiere haben genug damit zu tun, voranzukommen und ihren Weg zu finden, denn schließlich ist ihre Zeit sehr begrenzt.

Nicht alle Wale paaren sich auf die gleiche Art, ja das Verhalten der Grauwale ist sogar ziemlich ungewöhnlich. Im allgemeinen übernimmt das Weibchen die aktive Rolle. Es provoziert, es zeigt dem Männchen, daß es läufig ist. Da der Geruchssinn bei den Walen nicht oder nur sehr ungenügend entwickelt ist, werden sie nicht von einer Ausdünstung geleitet.

Die Humpbacks oder Buckelwale paaren sich Brust an Brust genau in dem Augenblick, in dem sie mit beträchtlicher Geschwindigkeit an die Oberfläche steigen. Ein derart akrobatischer Akt kann natürlich nur äußerst kurz sein – ein paar Sekunden.

Die Besatzung der *Curlew* konnte während ihres Aufenthaltes auf den Bermudas keine derartige Leistung beobachten. Dagegen sahen unsere Kameraden, wie die Buckelwale über Wasser phantastische Sprünge vollführten, die vielleicht Liebesspiele waren – oder mißglückte Paarungsversuche. Die Humpbacks gelten als die Meister in dieser Art Hochsprung. Nicht nur, daß sie vollständig aus dem Wasser herauskommen, sie lassen sich auch schonungslos und mit schrecklichem Klatschen auf den Rücken fallen, daß das Wasser hoch aufspritzt – eine eindrucksvolle Demonstration, bei der diese Giganten von 40 bis 50 Tonnen ihre ganze Kraft zeigen.

Auf den Bermudas wurde Philippe Zeuge einer Liebesszene zwischen Walen, die nicht zu den Humpbacks gehörten.

»An einem sehr schönen Tag«, erzählte er, »wir waren mit der *Curlew* kaum aus der Lagune herausgekommen, sahen wir in der Ferne zunächst eine, dann zwei Fontänen. Wir näherten uns ihnen und setzten das Schlauchboot aus. Dann sprangen wir hinein, Bernard Delemotte, Dominique Sumian und ich fuhren auf die Fontänen zu.

Zunächst glaubten wir, es handle sich um Grauwale. Sie erschienen uns tatsächlich weniger schwarz als die Buckelwale, unter denen wir uns für gewöhnlich bewegten. Auch hatten sie keine Rückenfinne. Wir fuhren mit dem Schlauchboot ganz nah heran, stets darauf bedacht, sie nicht zu erschrecken. Dann sprang ich mit Delemotte ins Wasser, und wir schwammen 200 Meter.

Leider war das Wasser wieder einmal sehr trübe. Trotzdem sahen wir, was sich im Meer abspielte: zwei Grönlandwale bei der Paarung. Ein Irrtum war ausgeschlossen, denn sie rollten übereinander und liebkosten sich dabei mit dem ganzen Körper.

Die Szene lief sehr rasch ab. Sie waren nicht so in ihr Liebesspiel vertieft, daß sie unempfindlich gegen alles andere gewesen wären. Sie bemerkten uns und verschwanden. Ich konnte 10 Meter Film drehen.

Ganz sicher waren es Grönlandwale mit kurzen, sauber abgeschnittenen, dreieckigen Flossen. Keine Rückenfinne, ein riesiger Rachen und ein gefleckter Bauch. Ein Tier, das ganz anders aussah als alle uns bekannten Wale. Eine Art riesige, aufgeblasene, schwerfällige Kuh.«

Die Wale gelten als monogam, zumindest für eine Saison. In der Brunstzeit jedenfalls trifft man sie paarweise ... oder zu dritt. Es ist durchaus möglich, daß die Grauwale, freche Kerle voll Unternehmungslust, der Vielmännerei huldigen, wie wir in der *Scammon Bay* festzustellen glaubten. Die übrigen Wale, Finnwale, Humpbacks, aber praktizieren zu zwei und zwei, was Professor Budker als »Spielereien« bezeichnet, »die der Sicherung ihrer Nachkommenschaft dienen«.

Die Pottwale haben ganz andere Sitten. Ihre Liebe ist viel gewalttätiger als die der Bartenwale. Sie sind entschieden polygam, und das Männchen sammelt einen ansehnlichen Harem um sich. Nicht selten ist ein großer alter Pottwal das Oberhaupt einer 20- bis 50köpfigen Herde, die sich aus Weibchen, Jungen und Halbwüchsigen zusammensetzt – eine stattliche Familie.

Aber der Herr des Harems kann von einem jüngeren Bullen um seinen Besitz gebracht werden. Manche streichen unablässig um eine Herde, und wahrscheinlich besteht bei den Pottwalen die gleiche Rivalität in der Liebe, wie sie bei Robben und See-Elefanten festzustellen ist.

Ein alter Bulle, der so entthront wurde, findet sich allein im Meer und geht, um seine Schande zu verbergen ... an den Pol. Darum begegnet man in der Arktis und der Antarktis sehr großen und alten, vereinzelten Bullen; die alten Walfänger nannten sie stolz die »Kaiser«.

147

8 Die Kinderstube der Leviathane

Die »Tata« – In der Lagune – Mutter und Kind – Die Pelikane
– Pottwale unter sich

Nachdem Philippe und seine Crew an Bord der *Polaris III* in der Lagune von Matancitas, Niederkalifornien, so hervorragende Arbeit geleistet hatten, beschloß ich, zur Beendigung unserer Beobachtungen der Grauwale die *Calypso* in die *Scammon Bay* zu bringen.

Philippe hielt diese Lagune für zu groß; er hätte sie mit seiner Ausrüstung nicht gewinnbringend erforschen können. Ich aber dachte, mit allen Möglichkeiten der *Calypso,* den Beibooten, den Schlauchbooten, den Tauchern und 29 Mann an Bord, seien wir gut genug ausgerüstet, um die Wale in der ganzen Lagune nach Herzenslust zu beobachten.

Einer unserer größten Wünsche war es, bei der Geburt eines Kalbes dabeizusein. Die Crew der *Polaris* hatte schon oft gesehen, wie Mütter ihr Junges säugten, und es war ihr sogar gelungen, sie zu filmen. Aber noch niemand hatte der Geburt eines Barten- oder Pottwales beigewohnt, während dieses Ereignis bei den Delphinen im Bassin beobachtet und ausführlich gefilmt worden war. So eine Entbindung bei den Walen stellten wir uns großartig vor.

Im allgemeinen bringen die Bartenwale alle 2 Jahre ein Junges zur Welt und säugen es 9 Monate lang. Die Pottwale gebären nur alle 3 Jahre, da die Schwangerschaft nicht ein Jahr, sondern 16 Monate dauert.

Man weiß, daß beinahe alle Wale mit dem Schwanz voran aus dem Mutterleib kommen: eine bemerkenswerte Besonderheit, denn bei allen anderen lebendgebärenden Säugetieren – mit Ausnahme der *Chiropterae* – erscheint zuerst der Kopf des Jungen. Bei den Walen aber wird das Junge durch seine Lage bei der Geburt vor dem Ertrinken bewahrt.

Die Mutter beeilt sich übrigens sehr, es an die Oberfläche zu ziehen, wo es dann zum erstenmal nach Luft schnappt. Dabei wird sie von einem oder mehreren Weibchen unterstützt, den Wehmüttern oder, wie man in Kalifornien sagt, von einer Tante, der »Tata«. Diese hängt zärtlich an dem Sprößling, der gar nicht der ihre ist.

Die Einfahrt in die *Scammon Bay* war eine nicht ungefährliche Operation für die *Calypso*. Die einzige Durchfahrt ist eng und verschlammt, die Fahrrinne gewunden und von Sandbänken versperrt, deren Lage sich dazu noch mit den Gezeiten ändert. Außerdem besteht der ganze erste Teil der Lagune aus Salzsümpfen. Hätte man nicht einige Bojen zur Markierung einer Zickzack-Rinne angebracht, wäre sie völlig unzugänglich.

Die *Calypso* geriet zweimal auf Grund, aber glücklicherweise nur im Schlamm, so daß sie ohne Schwierigkeiten wieder flottgemacht werden konnte.

Im Innern der Lagune fanden wir einen guten Ankerplatz, und die beiden Schlauchboote sowie die zwei Beiboote fuhren jeden Tag aus, um die Wale zu beobachten. Die Fahrzeuge bewegten sich – so leise wie möglich – mitten unter den Tieren.

Viele von ihnen schliefen, das Junge an ihrer Seite. Manche hatten sogar den Kopf auf die Brust der Mutter gelegt, nahe den Zitzen, aber sie sogen nicht. Manchmal rieben sich Mutter und Kind spielerisch aneinander.

Wie alle Kinder der Welt sind auch Walkinder ahnungslos und hegen blindes Vertrauen in die Güte Gottes. Außerdem sind sie sehr neugierig.

Wenn die Wale schlafen, befinden sich Kopf und Schwanz unter Wasser, an der Oberfläche sieht man nur die Rundung ihres großen, von Flecken marmorierten Rückens. Langsam steigen sie auf zum Atmen; das Geräusch der Blaswolke unterbricht einen Augenblick die Stille, dann lassen sie sich wieder hinuntergleiten. Das Baby spielt ganz allein.

Das Heranrudern des Schlauchbootes löste ganz verschiedene Reaktionen aus. Zuerst bemerkten wir, daß die schlafenden Wale gar nicht reagierten, wenn unser Fahrzeug von hinten kam; erschienen wir dagegen vor ihnen, fuhren sie aus dem Schlaf hoch. Dann gab es im allgemeinen Ärger ... für uns. Offensichtlich sind sie für Geräusche, die von hinten kommen, viel weniger empfindlich. Ihr Alarmsystem funktioniert vorne.

Während aber die Mütter dösten, schliefen die Kleinen durchaus nicht, sondern bemerkten das Schlauchboot und die Männer sehr wohl. Manchmal freuten sie sich über die Taucher, manchmal hatten sie aber auch Angst vor ihnen.

Häufig kam es vor, daß das Baby sich von seiner Mutter entfernte und sich dem Schlauchboot näherte – mit einer Neugier, die bei einem Tier von 5 bis 6 Meter Länge und mehreren Tonnen Gewicht doch immer ziemlich beunruhigend ist. Die Mutter eines dieser ahnunglosen Jungen erwachte plötzlich. Sie bemerkte, daß ihr Kleines dabei war, ganz arglos Freundschaft mit Philippe, Delemotte und Serge Foulon zu schließen. Sie stürzte auf die Gruppe zu und wirbelte das Schlauchboot, die Fotoapparate und die Männer in die Luft – alles platschte in den brodelnden Schaum des Meeres. Die Walkuh hegte sicher keine besondere Feindschaft, sie wollte nur ihr Kalb wiederhaben. Die Mutterliebe ist ja bei den großen Meeressäugetieren ganz besonders entwickelt.

Es kann auch vorkommen, daß die Mütter ihre Kinder zurechtweisen. In der Bucht von Matancitas kam ein Baby und rieb sich am Rumpf der *Polaris*. Die Mutter wachte auf und hob ihre furchterregende Fluke aus dem Wasser. Sie holte das Kalb und zog es weg – wie eine Mutter ihr Kind.

In anderen Fällen erwies sich das Baby als schüchtern und bekam Angst, statt sich von der Neugierde hinreißen zu lassen. Es versuchte, die Mutter zu wecken, und wir beobachteten seine wahrhaft rührenden Anstrengungen: es zappelte, stieß sie mit dem Kopf, rutschte über sie weg – und entschloß sich endlich, zu tauchen. Da wachte die Mutter schließlich auf und folgte ihm – zum Glück für das Schlauchboot.

In der Scammon-Lagune gab es gut geschützte, in den Dünen versteckte Buchten. Dorthin zogen sich die Walkühe besonders gerne mit ihren Jungen zurück. Die Taucher kamen sehr schnell dahinter und tauften diesen Teil der Lagune die »Kinderstube«.

Es war aber besondere Vorsicht geboten, wenn man sich im Schlauchboot dorthin wagte, denn die Mütter machten sich sofort Sorgen um ihr Kalb. Hatte man sie aber einmal aufgeschreckt, dann waren sie rasch zum Angriff bereit. Auf jeden Fall konnten sie sehr heftig werden, wenn es darum ging, sich zwischen das Kleine und das Schlauchboot zu schieben.

So haben Bonnici und Delemotte, ohne es zu wollen, einmal unglaubliches Durcheinander gestiftet. Mehrere Mütter schliefen in der »Kinderstube«; zwei Babys aber bemerkten das Boot und schwammen heran. Die Mütter erhoben sich, Blaswolken von allen Seiten, das Wasser kochte unter den Flossenschlägen, und im Nu hatten sie die Babys zurückerobert und mit Gewalt davongeführt. Alles verschwand. Die versteinerte Besatzung des Schlauchboots hatte noch nicht einmal Zeit zum Reagieren gefunden, nur der Filmtechniker hatte ganz mechanisch seine Kamera eingestellt. Alles, was auf dem Film zu sehen sein wird, ist eine Wassergarbe.

Einst nutzten die Walfänger diese Mutterliebe in sehr häßlicher Weise aus, um ihre Jagderträge zu sichern. Kapitän Scammon zum Beispiel schoß in eben der Bucht, die heute seinen Namen trägt, zuerst auf die Walkälber, was unweigerlich die Mütter zum Angriff herausforderte. Dann konnte man sie aus nächster Nähe harpunieren – ein gefährliches Spiel, denn der Wut eines Tieres von 110 Tonnen entkommt man nicht so leicht. So hat Kapitän Scammon eine ganze Reihe Walfänger verloren, weil sie von den Müttern in ihrem wahnsinnigen Zorn zerschmettert wurden. Aber er hat auch viele Grauwale getötet.

Wir entwickelten immer größeres Geschick darin, an die Wale heranzukommen, ohne sie zu erschrecken. Dank strenger Disziplin gelang es den Mannschaften, sich äußerst ruhig zu verhalten. Zudem lehrte sie die Erfahrung, wie man sich am besten von hinten an die Tiere heranpirscht.

Mit dieser Taktik konnten mehrmals Mütter überrascht werden, die gerade ihr Junges säugten: ein ungewöhnliches Schauspiel, man möchte fast sagen voller Zärtlichkeit. Man traut seinen Augen nicht, wenn etwas derart Riesenhaftes ein so friedliches, so intimes, so familiäres Bild bietet.

Bei dieser Szene spielen die Flossen des Weibchens eine so große Rolle, daß sie an die Arme, ja sogar an das Wiegen der Mutter erinnern. Die Walkuh legt sich auf die Seite und hält das Kleine zwischen ihren Flossen, während es saugt. Wenn sie nicht gestört wird, steigt sie mit ihrem Kleinen an der Brust sachte auf und ab. Dabei hält sie den Kopf des Kindes an der Oberfläche, und jedesmal trinkt es ein paar Sekunden.

Auch die Zitzen sind so riesenhaft wie das ganze Tier. Obwohl sie in eine Hautfalte eingeschlossen sind, sind sie sehr groß. Ein Muskel läßt die Zitze hervorspringen, und die Milch spritzt unter Druck heraus. Der Strahl kann zwei Meter Höhe erreichen.

Wir hatten Gelegenheit, diese Milch an der Oberfläche zu sehen und sogar davon zu kosten. Sie ist eher gelblich als weiß, von ziemlich kräftigem Geschmack und öliger Konsistenz – die fettreichste Milch, die es gibt: 35 Prozent gegenüber 3,5 Prozent in der Kuhmilch.

Das Walkalb wächst unwahrscheinlich rasch: mehr als 100 Kilo pro Tag, das sind 4,5 Kilo in der Stunde; alle 9 Tage eine Tonne. Kein Tier auf der Welt wird so schnell groß. Es handelt sich wohlgemerkt um das kindliche Wachstum. Ein Blauwal erreicht in 36 Monaten 15 Meter, und seine »Jugend« teilt sich folgendermaßen auf: Die Kindheit dauert 7 Monate, die Jugend 17 Monate, und dann vergeht noch ein Jahr bis zur Geschlechtsreife.

Zu bestimmten Zeiten versammeln sich die Pelikane immer an denselben Sandbänken (oben). Sie können ausgezeichnet unter Wasser fischen (unten).

Trotz aller Anstrengungen ist es uns nicht gelungen, eine Geburt mitzuerleben; nicht etwa, weil die Wale geflohen wären, sondern weil wir in diesem ungeheuren Labyrinth der Scammon-Lagune nie das Glück hatten, im geeigneten Augenblick dazusein. Die Geburt selbst muß im allgemeinen sehr rasch vonstatten gehen, denn das Kleine stirbt, wenn es nicht schnell genug freikommt. Übrigens ist die Säuglingssterblichkeit ziemlich hoch, wie die vielen Walkalb-Kadaver, die überall an den Ufern der Lagune liegen, beweisen.

Ted Walker hat uns versichert, daß die Grauwale sich bei ihrer Niederkunft im seichten Wasser auf den Rücken legen und das Baby an die Oberfläche stoßen, damit es sofort atmen kann.

Die neugeborenen Tiere, die wir sahen, befanden sich mit ihren Müttern in sehr seichtem Wasser. Die ganz jungen Wale sind weich wie Schaumgummi und völlig unfähig zu schwimmen; selbst wenn sie mit dem Schwanz schlagen, kommen sie nicht vorwärts. Sie treiben auch nicht, denn das spezifische Gewicht der Walkinder ist zu groß und ihr Brustkorb noch nicht so weit entwickelt, daß die Luft in den Lungen sie oben schwimmen ließe. Deshalb muß die Mutter sie an der Oberfläche halten.

Wenn ich mit dem Schlauchboot in der Lagune war, habe ich oft gesehen, daß eine Walkuh ihr Kleines auf eine Flosse nahm, es unter dem Bauch oder unter dem Kopf anhob und mit sich schleppte. Das Baby rollt wie ein Faß, und man sieht es meist auf der Seite oder mit dem Bauch nach oben liegen, aber die Mutter fängt es immer geschickt wieder auf und hält seinen Kopf über Wasser.

Aus der Tatsache, daß das Kleine bei seiner Geburt nicht schwimmen kann und kaum fähig ist zu treiben, erklärt sich, warum die Grauwale Kaliforniens 5000 Meilen zurücklegen, um in Niederkalifornien seichte Gewässer aufzusuchen, wo die Babys nicht ertrinken. Im offenen Meer wären sie schon bei ihrer Geburt zum beinahe sicheren Tode verurteilt.

17. Februar. Wir verbringen den Tag mit Vorbereitungen für das Tauchen bei Nacht. Die Taucheranzüge werden mit phosphoreszierendem Rot angemalt, rote Streifen auf Schlauch- und Beiboote geklebt. Wir haben uns zu diesem Tauchunternehmen entschlossen, weil Ted Walker vermutet, daß die Wale vielleicht bei Nacht gebären.

Aufstehen um 2 Uhr morgens. Die Boote umschließt eine fast undurchsichtige Nacht. Wir lauschen auf das Plätschern und auf die Fontänen. Die Kameraleute gehen ins Wasser, die Taucher schalten die Lampen ein. Vor ihnen zeichnen sich im Scheinwerferlicht die großen, unbeweglichen Körper der schlafenden Wale ab. Nichts rührt sich. Die Taucher halten sich in einigem Abstand. Es wäre unnütz, mitten in der

Nacht einen Tumult auszulösen; wir wissen nicht, was sich daraus entwickeln würde.

Wir fahren mit der Bestandsaufnahme der Schlafenden fort. Kein Weibchen gebiert, kein Zwischenfall. Der Film muß gut geworden sein. In der Morgendämmerung kommen wir an Bord zurück. Die aufgehende Sonne taucht die Dünen in ein rosiges Licht.

Allmählich lernten wir die »Wüste« Niederkaliforniens kennen und lieben, die dieses geheimnisvolle Tierleben verbirgt – in der Trockenheit ihres Sandes, am Fuße ihrer Klippen und unter ihren Mangroven, deren Wurzeln sich im Wasser krümmen wie Schlangen.

In der Scammon-Lagune und der von Matancitas spielten die Grauwale die Hauptrolle, aber die Pelikane erwiesen sich als beinahe ebenso interessante Studienobjekte. Während wir die Wale beobachteten, mußten wir auch auf sie aufmerksam werden. Und so enthüllte sich uns die Schönheit ihres Fluges und ihre Intelligenz.

Sie gleichen Bombern, und sie fliegen im Geschwader. Wenn sie wassern, strecken sie die Füße nach vorn und fahren regelrecht Wasserski – manchmal 10 Meter weit.

Die Pelikane waren unsere täglichen Begleiter. Jeden Morgen und jeden Abend zu bestimmter Stunde zogen sie in einem ungewöhnlichen rötlichen oder rosigen Licht vorbei. Einer hinter dem anderen, wie aufgereiht, flogen sie in der Sonne über die goldenen oder grauen Dünen, als hätten sie ein gedrängtes Programm, das sie gewissenhaft erfüllten. Sie hatten ihren Morgenplatz und ihren Abendplatz. Dort versammelten sie sich in einem Schwarm, der manchmal gut tausend Tiere umfaßt haben muß. Einer plötzlichen Laune folgend, strichen sie in einer Linie über das Wasser hin, und wir mußten unwillkürlich den Kopf heben, um sie vorbeiziehen zu sehen. Tagsüber fischten sie und tauchten dabei wunderbar. Sie trieben in stündlich wechselndem Licht, es wurde bleiern, dunkel und rötete sich am Abend.

Wenn die Pelikane fischen, begleitet jeden eine Möwe, die ihm folgt und das frißt, was er übersieht oder fallen läßt. Taucht der Pelikan, so taucht hinter ihm auch die Möwe.

Wir entdeckten einen Pelikan mit gebrochenem Flügel und brachten ihn an Bord. Aber er floh und blieb traurig auf dem Wasser hocken, jämmerlich schreiend und flugunfähig. Serge Foulon sprang von der *Calypso,* um ihn wieder aufzufischen.

Bis jetzt hat er gegen keinen von uns Feindschaft gezeigt, er ist sogar sehr zahm geworden. Aber seit jenem Augenblick hat er, ohne daß wir wüßten warum, eine Abneigung gegen seinen Retter Foulon. Jeder konnte ihn streicheln, nur Foulon mußte sich vor seinen Schnabelhieben in acht nehmen. Ein Pelikanschnabel ist eine gefährliche Waffe, die sehr eindrucksvoll klappert und an ihrem Ende außerdem einen spitzen Dorn trägt. Aber die Tasche ist weich, gehalten von zwei widerstandsfähigen Bügeln, an deren Spitze der Dorn sitzt.

Unseren Pelikan fütterte vor allem Delemotte; er ließ ihn aus seiner Hand fressen und hatte ihn Alfred genannt, in Verehrung für Musset. Sobald Alfred wieder fliegen konnte, ließen wir ihn frei.

Ein anderer folgte ihm. Wir fanden ihn am Strand, verhungert und mager, ganz traurig. Philippe fing ihn und brachte ihn an Bord. Wir sahen, daß seine Tasche der Länge nach aufgeschlitzt war. Er konnte nicht fischen, denn alles fiel durch diesen Schlitz wieder heraus. Es handelte sich dabei keineswegs um einen Unfall. Wir haben erfahren, daß die Kinder von Matancitas jedem Pelikan, den sie erwischen, so mit dem Messer die Tasche aufschneiden.

Der Bordarzt, Dr. François, nahm Segelgarn und eine große Nadel. Er desinfizierte sie in Alkohol und nähte den Pelikan wieder zusammen. Am nächsten Tag fraß das Tier schon wieder. Ein paar Tage später verließ es uns.

Wenn man wochenlang im vertrauten Umgang mit diesen Vögeln gesehen hat, daß ihr Flug und ihre Schreie vom Anblick der Wale und ihrer Blaswolken nicht zu trennen sind, dann fühlt man sich mit diesem Ganzen verbunden, vereint mit dem Leben an diesem Ort, dem trüben Wasser, dem Sand. Für uns bildeten sie einen Teil der Landschaft, ja sie waren zum Symbol dieser so schlecht weggekommenen und doch so lebendigen Gegend geworden. Wale und Pelikane, seltsam und bizarr, die Urzeit der Welt. Ihre natürliche Würde, gewürzt mit einem Schuß Humor, machte sie so liebenswert.

Wale und Pelikane leben übrigens nebeneinander, nicht miteinander. Pelikane rühren die Kadaver der Walkälber nicht an, die der großen Säuglingssterblichkeit zum Opfer fallen. Die echten Aasfresser sind hier die Truthahngeier *(Cathartes aura)*.

Die *Calypso* verließ Niederkalifornien, als die Wale die Lagune zu verlassen und in den Pazifik vorzudringen begannen, um wieder nach Norden hinauszuziehen.

Die ältesten, jene, die den Weg kennen, schwimmen als erste, und die große Herde folgt ihnen. Ihr Ziel ist das arktische Meer, 4000 Meilen hinter dem Horizont. Sie verlassen ihre Wüste, um sich in den kalten Gewässern des Nordens an Plankton satt zu fressen. Sogar die ganz

Das Schlauchboot wird von Canoé gesteuert. Bernard Delemotte bringt einen verletzten Pelikan an Bord (oben). Schon bald hat das Tier Zuneigung zu Bernard Delemotte gefaßt, der ihn in seinen Armen hält.

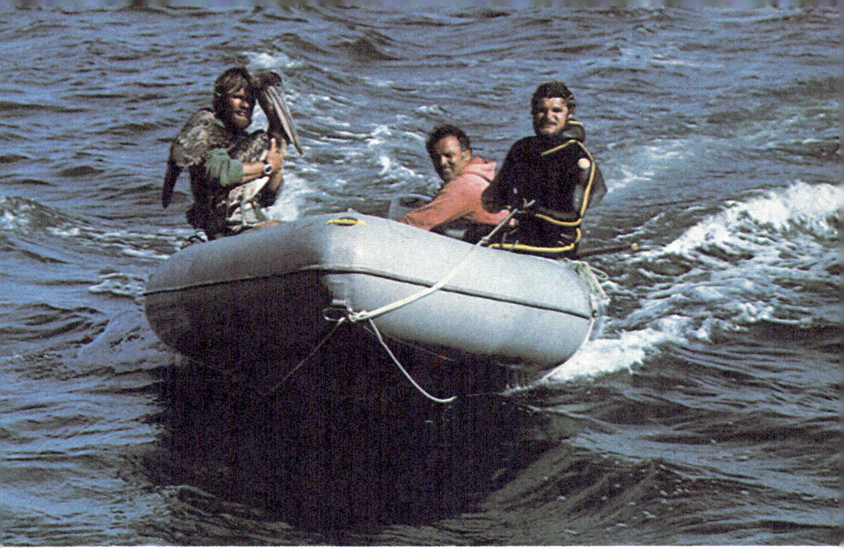

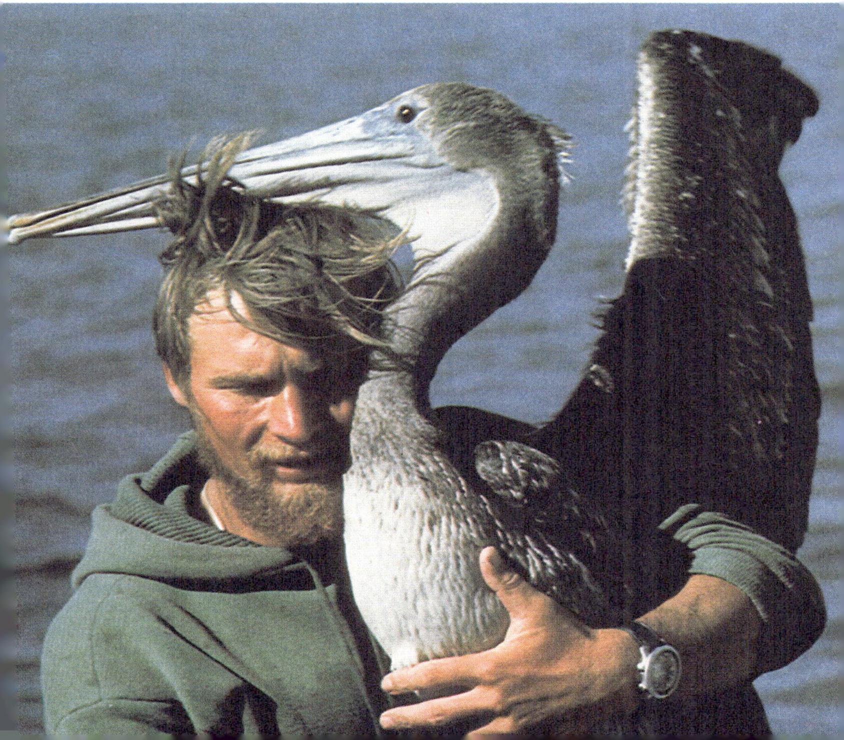

jungen, jene, die das Glück hatten, all die drohenden Gefahren zu überleben, machen sich auf die lange Reise, hilfreich unterstützt von ihrer Mutter... und ihrer Tante.

In diesem Augenblick bemerkten wir, daß die Haie, große, weiße Haie, von denen manche über 4 Meter lang waren, am Ausgang der Wasserstraße auf der Lauer lagen. Sie warteten auf die jungen Walkälber, die mehr oder weniger in Seenot waren. Von sich aus anzugreifen, wagten sie offensichtlich nicht; sie sind nicht so kühn wie die Schwertwale und auch bei weitem nicht so intelligent. Aber falls es Beute zu machen gab, wollten sie ihren Teil davon haben.

Wir ließen die Anti-Hai-Käfige hinab, und trotz ziemlich starker Gezeiten-Strömungen bezogen Taucher und Kameraleute Posten, um die vorbeischwimmenden Wale zu filmen, in der heimlichen Hoffnung, Zeugen eines Kampfes zwischen den Riesen zu werden. Doch diese Hoffnung erfüllte sich nicht; es geschah gar nichts, außerdem war das Wasser ziemlich trübe.

Wir folgten dann der Grauwalherde, die ohne besondere Eile ihre Reise zur Arktis begann, aufgehalten durch die Jungen, die von den Erwachsenen bewacht wurden.

Die Familie bildet die Grundlage für den Zusammenhalt des Clans; und die Mutterliebe ist der Mittelpunkt jenes Zusammenhalts.

Ganz sicher braucht das Walkalb von seiner Geburt an und noch mehrere Jahre danach ständig Schutz. Bei all den Gefahren, denen es ausgesetzt ist, kann die Mutter allein es nicht ausreichend verteidigen und erziehen. Ein anderes Weibchen – und nicht der Vater – unterstützt sie bei dieser Aufgabe. Man hat ihm den Beinamen »Tante« gegeben. Seine mutterähnliche Funktion basiert auf einer physiologischen Besonderheit: Die Wale können nicht jedes Jahr ein Junges haben, denn die Tragzeit dauert etwa 12 Monate. In dem Jahr, das auf Geburt und Stillzeit folgt, steht das Weibchen daher zur freien Verfügung, und sein mütterlicher Instinkt treibt es dazu, mit über die Kinder der anderen zu wachen. Bei den anderen großen Meeressäugetieren herrscht anscheinend dieselbe Aufgabenverteilung – ebenso bei bestimmten großen Landtieren: Auch kleine Elefanten haben eine »Tante«. Es besteht übrigens in vielen Punkten Ähnlichkeit zwischen Elefanten und Walen. Gewisse Verhaltensweisen im Gefühlsbereich sind an die lange Tragzeit und die Abhängigkeit der Jungen gebunden.

Wir hatten Gelegenheit, uns zu überzeugen, wie weit dieser Schutz durch ein anderes Weibchen gehen kann.

Wir fanden ein Walkalb, flankiert von zwei großen Walkühen. Durch verschiedene Manöver versuchten wir, das Kleine zu isolieren, aber stets legte sich eine der beiden Kühe zwischen uns und ihren Schützling. Der war so jung, daß er noch nicht oder zumindest kaum tauchen konnte. Nach und nach ließen wir uns von dem einen der beiden Wale beeindrucken – er blies, wendete, wurde unruhig. Die Walkuh erreichte es, daß wir gar nicht merkten, wie sie uns fortzog, während wir Mutter und Kind aus den Augen verloren, da sie in eine andere Richtung verschwanden. Nach einer Stunde war auch von der Schule nichts mehr zu sehen. In diesem Augenblick verließ sie uns sehr rasch und tauchte weg. Wir waren an der Nase herumgeführt worden.

Die Buckelwale verhalten sich genauso, und auch bei ihnen wachen fast immer zwei Erwachsene über ein Junges.

Philippe Sirot, der Kapitän der *Curlew* während der Bermuda-Expedition, machte folgende Beobachtung: Wurde eine Schule von Buckelwalen verfolgt, in der sich kein Kalb befand, ergriff die ganze Herde die Flucht; war aber ein Kalb dabei, das nicht so schnell fliehen konnte, blieben auch alle anderen Wale in seiner Nähe, während eine erwachsene Walkuh – vielleicht die Tante – ganz offensichtlich die Mutter unterstützte, indem sie die Verfolger ablenkte.

So geschah es auch, als der Crew einmal schon beinahe gelungen war, mit dem Schlauchboot ein kleines Kalb zu isolieren, das bereits ganz außer Atem war und drauf und dran, sich fangen zu lassen. Die Mutter konnte es offensichtlich nicht beschützen, erst das Eingreifen der »Tante« zwang die Crew, auf ihre Beute zu verzichten, während Mutter und Kind die allgemeine Verwirrung ausnutzten und verschwanden.

Auf den Bermudas hatte die Crew der *Curlew* schwere Nächte, als sie auf einem Riff ankerte und hart durchgeschüttelt wurde. Alle an Bord waren krank, außer Philippe, Delemotte und Davso. Das Fahrzeug war klein und unbequem. Die Leute lebten eng zusammengepfercht in Schlafsäcken, was die Seekrankheit und ihre Auswirkungen besonders spürbar werden ließ.

Aber eines Tages wurde die Mannschaft belohnt: Meeresstille auf der gesamten Bank, in einiger Entfernung die Blaswolke eines Wales, und daneben eine nicht ganz so hohe Blaswolke, eine kleine Fontäne: Mutter und Kind. Buckelwale. Sofort fährt das Schlauchboot los und versucht, die Tiere in den berühmten »magischen Kreis« einzuschließen. Bisher hatten sich die Buckelwale als unzugänglich für diese Technik erwiesen, sie entkamen stets. Aber diesmal stellt sich der Erfolg unmittelbar ein. Das ist einfach zu erklären: Die Walkuh wollte ihr Kleines nicht verlassen und versuchte es zu beschützen.

Philippe und Delemotte glitten ins Wasser; es war von kristallener Klarheit und eine Stunde lang erlebten sie ein wahres Ballett. Philippe schwamm, so schnell er konnte, um auf einer günstigen Höhe zu blei-

Ein Taucher ist bereit, dem jungen Pottwal ein Seil über die Fluke zu streifen.

ben. Er und Delemotte waren der Erschöpfung nahe, aber sie wechselten den Film alle vier Minuten, weil sie eine Spule nach der anderen verbrauchten.

An der Oberfläche ruderte Dominique Sumian im Schlauchboot so schnell er konnte, um die Wale in Reichweite der Kamera zu halten.

»Unten«, erzählte Philippe, »bot sich uns ein Schauspiel von unge-wöhnlicher Ruhe und Grazie. Der Wal streckte seine riesigen weißen Flossen wie Flügel aus. Er drehte, blieb stehen, schwamm weiter. Er stützte das Junge, hielt es an der Oberfläche. Je müder es wurde, um so höher hob er es.«

Auf dem Film kann man sehen, wie die Walmutter und ihr Kleines ge-rade auf Philippe zukommen, der mit seiner Kamera zwischen beiden hindurchschwimmt. Da zieht die Mutter die Spitze einer ihrer Flossen zurück, um Philippe nicht zu verletzen!

Diese außergewöhnliche Geste ist kein reiner Zufall. Bei einer ande-ren Gelegenheit hat ein Buckelwal sogar seine Flosse gehoben, um ei-nem Taucher auszuweichen.

»Sie hätten uns zehnmal töten können«, sagt Philippe. »Diese Stunden waren die schönsten, die ich in meinem ganzen Leben im Wasser ver-bracht habe.«

Im allgemeinen verließ eine Mutter niemals ihr Kind, was wir auch ta-ten, um es zu isolieren, auch nicht, wenn wir es mit dem Schlauchboot umkreisten, dessen Lärm die Tiere verwirren muß. Und die Gruppe wartete beharrlich auf sie, es sei denn, die Situation klärt sich auf die eine oder andere Weise von selbst; oft genug zu unserem Nachteil.

Wenn eines Kleines eingekreist war, leistete die Mutter ihm Hilfe und schob es. Als wir einmal zwei Erwachsene und ein Junges isoliert hat-ten, gelang es der Mutter, bei dem Kalb zu bleiben, während die an-dere Walkuh entkam, aber stets in der Nähe blieb. Sie umkreiste uns. Sobald wir ihnen die Freiheit gaben, gruppierten sie sich wieder wie zuvor.

Der Familienzusammenhalt der Pottwale ist offensichtlich noch grö-ßer als der bei den Bartenwalen; denn ihre Herden, die bis zu 100 Tiere umfassen können, bilden eine Familie unter der Führung eines einzigen großen Männchens. Alle sind sie miteinander verwandt!

Hier die Aufzeichnungen, die ich bei meinen Begegnungen mit Pott-walen im Indischen Ozean gemacht habe.

Montag, 15. Mai. Seit 8.35 Uhr ist eine Fontäne in Sicht. Das Schlauchboot auf dem Meer. Es sind Pottwale, die in kleinen Schulen manövrieren. Jedesmal, wenn das Schlauchboot herankommt, tau-chen sie für 20 bis 25 Minuten und kommen in einer anderen Peilrich-tung wieder herauf. Das Schlauchboot schießt von einer Schule zur anderen, ohne daß es glückt, sie durch die Technik des »Virazéou« festzuhalten. Bébert fährt wieder los, zu einer anderen Gruppe: Diese greift sogar zur List, kommt rechts herauf, dann wieder links, aber nie sehr weit von der *Calypso* entfernt. Man könnte meinen, daß diese Pottwale sich einen Spaß daraus machen. Um 11.21 Uhr taucht die

Blasende Grauwalkuh, gefolgt von ihrem Kalb, dessen Spritzlöcher deutlich zu erkennen sind.

eine Gruppe neun Minuten lang. Vor der *Calypso,* rechts und links, blasen zwei andere Pottwal-Schulen. Ein wunderbarer Anblick, aber das Schlauchboot wird von einer Schule zur anderen fahren, ohne sie jemals einkreisen zu können. Als die Wale schließlich ganz in unserer Nähe auftauchen, schwimmen sie friedlich längsbord vorbei. Um

12.53 Uhr gibt Falco auf. Eine prachtvolle *Coryphaena* zieht im kristallklaren Wasser zu unseren Füßen vorbei.

Dienstag, 16. Mai. Am Nachmittag entdeckt Didi von seiner Pritsche aus Pottwale (hm, nicht gerade schmeichelhaft für die Wache). Die *Calypso* nimmt sofort die Jagd auf.

Es ist 15.05 Uhr. Einige Versuche bei mehreren verschiedenen Schulen bleiben erfolglos. Die *Calypso* versucht heranzukommen, aber die Tiere sind auf der Hut. Zweimal wird das Schlauchboot untergetaucht von einer riesigen Fluke, die das Wasser vor dem Bug peitscht und verschwindet. Endlich sieht Falco einen »kleinen« Pottwal von etwa drei Tonnen, den das Schlauchboot mit seiner Geschwindigkeit einholen kann. Nach der Taktik des »vire-vire« versucht Bébert den Pottwal zu überholen und sich im Kreis zu drehen. Das Unternehmen gelingt. Der junge Pottwal bleibt an der Oberfläche, wendet sich nach allen Seiten, gereizt durch diese Hornisse, die ihn in eine Art Teufelskreis einschließt. Bald wird er wütend und versucht jedesmal, wenn das Schlauchboot vorbeikommt, mit aufgesperrtem Rachen hinaufzuspringen und zu beißen. Zunächst führt er seine Angriffe mit dem Maul nach unten aus, dann legt er sich auf die Seite, die Schnauze nach außen geöffnet, um den Feind an der Oberfläche besser erreichen zu können.

Zweimal zielt Falco mit der Kautschuk-Armbrust auf ihn, aber die Harpune prallt von seiner Haut ab. Maurice und René im Beiboot kommen Falco zu Hilfe, und während er die Waffe neu lädt, kreisen sie um das völlig verwirrte Tier.

Doch plötzlich erwachen seine Lebensgeister wieder. Er stößt mit aller Kraft gegen das Beiboot. Der Außenbordmotor geht ab, bleibt aber im Schlepptau, die Schraube ist weg. Maurice fällt ins Wasser und springt in seiner Angst buchstäblich an die Oberfläche, so daß er sitzend wieder im Boot landet. Das befreite Walkalb, offensichtlich befriedigt, taucht ruhig und verschwindet.

Falco und Maurice gehen noch einmal auf die Jagd und finden das Kleine etwa eine Meile entfernt in der Sonne. Sobald das »Lärmkarussell« wieder beginnt, ist der Pottwal erneut an der Oberfläche gefangen, beinahe wie durch einen Zauber. Die *Calypso* wird ein paar Meter von dieser Meeres-Arena entfernt gestoppt, und Barsky filmt. Die Rodeo-Teilnehmer in den Booten sind begeistert... Aber Barsky ist nicht der einzige, der filmt. Die ganze Besatzung der *Calypso* hat sich auf dem Vorderdeck eingefunden – Kamera in der Hand.

Der Pottwal hat sich gefaßt und springt, sooft das Fahrzeug ihm vor die Schnauze kommt. Die Erregung weicht der Furcht, als Maurice zum zweitenmal ins Meer geworfen wird. Trotz seiner häßlichen,

Ein Taucher nähert sich dem Pottwal, um ihn zu befreien.

plumpen Gestalt ist das Tier geschmeidiger, als man denkt. Es biegt sich nach rechts und nach links, immer bereit zu beißen. Übrigens beißt es in die Eisenstange, die am Heck des Beibootes entlangläuft. Zweimal erhält Falcos Schlauchboot einen Schlag mit der Fluke, wird dabei hochgehoben, fällt aber glücklicherweise jedesmal wieder flach auf.

Schließlich zielt Falco auf die Fluke; aber das Eisen prallt ab, als wäre sie aus Gummi. Weitere ergebnislose Versuche an anderen Körperteilen. Endlich schießt Falco auf das Bauchfett, und tatsächlich dringt die kurze Markierungs-Harpune zur Hälfte in den Speck ein. Der Pottwal verharrt einen Augenblick unbeweglich, dann schießt er mit 8 Knoten gen Westen. Nach zwei Stunden Kreisen an der Leine zieht um 17.05 Uhr die Boje am Ende des 500 Meter langen Polypropylenseiles endlich eine lange Furche. Wir werden ihm für die Nacht einen Kytoon herrichten... Der Atemrhythmus des Pottwals ist regelmäßig: 15 Minuten zwischen den Fontänen; sein Weg führt jetzt genau nach Westen, und schon bald sehen wir in der Ferne zwei Fontänen! Als der Tag sich neigt, hat der junge Pottwal seine Eltern wieder erreicht, zwei imposante, ausgewachsene Wale. Plötzlich ist das Rennen zu Ende, die Boje steht still, der Kytoon steigt auf; Bernard und Falco preschen auf die Boje zu und ziehen das Seil mit der unversehrten Spitze heraus. »Die Intelligenz dieser Tiere ist beachtlich«, sagt Bébert, »und solange das Gegenteil nicht bewiesen ist, glaube ich, daß die großen Pottwale ihrem jüngeren Artgenossen die Harpune aus dem Bauch gezogen haben.«

Das ist nicht ausgeschlossen. Die Walfänger erzählen, daß Pottwale sich manchmal gegenseitig helfen, und es soll sogar vorgekommen sein, daß harpunierte Tiere von ihren Gefährten befreit wurden.

An Bord glaubt man, sich getäuscht zu haben. Aber nein! Seit dem zweiten Tauchen ist das Trio wieder beisammen, und die Pottwale schwimmen ruhig in die hereinbrechende Nacht hinaus.

Hier nun unser Abenteuer mit einem anderen jungen Pottwal, den sein ganzer Clan zu beschützen versuchte.

Die *Calypso* legt in Dschibuti an, um den Proviant zu ergänzen; wir sind ganz begeistert von unseren Beobachtungen und unserem ersten Film über die Wale.

Mit einem Messer durchschneidet Falco das Seil, das den Pottwal gefangenhielt.

Mittwoch, 24. Mai. Pottwal-Alarm. Viermal nähert sich die *Calypso* erfolgreich den Pottwalen; die ersten drei werden von Li in der »falschen Nase« gefilmt. Doch nicht ein einziges Mal kann Falco seine Harpune vom Bug der *Calypso* herabschleudern.

Wir bringen das Schlauchboot zu Wasser, und Falco führt Bonnici zu einer Schule, in der sich ein Jungtier befindet. Sie wollen es mit Hilfe des »Lärmkarussells« isolieren, und ihre Taktik klappt auch auf Anhieb. Eineinhalb Stunden lang halten Bonnici und Raymond den jungen Pottwal im Teufelskreis zunächst eines, dann zweier Schlauchboote. Bébert macht fieberhaft eine Waffe zurecht, und um 10.35 Uhr ist der junge Pottwal harpuniert. Um 11 Uhr wird das Beiboot von Bord gelassen – mit der Besatzung, die für Unterwasseraufnahmen zuständig ist, Deloire usw.... Zu dem gefangenen Jungtier gesellen sich bald zwei erwachsene Pottwale (vielleicht seine Eltern), dann die ganze Herde – wir zählen 11 Pottwale in der Nähe der *Calypso*. Ein eindrucksvoller Anblick; manche erscheinen uns ganz enorm. Von 11.25 Uhr bis 13.30 Uhr fahren pausenlos Boote zwischen der *Calypso* und dem Tier hin und her, um Aufnahmen zu machen, Unterwasseraufnahmen, Tonaufnahmen und Unterseefotos.

Lagorio springt von einem Boot zum andern, mit Drähten umwickelt, die Kopfhörer auf, sein Tonbandgerät vor dem Bauch, und schreit mit seiner schönen, singenden Baßstimme immerzu »Ruhe«; dabei macht er allein mehr Lärm als alle anderen zusammen.

Endlich hat sich der kleine Pottwal befreit. Die Untersuchung der Spitze bestätigt uns, daß wir für ein derartiges Unternehmen sehr schlecht ausgerüstet sind.

Hinter der *Calypso* bemerken wir eine große Unruhe in der Herde: Drei Pottwale springen in die Luft. Wahrscheinlich vor Freude, denn das Junge hat – allein oder mit Hilfe der Erwachsenen – seine Familie wieder erreicht.

Aber die Schule ist ganz in der Nähe. Mit einem Streich isolieren wir durch Schlauchboot und »Virazéou« den jungen Pottwal aufs neue. Wie immer, wenn sich der Teufelskreis um einen Wal schließt, bekommt dieser Angst und entleert seinen Darm. Das Meer färbt sich rot! Man könnte glauben, er habe sich an der Schraube verletzt, aber es ist nur ein entsetzlich stinkender Durchfall, der das Meer verschmutzt. Was wir sehen, ist die hochrote Farbe seiner Ausscheidungen. Unmöglich, jetzt ins Wasser zu gehen.

Um 14.50 Uhr harpuniert Falco das Junge noch einmal, aber dann stellen wir fest, daß es nicht dasselbe ist. Dieses ist ein wenig größer und trägt keine Narbe von einer Harpune. Und fünf Minuten später hat es sich leider ebenfalls befreit.

Um 15.15 Uhr trifft das Tier ein Pfeil aus dem Markierungsgewehr, aber unglücklicherweise gerade auf dem Rücken; er ragt wie ein Mastbaum empor, was das Fotografieren ziemlich schwierig macht.

Doch diesmal wird es klappen. Rote Boje, 500 Meter Nylonseil und der Kytoon. Bild- und Tonaufnahmen. Die Herde, die wir steuerbords vor dem Bug der *Calypso* erahnen, wartet und sendet in regelmäßigen Intervallen Tonsignale aus, als wollte sie das Kleine ermutigen oder ihm den Weg zeigen. Ein anderer Wal, offenbar ganz in der Nähe, scheint auf die Schreie des Kalbes zu antworten. In den Hydrophonen liegen diese Sendungen ganz klar auf drei verschiedenen Ebenen: das Jungtier, das wir markiert haben, dann die Mutter und vielleicht der große Bulle, der Herr der ganzen Herde. Diesmal werden wir ohne jede Schwierigkeit den Kytoon mit dem Radar verfolgen können, denn das Wetter ist schön.

Donnerstag, 25. Mai. Im Morgengrauen ist die Herde immer noch da. Sie hat uns im Laufe der Nacht 20 Meilen nach Norden geführt. Wir wollen versuchen, ein Lasso über die Fluke des jungen Pottwals zu werfen und ihm so die Harpune herauszuziehen. Das ist sehr schwierig. Bonnici und Alan probieren es, aber der kleine Pottwal löst die Aufgabe besser als sie: er windet sich dermaßen, daß er sich schließlich selbst zusammenschnürt. Die Leine bildet über seiner Fluke ein Alpha. Eine echte Chance – aber wie können wir ihn befreien?

Bébert versucht vom Schlauchboot aus, die Harpune herauszuziehen, die im Rücken des Tieres steckt. Aber er bricht schließlich nur den Schaft ab; der fällt ins Wasser und verwickelt sich dort in die um den Pottwal geschlungene Leine. Eine wahre Komödienszene, wenn nicht jeder am Ende dieser kraftraubenden Gymnastik erschöpft wäre.

Währenddessen hat Lagorio im Beiboot aus nächster Nähe alles mit dem Tonband aufgezeichnet, was im Meer zu hören war. Zahlreiche Wale »sprechen« in der Nachbarschaft. Die ganze Schule scheint auf den Ausgang des Dramas zu warten.

Mittlerweile haben sich Bébert und Alan etwas erholt und versuchen nun mit einem Messer in der Hand an das Walkalb heranzukommen, um es zu befreien. Es krümmt sich wie ein Wurm, so daß man sich unmöglich an seine Flosse hängen und die Leine durchschneiden kann. Um 16 Uhr filmt Deloire unter Wasser den feierlichen Augenblick, in dem die beiden Taucher endlich all die verwirrten Knoten zerschneiden und das Tier befreien. Das Experiment ist zu Ende. Wir folgen dem Kalb mit den Augen; es schießt davon, ohne sich auch nur einen Moment auszuruhen, und vom Beobachtungsstand aus wird Gaston durch das Fernglas Zeuge der überschwenglichen Freude der Familie, die ihren verlorenen Sohn wiedergefunden hat.

167

9 Das Kalb, das nicht sterben wollte

Ein Kalb ist gestrandet – Das Spritzloch – Eine durchwachte Nacht – Bucht der Einsamkeit

24. Februar. Vor der Abreise möchte ich noch einen letzten Blick auf die *Scammon Bay* werfen, die uns nun so vertraut geworden ist mit ihrer »Kinderstube«, ihren Liebeslauben und auch mit ihrem Friedhof. Philippe nimmt mich in der Cessna zu einem langsamen Flug über die ganze Lagune mit.

Ich habe die Leute von der *Polaris* und von der *Calypso* gebeten, direkt vor der Abfahrt eine ungefähre Zählung der Wale in den verschiedenen Lagunen durchzuführen.

Ich möchte auch all die Kadaver von Walkälbern zählen lassen, um die Kindersterblichkeit abschätzen zu können.

Bei der Geburt mißt ein Grauwalbaby etwa 3,60 Meter und wiegt ungefähr eine Tonne. Drei Monate später kann es bereits seine erste große Reise nach dem Norden antreten. Dann ist es bis zu 6 Meter groß.

Die Walkälber werden Opfer zahlreicher Krankheiten oder ihrer natürlichen Feinde, der Schwertwale und Haie.

Rings um die Lagune liegen an die zehn Babyleichen. In den Mangroven, die den Strand umsäumen, kann man große Walskelette sehen. Die Mangroven haben ihre Wurzeln in diese Überreste geschlagen und die Knochen durcheinandergebracht. Anders als die Menschen unterliegen die meisten wilden Tiere einem unerbittlichen Gesetz. Wenn ein Walkalb bei der Geburt auch nur an der geringsten Anomalie leidet, wird es von seiner Mutter nicht angenommen.

Am 28. Februar funkt der Pilot des Aufklärungsflugzeuges, daß ein Walkalb im Sand am Laguneneingang gestrandet ist. Dr. Walker, Philippe Cousteau und unser Filmfachmann Michel Deloire fahren sofort im Beiboot hin, um der Sache nachzugehen.

Über der Lagune lastet die übliche bleierne, ein wenig neblige Atmosphäre. Plötzlich dringt die Sonne durch die niedrigen Wolken und Nebelfetzen. Ziemlich weit entfernt, auf einer Sandzunge, sieht Philippe eine schwarze Gestalt glänzen. Das Beiboot hält darauf zu; es ist ein Walbaby, aber lebt es noch?

Ted Walker und Philippe springen heraus, während Deloire zu filmen beginnt. Das Kalb gibt noch Lebenszeichen, aber sehr schwache. Dr. Walker ist es gelungen, sein Lid zu heben und ihm ins Auge zu sehen; allem Anschein nach war sein Lebensfunken noch nicht ganz erloschen. In größter Aufregung sucht er im Boot nach allen möglichen Gefäßen, Tüchern, Decken, um das junge Tier zu befeuchten.

Außerhalb des Wassers fällt ein gestrandeter Wal sehr schnell der Hitze zum Opfer. Er vertrocknet. Die Sonne verbrennt ihm die Haut. Es kann auch passieren, daß er, völlig erschöpft, in der steigenden Flut ertrinkt.

Aus der Nähe betrachtet, ausgestreckt auf dem Boden mit seiner langen, am Ende flachen und faltigen Schnauze, seiner kautschukähnlichen, leicht bläulichen Haut und seinen geschlossenen Augen, sieht das geschundene Walkalb wie ein armes unförmiges Etwas aus. Ein beinahe monströses Treibgut zwischen Leben und Tod.

Schlaff, durch sein eigenes Gewicht der Hilflosigkeit preisgegeben, auf die Sandbank geschmettert, nur wenige Meter vom blauen Wasser entfernt, das die Rettung bedeuten würde, kann dieses Riesenkind doch nichts anderes tun als einen langen Todeskampf leiden, auf einen elenden Tod warten und den Vögeln zum Fraß dienen.

Lebt der kleine Wal noch? Ted Walker behauptet es. Wie seltsam dieses Tier aus der Nähe aussieht: Das ganze Maul ist wie gepolstert mit bläulichen Hautwülsten. Das hervortretende runde Auge wird von einem schweren Lid geschlossen. Das Spritzloch bebt von Zeit zu Zeit, ein komplizierter, ein wenig teigiger Hügel.

Das Walkalb scheint eine gewisse Erleichterung zu verspüren, als wir es mit dem Wasser benetzen und ihm auf diese Weise ein wenig Frische verschaffen.

Ted Walker geht schwitzend, prustend, den Bart vorgestreckt, zwischen dem Meer und der Sandbank hin und her und schleppt eimerweise Wasser. Seine weiche Stoffhose klebt ihm auf der Haut bis zur Taille. Er ist mit seinen Tennisschuhen ins Meer gestiegen, und sie machen auf dem Boden ein gurgelndes Geräusch. Das Kalb schnaubt ein bißchen.

Philippe hat schon über Funk die *Calypso* alarmiert und dringend nach Leuten, einem Netz und Seilen verlangt, um schleunigst eine Rettung zu versuchen.

Das Kalb schließt hartnäckig die Augen, weil die Sonne sie verbrennt. Es scheint bereits in gefährlichem Grade ausgetrocknet zu sein. Auf dem Kopf trägt es eine große blutige Wunde, die ihm die Wasservögel geschlagen haben, vor allem die kleinen, sehr gefräßigen Vögel, die man Uferläufer nennt.

Aus dieser beachtlichen Wunde schließt Ted Walker, daß das Kalb schon vor mehreren Stunden auf dieser Sandbank gestrandet sein muß, wahrscheinlich im Laufe der Nacht. Niemals haben wir genau erfahren, was ihm zugestoßen war. Wenig wahrscheinlich ist, daß es von der Ebbe überrascht wurde; denn es ist noch in einem Alter, in dem ein Kalb beinahe immer durch die ständige Sorge der Mutter gerettet wird. Selbst in einer trockenen Rinne bei Ebbe bringt sie es fertig, ihm aus der Gefahr zu helfen.

Ist die Mutter dieses Babys gestorben? Ist es ein krankes Baby, das von seiner Mutter verlassen wurde? Auf jeden Fall ist es mager und unterernährt. Später werden wir in seinen Exkrementen Stücke von Quahogs finden. Kann man daraus schließen, daß es versuchte, sich selbst zu ernähren, oder ist es vielmehr normal, daß es auch Weichtiere zu fressen versuchte, während es noch gesäugt wurde? Alles Fragen, die wir nicht beantworten können.

Ted Walker sieht aus wie ein Vater, der über das Unglück seines Sohnes bestürzt ist und alles tut, um ihm zu helfen: Er wird nervös und ruft voll Ungeduld nach den Rettern.

Die Retter kommen so schnell wie möglich im Schlauchboot, eine tüchtige Crew mit Delemotte, Bonnici, Delcoutère. Sie bringen ein großes Netz und Seile mit. Die Schwierigkeiten beginnen. Das Kalb ist nicht leicht zu transportieren, und Ted Walker verlangt in seiner Verzweiflung, daß es so sanft wie möglich behandelt wird, während Philippe schreit: »Beeilt euch, Jungs! Wir müssen es rasch wieder ins Wasser bringen. In der Sonne lebt es ganz bestimmt nicht mehr lange. Beeilt euch!«

Zuerst müssen wir das unglückliche Opfer in das Netz rollen und es sechs Mann hoch bis zum Wasser bugsieren. Dieses weiche Baby mit seinem warmen Fleisch setzt seinen Rettern eine unendliche Trägheit entgegen. Aber die Haut unter unseren Händen war zart und geschmeidig.

Dann kam ein bewegender Augenblick: Das Kalb zitterte am ganzen Körper, als es sein Element wieder spürte, aber es schwamm nicht richtig. Es sank unter, und sein Spritzloch war im Wasser. Nun bestand die Gefahr, daß es ertrank.

Ein Transportmittel mußte erfunden werden: Wir befestigen eine Stange über dem Netz und bringen das Kalb in dieser Vorrichtung längsseits am Boot an, damit es an der Wasseroberfläche ruhen kann. Zum Teil verging der Tag unter sengender Sonne; sie stand jetzt hoch am Himmel. Da verdoppelt die ganze Mannschaft ihre Anstrengungen. Und das wohlverpackte Kalb lebt und atmet noch immer; sein Spritzloch liegt ganz frei über der Wasseroberfläche. Ted Walker hat

sich auf dem Dollbord des Beibootes über ihm niedergelassen, streichelt es ganz unbewußt und spricht zu ihm.

Mit ganz geringer Geschwindigkeit nimmt das Fahrzeug Kurs auf die *Calypso,* doch Dr. Walker fahren wir immer noch nicht langsam genug.

Unsere Kameraden hoffen sehr, das Kalb wieder zum Leben zu erwecken, zumal die Sonne am frühen Morgen verhüllt und der Himmel bewölkt war. Wir können also hoffen, daß es nicht völlig ausgetrocknet ist.

Diese Episode mit dem Walkalb ist für die gesamte Crew der *Calypso* zu einem seelisch-geistigen Abenteuer und für mich zu einer Art persönlicher Bewährungsprobe geworden.

Keinen ließ die Anwesenheit dieses sterbenden Tieres unberührt: Einige legten eine gespielte Gleichgültigkeit an den Tag und kamen heimlich zurück, um sich über das Wasser zu beugen und zu sehen, ob es noch lebte. Andere trieben Vermenschlichung oder Zärtelei; aber

So fanden wir das gestrandete Walkalb (links). Ted Walker versucht es zu retten. Er besprengt das verletzte Junge mit Wasser (rechts).

Vorsichtig wird das Tier in ein Netz gehüllt.

das waren nur wenige, denn die *Calypso* ist eine rauhe Schule. Am interessantesten aber waren die, die zugleich die vernünftigsten Reaktionen, die genialsten Ideen und das zweckmäßigste Verhalten zeigten. Daran habe ich ermessen können, wie schwer es für einen Menschen ist, ein Tier mit gerade soviel Mitleid zu behandeln, wie es braucht.

Sicher waren wir, 30 Mann und ein Schiff, nicht dazu da, die Unfälle der Natur wiedergutzumachen, indem wir Tiere retteten und damit gegen die Kindersterblichkeit kämpften, die übrigens das natürliche Gleichgewicht erhalten hilft.

Aber das Kalb drängte sich uns auf, jenseits jeder vernünftigen Überlegung. Da war ein Tier, das im Sterben lag. Wir nahmen es in unsere Obhut und gingen dadurch so etwas wie eine Verpflichtung ein, die Verpflichtung, alles zu tun, um es zu retten.

Die ganzen drei Tage, die es bei uns blieb, herrschte ständig eine übertriebene Spannung auf der *Calypso*. Die Kameraden machten zusätzliche Nachtwachen. Jeder achtete auf den leisesten Atemzug, das geringste Zittern des Kalbes.

Es war schon leicht, als wir es längsbords brachten, ganz vorsichtig, damit es nicht zu sehr geschüttelt wurde. Ich dachte, im Wasser, gehalten von dem Netz, könnte es nach und nach zu sich kommen. Auch hoffte ich, nach allem, was ich von den Walen wußte, daß seine Mutter es suchen würde, daß sie ganz sicher seine Rufe hörte und es vielleicht wiederfinden würde. Für uns wäre das die ideale Lösung gewesen; wir hätten das Kleine freigelassen und ihr zurückgegeben.

Ich wußte sehr gut, daß die Lagune in dieser Gegend um den Eingangskanal von Haien wimmelte, die auf leichte Beute lauerten, wie unser Walkalb sie abgab. So richtete ich eine Patrouille ein. Die ganze Nacht hindurch wurde alle zwei Stunden ein Mann abgelöst, der mit geladenem Gewehr wachte, um gegebenenfalls auf Haie zu schießen. Er hatte den Auftrag, auch den Zustand des Kleinen zu überwachen und die mögliche Ankunft der Mutter zu melden.

Am Morgen lebte das Kalb noch immer, aber die Mutter war leider nicht gekommen.

In der Messe hatte man einen Namen für den kleinen Wal gefunden: Jonas. Denn man wußte sicher, daß zumindest dieser Jonas da lebendig aus dem Bauch eines Wales hervorgekommen war. Es schien ihm besser zu gehen, er hatte die Augen geöffnet. Allmählich klärte und belebte sich sein gläserner Blick. Er sah uns an.

Wir mußten das Tier unbedingt füttern. Da begriff ich, welch schreckliche Aufgabe wir übernommen hatten. Ich fühlte mich verantwortlich von dem Augenblick an, da wir beschlossen hatten, es von seiner

Sandbank zu heben und an Bord zu nehmen. Wie aber diese Masse von zwei Tonnen Fleisch ernähren? Ted Walker machte sich daran, einen Brei aus dem gesamten Kondensmilch-Vorrat an Bord, Mehl, Zucker, zerhackten Muscheln und Vitaminen herzustellen. Nun mußte man das Tier dazu bringen, dieses Gemisch hinunterzuschlucken.

Noch immer im Wasser, den Kopf ein wenig vom Netz befreit, sah Jonas ohne allzu große Überraschung, wie Dr. Walker sich ihm näherte. Er öffnete das Maul, als Ted die Hand zwischen seine Lippen steckte und ihm die Paste einzuflößen versuchte. Aber die Nahrung ging einfach nicht hinunter und alles fiel wieder ins Meer.

Dann versuchten wir es mit einer anderen Methode. Aus einem Trichter und einer Röhre fabrizierten wir eine große Babyflasche für Wale und füllten eine flüssigere Nahrung hinein. Aber Jonas schluckte immer noch nicht.

Ted war es, dem schließlich einfiel, daß Jonas schon in dem Alter sein könnte, in dem ein Wal Fleisch frißt, und so ließ er von allen, die guten Willens waren, ein Püree aus Quahogs und Tintenfischen herstellen. Mit der Hand stopfte er es ihm in den Rachen, einen Mundvoll nach dem anderen.

Um Teds Hand aufzunehmen, formte Jonas mit seiner Zunge – einer enormen Zunge – eine Rinne wie beim Saugen, und er wollte Dr. Walkers Hand gar nicht mehr loslassen. Der schrie in höchster Erregung und mit Tränen in den Augen: »Er hat verstanden, daß wir ihn füttern wollen... Er begreift... Er liebt mich...!«

Ted, der diese Tiere sein Leben lang studiert und aus der Ferne geliebt hatte, berührte sie nun zum erstenmal und war erschüttert von einem derartigen Hilferuf des Walkalbes. Ich ließ Ton und Kamera anhalten, denn ich hielt es für indiskret, die Erregung dieses alten Forschers aufzuzeichnen.

Nach den Anstrengungen eines Tages gelang es uns, das Kalb so weit zu bringen, daß es etwa 10 Kilo Weichtierpüree schluckte. Um ihm das bieten zu können, hatten vier Taucher den ganzen Grund der Lagune nach Muscheln abkratzen müssen.

Das Leben an Bord drehte sich nur noch um das Walkalb. Es gab weder Ruhe zur festgesetzten Zeit noch regelmäßige Arbeit. Alle umdrängten den erfahrenen Ted Walker, und jeder war bereit, ihm alles zu liefern, was für Jonas' Rettung nützlich erschien. Ganz nach Temperament oder Kenntnissen zerbrach sich auch jeder den Kopf darüber, wie man dem Kalb helfen und es doch noch am Leben erhalten könnte.

Man muß bedenken, daß wir für eine solche Rettung schlecht ausgerü-

Das Walkalb ist an das Beiboot gekoppelt und wird ganz langsam zur *Calypso* gebracht.

stet waren. Was wir – außer Weichtieren – besaßen, war für die Ernährung von Menschen, nicht von Walen bestimmt. Seit gestern stellte sich dieses Ernährungsproblem mit aller Grausamkeit. Dennoch war Jonas offensichtlich wieder etwas zu Kräften gekommen. Ich glaube, daß er sich während dieser aufregenden Tage voll Vertrauen anstrengte, uns zu helfen und ins Leben zurückzukehren.

Wenn Ted ihn fütterte, weigerte er sich, seine Hand loszulassen, er hielt sie in seinem Rachen fest – ein einfacher Reflex oder »ein Zeichen der Zuneigung«, wie Ted glauben wollte.

Man hätte vor allem ein ziemlich großes Becken gebraucht, um ihn richtig pflegen zu können, in einer gut ausgerüsteten zoologischen Station zum Beispiel, wo man über bedeutende Vorräte an Medikamenten für Wale verfügte und wo Tierärzte und Pfleger sich um ihn hätten kümmern können.

Es gelang mir, den Meeres-Zoo von San Diego ans Telefon zu bekommen, und dieser erklärte sich auch bereit, unseren Schützling aufzunehmen. Aber erst mußten wir ihn bis dorthin schaffen, und zwar so schnell wie möglich. Und was sollten wir während der Überfahrt mit dem Kalb machen? Niemals würde es das Abschleppen überleben, und wenn wir noch so behutsam vorgingen.

Ted Walker »nimmt Maß«.

Ted Walker entschied, daß man auf alle Fälle versuchen sollte, seine Kopfwunden zu verbinden, die gar nicht gut aussahen.

Maurice und Henri kamen auf den Gedanken, aus an Bord vorhandenem Material einen Gurt anzufertigen, in dem Jonas sich wohler fühlen würde als in seinem Netz. Und wenn er wieder zu Kräften kommen sollte, hätte er damit größere Bewegungsfreiheit. Um ihm diesen Harnisch anzulegen, gab es nur ein Verfahren: Wir mußten seine zwei Tonnen auf das Achterdeck der *Calypso* hieven. Dann sollten auch seine Wunden versorgt werden.

Aber ein Wal, der aus dem Wasser genommen wird, kann unter seinem eigenen Gewicht »zerbrechen«. Um Jonas hochzuhieven, mußten wir ihn in einer starren Vorrichtung halten. Schließlich wurde eine richtige Tragbahre konstruiert. Der kräftige hydraulische Kran der *Calypso* hob Jonas aus dem Wasser und ließ ihn mit unendlicher Vorsicht auf dem Achterdeck nieder.

Ted Walker handelte in fliegender Eile.

Die empfindlichen Lippen, die die Barten schützen, waren von Vögeln zerrissen worden. Andere Wunden befanden sich in der Nähe des Spritzloches. Dr. Walker lauschte auf den Atemrhythmus und versuchte, mit einem Stethoskop das Herz abzuhorchen; aber die Speckschicht war zu dick, als daß man selbst mit diesem Gerät Herzschläge hätte hören können.

Wir hatten ein Antibiotikum mit Silikonsalbe vermischt, und Ted bestrich damit Jonas' Verletzungen.

Die Anwesenheit dieses sterbenden Tieres empfanden alle auf der *Calypso* mit einer ungeheuren Intensität, der sich keiner entziehen konnte. Man hörte es atmen, man spürte das Leben unter der Haut, man fühlte die Wärme, die sein Körper ausstrahlte – ein Tier mit warmem Blut wie wir. Was machte es schon, daß es außerhalb des Wassers wie ein Sack Knochen aussah; wir wußten ja, daß ein Wal im Meer von wundervoller Grazie und Geschmeidigkeit sein kann. Alle Taucher an Bord schwärmten von den Bewegungen dieser Tiere, die im Meer so schön, so eindrucksvoll wirken.

Jonas war für uns durchaus keine fremde, anonyme Masse, wir sahen in ihm eher ein vertrautes Tier – einen Hund zum Beispiel –, das man liebt und das einen Unfall erlitten hat. Denn auch diese Geschichte hatte eine dramatische Nuance; sie lag in einer besonderen Eigenart des Meeres, in dem wir das gestrandete Tier aufgelesen hatten.

In jenen Augenblicken fragten wir uns nicht, ob zwischen Menschen und Walen überhaupt eine Verständigung möglich sei oder ob eine

Das Walkalb ist gestorben.

178

unüberwindliche Kluft bestehe, bedingt durch die verschiedenen Lebensformen, die völlig verschiedenen Sinne. Wir empfanden vor allem die Notwendigkeit und die Dringlichkeit, ein Leben zu retten.

Man kann wohl sagen, daß Jonas uns geradezu rühren mußte. Den erschütterndsten Anblick bot das Spritzloch, durch das er atmete, mit seinen bebenden Rändern. Der Atem eines Wales ist dem menschlichen Atem verwandt, eine Lebensäußerung, die uns viel näher geht als all die Reaktionen der Fische, bei denen man sich stets fragt, was sie eigentlich empfinden.

Als die Wunden versorgt waren, legten wir Jonas ganz behutsam seinen Harnisch wieder an und ließen ihn an der Seite der *Calypso* ins Meer hinab. Niemals hatte Le Bosco den Kran so vorsichtig manövriert.

Als das Kalb wieder ins Wasser getaucht wurde, schnaubte es, und als wollte es uns seine Anerkennung zeigen, schlug es mehrmals mit dem Schwanz. Sein neues »Geschirr« ließ ihm viel mehr Spielraum.

Am Abend dieses Tages schien Ted Walker überzeugt, daß wir Jonas retten würden. Aber wie sollten wir ihn bis nach San Diego bringen? Ich dachte an einen Transport im Wasserflugzeug...

Ich betrachtete unseren Schützling, der sichtlich wieder auflebte. Dennoch fiel es ihm schwer, sein Gleichgewicht in der leichten Gezeitenströmung zu halten, die am Schiff entlanglief.

Nie war mir die Landschaft so fremd erschienen. Bewegungslos, öde, voll Trauer, wie nicht von dieser Welt. Das war die Szenerie, die zu diesem sterbenden Gefangenen paßte, für den wir nichts mehr tun konnten und den wir doch angenommen hatten, getrieben von einer Empfindsamkeit, die von dieser ganzen stummen, erbarmungslosen Natur zurückgewiesen wurde.

Das verlassene Junge kämpfte, so gut es konnte, um sein Leben. Auch wir hatten alles getan, was in unseren Kräften stand. Ich wollte, daß es wenigstens nicht den Mördern zum Opfer fiel, die das Meer durchstreiften. Auch diese Nacht lösten sich die Männer ab, um oben auf dem Schiff ständig mit dem Gewehr über dem Kalb zu wachen und in die Tiefe zu spähen.

Um 3 Uhr morgens stand ich auf, um nach ihm zu sehen. Es lebte. Alles schien ruhig.

Um 5 Uhr weckte Canoé, der Wache gehabt hatte, unseren Kapitän Caillart, der sich sofort auf das Achterdeck begab. Da rollte das Kalb auf dem Rücken und schien Atemschwierigkeiten zu haben.

Canoé weckte Ted, der sich das Tier ansah. Jonas lebte nicht mehr. Die Pelikane erwachten, kreisten in der Sonne und ließen sich am Fuße der rosigen Dünen nieder.

180

Alles an Bord erwachte wie auf ein geheimnisvolles Signal und versammelte sich auf dem Achterdeck. Die Episode mit dem Walkalb hat eine große Rolle in der Geschichte der *Calypso* gespielt. Für diese größtenteils sehr jungen Männer wird Jonas die Verkörperung des großen Mysteriums von Leben und Tod bleiben. Er gehörte zu jenen wunderbaren Geschöpfen, die die Natur mit einer Gleichgültigkeit opfert, die den Menschen empört. Wir haben viele große Meerestiere sterben sehen, aber kein Tod hat die Mannschaft so bewegt wie der langsame Todeskampf des Kalbes, das nicht sterben wollte. Wir wollten es retten – eine menschliche Reaktion. Aber das Meer kennt kein Mitleid.

Wie oft am Ende schwerer Todeskämpfe bei den Menschen, so befreite uns auch der Tod des Walkalbes von einer Art Behexung, einer Faszination. Die *Calypso* nahm ihr unterbrochenes, bewegtes Leben wieder auf.

Der Leichnam des Babys wurde vom Beiboot ins Schlepp genommen und mit Ballast im tiefen Wasser versenkt. Wir ließen ihm den Harnisch, den wir ihm gemacht hatten; sein Kadaver sollte nicht dem Jagdrecht der Haie zum Opfer fallen.

Als wir aus unserem Traum erwachten, stellten wir fest, daß der Auszug der Wale aus der Wüste schon weit fortgeschritten war, ohne daß wir es überhaupt mitbekommen hatten.

Jedes Jahr werden sie wiederkommen, und noch jahrhundertelang werden sie zwischen diesen roten und grauen Dünen die bedeutendsten Stunden ihres Daseins erleben: Stunden, in denen sie die Liebe kennenlernen, in denen sie Leben hervorbringen, in denen sie in den Tod gehen – all jene dramatischen Banalitäten der Natur werden sie immer wieder aufs neue erleben.

Wir aber sind ehrfürchtige und oft erstaunte Zeugen all dieser Vorgänge gewesen. Der große Kreislauf von Leben und Tod – in diesen Giganten verkörpert er sich besonders grandios und erhaben. Diese Tiere, mehr als 15 Meter lang und 40 oder 50 Tonnen schwer, nach menschlichem Maßstab riesig, atmen, lieben und leiden wie wir. Wir haben uns in ein unermeßliches und zugleich geheimnisvolles Leben eingemischt.

Kann sich das große Abenteuer der Grauwale noch lange in der modernen Welt fortsetzen? Zwar sind sie nun geschützt und brauchen die Massaker des 19. Jahrhunderts nicht mehr zu fürchten. Aber wird ihr Asyl in Niederkalifornien immer eine Wüste bleiben? Und wird diese Bucht noch den schönen Namen verdienen, den man ihr gegeben hat: Bucht der Einsamkeit? Eine Einsamkeit, bevölkert von zufriedenen Walen.

10 Die Stärksten und Intelligentesten: Die Schwertwale

Der Volksfeind Nr. 1 – Zweistündige Verfolgung – Sie greifen nicht an – Lieder zur Gitarre

Zwischen dem Pottwal und dem großen Bartenwal einerseits und dem schlanken Delphin andererseits gibt es eine ganze Reihe von Walen mittlerer Größe, die ebenfalls mit höherentwickelten psychischen Reaktionen ausgestattet sind und uns physiologisch nahestehen. Sie alle senden Töne aus, die offensichtlich eine Bedeutung haben. Hier sind die Grindwale anzuführen (englisch: pilot whales), die Schwertwale (killer whales) sowie der Entenwal, den die Angelsachsen »Bottlenose« nennen. Im Französischen gibt es keine passende Bezeichnung für ihn. Manchmal nennt man ihn »Schnabelwal«, aber dieser Begriff ist abzulehnen. Es handelt sich nicht um einen Bartenwal, sondern um einen Zahnwal, der viel eher mit den Delphinen verwandt ist.

Ihre vergleichsweise geringe Größe bringt diese Tiere dem Menschen näher als die Barten- oder Pottwale, die trotz aller Freundlichkeit manchmal etwas grobe Reaktionen zeigen.

Bis in die jüngste Zeit waren diese Wale mittlerer Größe sehr wenig bekannt. Man wußte so gut wie nichts über ihr Verhalten, ihr psychisches Niveau, ihre Sozialstruktur. Die Voreingenommenheit der Landbewohner und der Walfänger hatte manchen von ihnen sogar einen abschreckenden Ruf eingetragen, z. B. den Schwertwalen. Das zeigt ihr englischer Beiname »killer whales«: »Mörderwale«. Sie haben ein entsetzliches Gebiß mit 20 bis 28 Zähnen.

Während unserer Reisen mit der *Calypso* sind wir ziemlich häufig Grindwalen und Schwertwalen begegnet.

Als die *Calypso* im Roten Meer in der Nähe eines Riffes ankerte, machten uns die Taucher auf eine Schule von Grindwalen aufmerksam, die sich ganz in der Nähe des Bootes tummelten und anscheinend spielten. Michel Deloire ging sofort mit einer Kamera ins Wasser. Aber er konnte nur eine sehr kurze Folge drehen. Je näher er der Gruppe kam, desto weiter wichen die Tiere zurück und sammelten sich in größerer Entfernung wieder, wo das Wasser etwa 40 Meter tief war. Wir dachten, sie seien in der Brunstzeit und von uns bei den Spielen gestört worden, die der Paarung vorausgehen.

Auf der Rückfahrt von unserer Seeottern-Expedition kreuzte die *Calypso* auf halbem Weg zwischen den Alëuten und Anchorage einen Schwarm Grindwale. Sie waren gut zu erkennen an ihrem ziemlich runden Kopf, der an einen Fußball erinnert, und ihrem dunklen, gleichmäßigen Kastanienbraun, im Gegensatz zu den mit großen weißen Flecken gezeichneten Schwertwalen.

Sie zeigten sich weniger scheu als die, die wir im Roten Meer gesehen hatten. Sie blieben an der Oberfläche, und als die *Calypso* Kurs auf sie nahm, wichen sie ohne Eile zurück. Die größten müssen 5 bis 6 Meter lang gewesen sein – das Maximum liegt bei 8 Metern. Diese Herde umfaßte etwa 20 Tiere, aber es gibt viele, denen mehrere hundert angehören.

Das sind Harems; denn wie die Pottwale, so sind auch die männlichen Grindwale polygam. Die Geschlechtsreife tritt sehr spät ein: mit 6 Jahren bei den Weibchen, mit 13 bei den Männchen.

Diese Wanderer folgen dem Leitbullen blindlings, oft zu ihrem Schaden. Es ist vorgekommen, daß ein erschreckter Grindwal auf die Küste zustürzt, die ganze Herde ihm folgt, strandet und auf diese Weise elend zugrunde geht.

Sie leben von Tintenfischen und Kopffüßern. In der denkwürdigen Nacht, in der wir im Pazifik vor Santa Catalina die Liebesspiele der Tintenfische filmten, kreisten Grindwale um diese ungeheure Ansammlung von Kopffüßern. (Unter dem Titel »Die Nacht der Kalmare« läuft weltweit im Fernsehen ein Film aus der Serie »Geheimnisse des Meeres«. Von Kraken und Tintenfischen wird in unserem nächsten Buch noch ausführlicher die Rede sein.) Doch die Taucher und die Lampen, die die Finsternis des Meeres durchdrangen, um die toll gewordenen Tintenfische zu beleuchten, hielten die Grindwale in einiger Entfernung. Die ganze Nacht aber blieben sie in der Nähe der *Calypso* und wagten sich von Zeit zu Zeit an den Schwarm, um einige Mäuler voll daraus zu nehmen. Es sind furchtsame Tiere; die Haie dagegen stürzten sich mitten unter die Taucher und verschlangen gierig die Kopffüßer.

1967 trafen wir im Indischen Ozean auch Schwertwale. Wir fürchteten uns sehr vor ihnen, viel mehr, als sie es eigentlich verdienten. Damals war ihr Verhalten in Gefangenschaft oder in teilweiser Gefangenschaft noch nicht erforscht. Wir betrachteten sie als die Meerestiere, die wir am meisten zu fürchten hatten, den Feind aller Geschöpfe des Meeres, einschließlich der Taucher. In unseren Augen stellten sie die größte Gefahr dar, der wir begegnen konnten. Dieses Tier erschien uns viel gefährlicher als der Hai, denn wir wußten, wie intelligent es ist: Die Intelligenz des Wales dürfte mit der – ganz beachtlichen – Intelligenz der Ratte zu vergleichen sein. Schwertwale verfügen über ein eindrucksvolles Gebiß mit 20 bis 28 Zähnen.

Als geselliges Tier bewegt sich der Schwertwal in Gruppen und greift auch in Gruppen an. Wenn wir diese Schwertwal-Banden entdeckten, konnten wir feststellen, daß im Meer der Terror regierte.

12. April. Am Abend gegen 17.30 Uhr werden kleine Delphine gesichtet, »Chinin-Delphine«, an die man nicht herankommen kann. Bébert, Bonnici und Barsky springen ins Schlauchboot und verfolgen sie vergeblich bis zum Einbruch der Nacht. Man kann sich nicht vorstellen, wie gewitzt diese Delphine sind! Zuerst trennen sie sich in zwei Gruppen. Die Gruppe, die verfolgt wird, teilt sich noch einmal. Wenn eine Delphin-Crew müde zu werden beginnt, löst eine andere, gut ausgeruhte, sie ab, während die verfolgte Gruppe sich durch Tauchen aus der Schlinge zieht.

Wird ein Delphin in die Enge getrieben und isoliert, beginnt er ganz regelmäßige Finten zu schlagen, einmal nach rechts und einmal nach links. Doch sobald das Boot sich an diesen Rhythmus gewöhnt hat, ändert er ihn ganz plötzlich: entweder er taucht weg oder er schlägt einen kraftvollen Haken.

Ein ganz anderes Verhalten, als wir es sonst von diesem Freund des Menschen kennen, der stets bereit ist, zum Spielen vor den Bug zu kommen. Ich glaube, die Schwertwale in diesen Gewässern sind schuld daran. Die ausgeklügelte Taktik, die sie unserem Schlauchboot gegenüber anwenden, ist zweifellos entwickelt worden, um den Meuten der »Mörderwale« zu entkommen.

Delphine und Wale werden fast immer von einem Rudel Haie verfolgt, die sich an den Resten ihrer Mahlzeiten gütlich tun und sich eventuell auch an die Jungen machen, die Neugeborenen, die Kranken. Den Schwertwalen aber müssen sie aus dem Wege gehen; sie morden die Unvorsichtigen, die es wagen, ihnen die Rolle des Aasfressers streitig zu machen.

Trotzdem haben wir versucht, an sie heranzukommen, sooft wir sie trafen. Wir griffen zu der beim Umgang mit den Pottwalen entwickelten Taktik und schickten mit dem Schlauchboot einen Harpunier und einen Kameramann los, die bereit waren, jederzeit ins Wasser zu springen.

Hier der am gleichen Tag verfaßte Bericht von einem ungewöhnlichen Wettlauf, der sich im Indischen Ozean abspielte.

12. April. Ich wecke Simone – und im gleichen Augenblick läutet die Glocke. Alarm! Eine Völkerwanderung auf den Treppen und den Verbindungsbrücken. Das Schlauchboot ins Meer! Kein Zweifel: es sind Schwertwale, echte »killer whales«!

Ein Rudel Schwertwale, von Dr. Millet in der Beringstraße fotografiert.

Sie sind deutlich zu erkennen an ihren weißen Flecken hinter dem Auge, auf dem Bauch und ebenso an ihrer dreieckigen Flosse. Begeisterung ergreift alle an Bord. Es ist noch sehr früh, ein strahlender Morgen. Dieser Tag fängt gut an. Wie gewöhnlich erweisen sich die Tiere als sehr intelligent und sehr mißtrauisch. In der Herde ist ein stattlicher Bulle, der bestimmt mehrere Tonnen wiegt und dessen Rückenflosse alle anderen überragt wie das Feldzeichen des Anführers. Eine andere Flosse, die nur ein wenig kleiner ist, muß ebenfalls einem erwachsenen Tier gehören – zweifellos der Sohn des Leittiers; früher oder später wird er sich mit seinem Vater schlagen und ihm den Harem rauben. Ich denke da an gewisse arabische Scheichs, die sich durch Vatermord die Nachfolge sichern.
Außerdem gehören acht oder neun Erwachsene zwischen 700 Kilo und einer Tonne zu der Herde und ein halbes Dutzend Junge.

Wie die Gruppe, die wir 1955 südlich von Socotra vergeblich verfolgten, so versucht auch diese Schule von Schwertwalen, uns zu entfliehen; dabei gehorchen sie alle den Anweisungen des Leitbullen. Schwertwale lehnen es ab, mit den Maschinen der Menschen zu spie-

Die vom Schlauchboot verfolgten Delphine wenden allerlei Tricks an, um zu entkommen.

len. Und die *Calypso* ist nicht schnell genug, um sie einholen zu können.

Bébert und Bonnici verlassen uns im Schlauchboot, das mit einem 33-PS-Motor ausgestattet ist. Wir beobachten die wirklich aufregende Jagd von weitem. Nach eineinhalb Stunden toller Verfolgung mit 15 bis 20 Knoten, unterbrochen von Finten und Listen, sieht Bonnici eine schwarzweiße Masse genau neben dem Schlauchboot emportauchen. Er wirft seine Harpune: getroffen. Das Tier zieht die große rote Boje nach, sehr schnell zunächst: ein Schwertwal kann mehr als 30 Knoten schaffen – 55 Kilometer in der Stunde. Aber diese wunderbar stromlinienförmigen Tiere haben einen hochgezüchteten Motor, der ganz auf Geschwindigkeit eingestellt ist. Fürs Schleppen ist er nicht geeignet, und schon ein geringer Widerstand wie unsere Boje genügt, ihre Geschwindigkeit um die Hälfte herabzusetzen. Die große Herde verlangsamt ihr Tempo für etwa zehn Minuten, um dem Tier eine Chance zu geben, sie wieder einzuholen. Dann beschließt der Anführer, daß er lange genug gewartet hat, und die Herde schwimmt weiter. Mitleidig schneidet Bonnici die Leine der Boje ab, die Harpune, ein leichtes Modell, wird sich schon bald von selber lösen. Mit höchster Geschwindigkeit schießt der Schwertwal davon.

Drei Tage später wiederholt sich die Szene.

15. April. Um 8 Uhr morgens Alarm. Das Schlauchboot fährt los. Doch es gelingt uns nicht, an die Delphine heranzukommen.

Dann bemerkt Simone Grindwale. Wir werden langsamer, aber das Schlauchboot springt nicht besonders schnell an. Schließlich kommt es doch zu einer ernsthaften Verfolgung, aber sie wird nach mehr als zwei Stunden aufgegeben. Gegen alle Logik lassen die Grindwale uns nicht friedlich näherkommen, sondern fliehen in Todesangst und mit aller List, deren sie fähig sind. Was haben sie nur? Es ist nämlich das erstemal, daß wir auf »Chinin-Grindwale« treffen.

Ein großer Hai stürzt von hinten auf uns zu. Wir verlangsamen unser Tempo, doch er entflieht.

Nach dem Frühstück manövrieren wir, um die Delphine wieder zu erwischen, aber auch sie erweisen sich als unnahbar. Seit drei Tagen flieht alles, was wir sehen, in panischem Schrecken. Was geht hier vor? Haben die Japaner die Säugetiere in diesem Gebiet ausgerottet? Nach genauerer Überlegung verwerfen wir diese Hypothese; denn wir sehen *viele* Tiere. Sie werden nicht ausgerottet, sie werden *terrorisiert.*

Wir glauben, daß sich seit unserer Begegnung mit den Schwertwalen am 12. April die Furcht im Meer eingenistet hat. Im allgemeinen sind Schwertwale seltene, schreckliche Tiere. Wüten etwa besonders viele in diesem Gebiet? Eine Vermutung, die sich auf überzeugende Weise bestätigen soll. Am späten Abend ist ein Schwarm von Schwertwalen in Sicht. Das Schlauchboot fährt los, und es entwickelt sich eine aufregende Jagd, die bis zum Einbruch der Nacht dauert.

Die Herde setzt sich zusammen aus einem enormen Bullen (mindestens 3 Tonnen, 8 bis 10 Meter Länge, Rückenflosse 1,40 Meter hoch), einem riesigen Weibchen, das fast genauso groß ist wie das Männchen, aber eine bescheidenere Rückenflosse hat, aus 7 bis 8 mittelgroßen Weibchen (etwa genauso groß wie das am 12. April harpunierte) und aus 6 bis 8 Babys. Das ist nicht der gleiche Schwarm wie der vom 12. April, denn diesmal ist kein erwachsenes Männchen dabei. Aber die Zahl ist annähernd die gleiche. Diese Schwärme sind also nomadisierende Harems mit einem einzigen Herrn und Meister. Das setzt die Beseitigung der meisten Männchen voraus, sei es, daß sie im Kampf getötet werden, sei es, daß sie zum Verlassen der Gruppe gezwungen werden, was einem beinahe sicheren Todesurteil gleichkommt, denn ich glaube nicht, daß ein Schwertwal allein seine Nahrung finden kann. Das Schlauchboot verfolgt sie zwei Stunden lang, manchmal über Funk gelenkt von den Beobachtern im Mastwerk der *Calypso*. Von unserer erhöhten Plattform aus entgeht uns nichts. Es ist wirklich aufregend.

Zunächst sind die Schwertwale sehr selbstsicher, sie tauchen 3 bis 4 Minuten und erscheinen eine halbe Meile entfernt wieder an der Oberfläche. Das würde tatsächlich genügen, um jeden Angriff eines Meerestieres zu vereiteln und auch jeden Angriff eines klassischen Walfängers. Aber das Schlauchboot mit seinem 33-PS-Motor macht auf dem spiegelglatten Meer 20 Knoten und wendet auf einem Taschentuch. Wenn die Schwertwale an die Oberfläche kommen und ihre Lungen mit Sauerstoff füllen, so hören sie schon nach wenigen Augenblicken von neuem das Geräusch dieser Schlauchboot-Wespe, und das erbittert sie mehr und mehr. Da sie auch müde werden, tauchen sie nur noch 2 bis 3 Minuten und schwimmen schneller. Aber immer ist das Schlauchboot da. Schließlich setzen sie all ihre List ein. Haken von 90 Grad abwechselnd nach rechts und links oder nach der gleichen Seite, dann Haken von 180 Grad. Und endlich der große Einsatz: Der Bulle bleibt sichtbar, schwimmt mit 15 bis 20 Knoten voran, springt manchmal aus dem Wasser, um das Schlauchboot auf eine falsche Fährte zu führen. Nur das große Weibchen begleitet ihn, während die übrige Familie sich in einem Winkel von 180 Grad entfernt. Als dann das Schlauchboot eine Meile weit von der Herde weg ist, aber nahe an dem Bullen, verschwindet dieser für lange Zeit. Unter Wasser, von den Zurufen der Seinen geführt, schwimmt er sicher in ihre Richtung. Die *Calypso* aber hat das Gros der Herde nicht aus den Augen

Die Schwertwale der Juan-de-Fuca-Straße in der Abenddämmerung.

verloren, und – hopp! – da taucht der Bulle inmitten der Gruppe wieder auf. Er glaubt, seine Pflicht erfüllt und uns einen schönen Streich
gespielt zu haben. Dabei sind wir an seiner Seite!
Bei dieser Verfolgung lernen wir viel über die Schwertwale, und Barsky gelingen sehr schöne (und sehr seltene) Aufnahmen. Trotzdem ist
das Unternehmen ein Mißerfolg; denn wir wollten den großen Bullen
mit einem ungefährlichen Stich markieren, aber die dünne Harpune

aus der Armbrust wird immer von ihrer Bahn abgelenkt und trifft flach auf. Fünfmal schießt Bébert mit der Spitze über dem Schaft, fünfmal stellt sich die Harpune quer. Wir werden dieses System aufgeben. Im Laufe der Verfolgung fährt das Schlauchboot mit 15 bis 20 Knoten einem Schwertwal über den Rücken, der plötzlich an die Oberfläche kommt: Das Schlauchboot wird emporgerissen, alle schlagen sich die

Begleitet von Serge Foulon spielt Louis Prézelin für die Schwertwale Gitarre; sie zeigen sich sehr beeindruckt davon.

Köpfe an, und die Kamera, die noch läuft, springt in die Luft und fällt auf das Schlauchboot zurück. Das sieht alles ziemlich komisch aus.

Übrigens: Diese Tiere sind bestimmt blutgierig, entsetzlich stark, sehr intelligent und heute mit Recht wütend auf das Schlauchboot; aber sie greifen dieses zerbrechliche Fahrzeug nicht an, obwohl es ihnen auf die Nerven geht und es doch so viel kleiner ist als sie. Wenn sie wollten, könnten sie Bébert, Maurice und Barsky auf einen Sitz verschlingen. Aber nein! Als Bébert zurückkommt, sagt er zu mir: »Ich habe daran gedacht, aber ich habe gespürt, daß sie es nicht tun würden...«

In den Lagunen von Niederkalifornien, wo wir drei Monate in Gesellschaft der Grauwale verbrachten, haben wir niemals Schwertwale gesehen. Durch ihre große, dreieckige Flosse, die die Wasseroberfläche durchbricht, sind sie sehr leicht auszumachen. Wir wunderten uns, daß keine da waren, denn sie hätten ein ebensolches Blutbad anrichten können wie die Walfänger. Dabei sahen wir Schwertwale, die genau am Laguneneingang auf der Lauer lagen, dort, wo sich der Kanal öffnet. Eindeutig warteten sie auf die herauskommenden Wale und Walkälber, so, wie es sonst die Haie tun. Vom Schiff aus waren sie in dem trüben Wasser kaum sichtbar, aber vom Flugzeug aus konnte man sie gut erkennen, und auch Philippe, der in seinem Heißluftballon aufgestiegen war, bemerkte sie von oben.

Manche Taucher vermuteten, daß ein Walbulle an der Engstelle den Eingang gegen die Schwertwale verteidige.

Wahrscheinlicher aber ist, daß die Schwertwale als Herdentiere sich nicht in die düstere Lagune hineinwagten, die flach und ohne Platz zum Manövrieren ist. Ihre Überlegenheit beruht auf einer Gruppenstrategie, die in einem beengten, von Sandbänken versperrten Raum versagen muß.

Der Schwertwal ist ein ernst zu nehmender Feind. Er kann mehr als 300 Meter tief hinuntertauchen und 20 Minuten lang unter Wasser bleiben. Sein Gesichtssinn ist übrigens viel besser entwickelt als der des Wales, und er hat auch kein so winziges Auge wie dieser. Er sieht über Wasser ebenso gut wie unter Wasser und dürfte die Sehschärfe einer Katze besitzen.

Neben dem Menschen ist er der große, der einzige Feind des Wales. Er greift ihn in Rudeln an, versucht ihn zu isolieren und wird manchmal so schnell mit dieser ungeheuren Masse fertig, daß der Wal gar keine Gelegenheit hat, seine Kraft oder die fürchterlichen Schläge seiner Fluke einzusetzen.

Das Auslegen der Netze in der Juan-de-Fuca-Straße bei Seattle (oben). Zwei Schwertwale in den Netzen; einer davon ein Albino (unten).

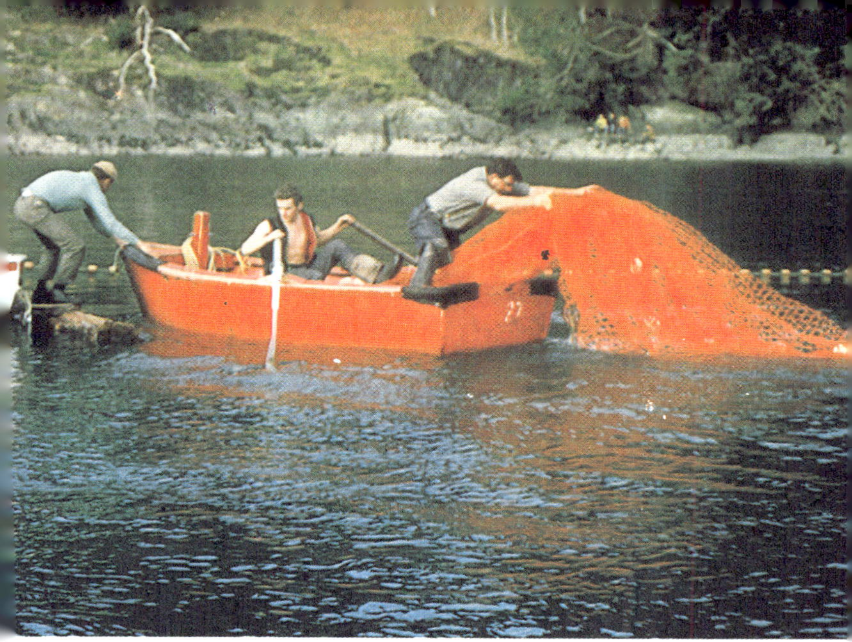

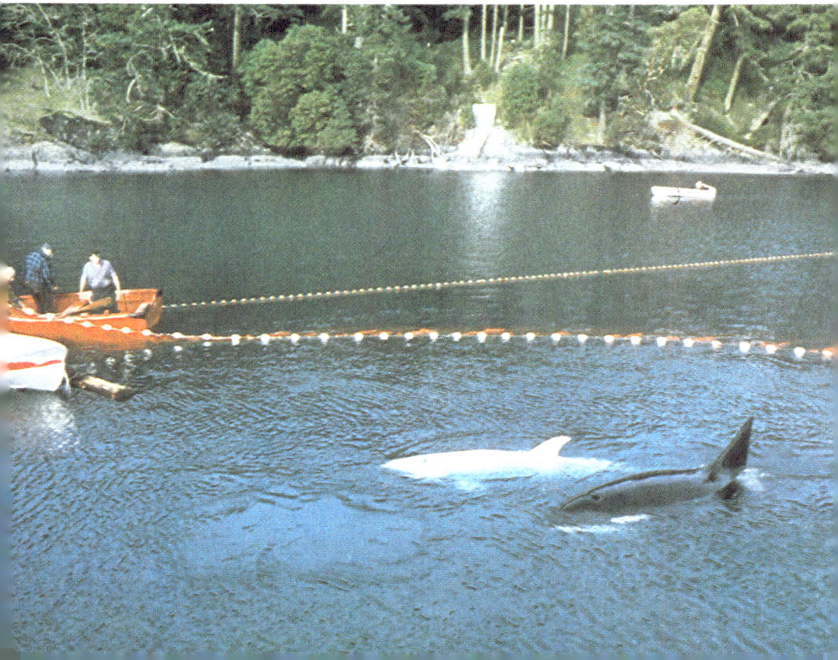

Der Angriff ist stets von einer ausgeklügelten Taktik: Einzelne Schwertwale beißen den Wal in den Bauch und in die Genitalien. Er windet sich vor Schmerzen, aber sie lassen ihn nicht mehr los. Anderen gelingt es, ihm die Kehle aufzureißen und die Zunge zu packen – ein Leckerbissen. In diesem grausamen Kampf bleiben die Schwertwale fast immer Sieger, zumal sie in der Überzahl sind. Um sie zu entmutigen, wenden die Wale eine Defensivtaktik an: sie bilden einen Kreis und schlagen mit den Schwänzen. Besonders gern suchen sich die Schwertwale ein Kalb oder ein Junges als Opfer und führen auf die Mutter nur einen Ablenkungsangriff.

Sie wagen sich an viele Tiere und fürchten keines: Tintenfische, See-Elefanten, Robben, Narwale und selbst Delphine, deren Gesetz sich doch sogar die Haie fügen müssen.

Sie greifen mit Vorliebe warmblütige Meerestiere an, verschmähen aber auch Lachse und Thunfische nicht.

Vertrauenswürdige Zeugen haben detailliert beschrieben, wie etwa 20 Schwertwale eine Schule von 100 Delphinen umzingelten, während sie ihre Kreise immer enger zogen. Dann stürzte sich ein einzelner in ihre Mitte und tötete einen Delphin, während die anderen weiterhin die Herde gefangenhielten. Schließlich gingen sie alle zum Angriff über und jeder erwürgte sein Opfer. Das Meer war rot vom Blut. (So berichten es Sarah Riedmann und Elton T. Gustafson in ihrem Buch »Home is the sea for whales«.) Fast alle Berichte über die Schwertwale sind übertrieben. Fest steht nur, daß man diese intelligenten und starken Tiere nur selten im Meer antrifft. Sie sind keineswegs die Herrscher des Ozeans.

Man weiß heute sicher, daß es keine menschenfressenden Wale gibt. Der Schwertwal, dessen Blutgier seit Jahrhunderten Schrecken verbreitet, greift die Taucher nicht an. Im Gegenteil, er läßt sich sogar wunderbar zähmen.

Im empfinde es immer als bedrückend, ein Tier in Gefangenschaft zu sehen, vor allem, wenn es sich um ein großes Meerestier wie den Schwertwal handelt; zumal man vom Verhalten der Tiere in Gefangenschaft nicht auf ihr Verhalten in Freiheit schließen kann.

Dennoch muß ich zugeben, daß man schon allein durch das Beobachten der Wale in den großen Meeresaquarien vertraut mit ihnen werden kann. Vielleicht wird es eines Tages gar nicht mehr nötig sein, sie gefangenzuhalten.

Der erste Schwertwal in Gefangenschaft lebte im Aquarium in Vancouver. (Den Bericht über seine Gefangennahme können Sie auch in dem oben bereits erwähnten Buch »Home is the sea for whales« finden.) Im März 1965 hatte ein kanadischer Bildhauer den Auftrag erhalten, die Plastik eines Schwertwales herzustellen, und für diesen Zweck braucht er ein »Modell«. Nach zwei Monaten gelang es ihm endlich, ein Opfer zu harpunieren, aber es fehlte ihm der Mut, es auch zu töten. So brachte er seine Beute ins Aquarium, pflegte das Tier mit Penicillin, nannte es Moby Doll und gewann zur allgemeinen Überraschung seine Freundschaft. Damals galt ein Schwertwal noch als das wildeste Meerestier, der »Tiger der Meere«.

Der Herzog und die Herzogin von Windsor kamen, um Moby Doll zu sehen, die von ihrem Retter mit einer Bürste am Bauch gestreichelt wurde. Aber Moby Doll starb, und die »Times« widmete ihr einen Nachruf von zwei Spalten. Bei der Autopsie entdeckte man, daß Moby Doll eigentlich ein Männchen war, was beweist, daß die männlichen Geschlechtsteile der Schwertwale gut unter der Haut verborgen liegen.

Der Direktor des Aquariums, der Bildhauer und selbst der Herzog und die Herzogin von Windsor bedauerten diesen Tod sehr.

Einige Monate später kaufte das Aquarium in Seattle von zwei kanadischen Fischern für 8000 Dollar einen anderen Schwertwal. Aber die Zustellung war im Preis nicht inbegriffen. Deshalb begab sich Ted Griffin, der Direktor des Aquariums von Seattle, an die Mündung des Bella Coola, in der Nähe des Dorfes Namu. Sein Schwertwal maß 7 Meter und wog wohl 4 Tonnen.

Er beschloß, ihn in ein Schwimmnetz einzuhüllen und darin bis Seattle zu schleppen. Aus 41 leeren Benzinkanistern bastelten 200 Freiwillige aus Namu dem Schwertwal in wenigen Tagen ein ziemlich geräumiges Gefängnis. Als Dank für die Unterstützung, die Ted Griffin an diesem Ort gefunden hatte, nannte er seinen Schwertwal Namu.

Ein Schlepper zog das Netz und seinen Insassen ganz langsam den Queen Charlotte Strait, den Johnstone Strait und den Strait of Georgia entlang.

Mehrere Schwertwale folgten ihm. Man glaubte, sie wollten Namu befreien, aber sie griffen nicht an. Nur ein Männchen und zwei Weibchen, die sicherlich seine Familie bildeten, tauschten mit ihm Pfiffe und Schreie aus. Namu winkte mit seiner Flosse, aber er versuchte nicht, zu entkommen.

Zwei Wochen später passierte er den Zoll an der amerikanischen Grenze und bezog sein Quartier, das Aquarium von Seattle.

Unterwegs bequemte er sich nach acht Tagen Gefangenschaft, zwei Lachse zu fressen. Und in seinem ganzen Gefangenenleben wollte er nichts anderes mehr fressen als Lachs. Diese Wahl sollte das Aquarium von Seattle teuer zu stehen kommen.

Namu starb nach einem Jahr Gefangenschaft im Juli 1966. Auch er hatte große Intelligenz bewiesen und war überraschend zahm. Dieser »Tiger der Meere« entpuppte sich als Freund des Menschen.

In den letzten Jahren wurden erneut etwa zehn Schwertwale gefangen und in die Freiluftaquarien von Seattle, San Diego oder Vancouver gebracht.

Edward J. Griffin hatte sich auf diese Fänge spezialisiert, unterstützt von seinem Freund Gerald G. Brown, der sich auch als Taucher und Fachmann für Meerestiere an Bord der *Calypso* aufhielt. Er hat viele Erfahrungen mit Schwertwalen in Gefangenschaft gesammelt.

»Im Wasser sind sie schrecklich anzusehen«, sagt er. »Sie erfinden wahre Unterwasserballette, kreuzen einander, steigen aus der Tiefe empor, springen. Wir hatten bis zu 200 in ein und demselben Netz. Wenn sie gefangen waren, zappelten sie und schlugen um sich, aber wenn ich die Hand ausstreckte, wenn ich einen am Kopf streichelte und ihm sagte, was für ein schönes Tier er doch sei, beruhigte er sich rasch. Die Zähmung ist keine Frage des Fütterns, sondern der Berührung.« Ein Schwertwal läßt sich zähmen, er schließt sich an einen Menschen an, noch bevor er irgend etwas aus dessen Hand erhalten hat. Das ist gewiß ein bei Tieren ganz einmaliger Fall.

Sie zum Fressen zu bringen, ist gerade das Schwerste. Die Schwertwale mögen nämlich Fisch nicht so recht. Sie bevorzugen das Fleisch warmblütiger Tiere; aber trotzdem kann man ihnen keine Robbe anbieten. Die ersten Tiere, die gefangen wurden, litten unter einem Trauma, und man mußte sie erst an ihr Becken gewöhnen. Einige Männer stiegen bis zur Taille ins Wasser und schoben sie sanft – sie führten sie spazieren. Aber die Tiere rührten sich nicht. Man machte sie mit den Mauern ihres Bassins vertraut – eine nach der anderen – und begleitete sie ringsherum. Allmählich bewegten sie sich dann von selbst, aber sie nahmen kein Futter an.

Man bot ihnen eine Paste aus Heringen und Milch mit Vitaminen an, öffnete ihnen mit zwei Bürsten das Maul und flößte sie ihnen ein; aber die Schwertwale stellten stets ihre Zunge quer. Die Pfleger versuchten, die Zunge mit der Hand festzuhalten und ihnen einen Trichter in den Schlund zu stecken; aber es gelang ihnen auch nicht, sie mit Gewalt zu füttern. Sie wußten, daß die Schwertwale keinen ganzen Fisch verschlingen, sondern ihn zweiteilen und den Rest fallen lassen, das heißt, sie beißen. Sie sind Raubtiere. Dieses Zubeißen verursacht ein Geräusch, und sobald ein Schwertwal dieses Geräusch hört, stürzt er herbei und frißt den restlichen Fisch auf.

Der Schwertwal-Albino aus der Juan-de-Fuca-Straße (oben). Der Schwertwal zeigt seine eindrucksvolle Zahnreihe (unten).

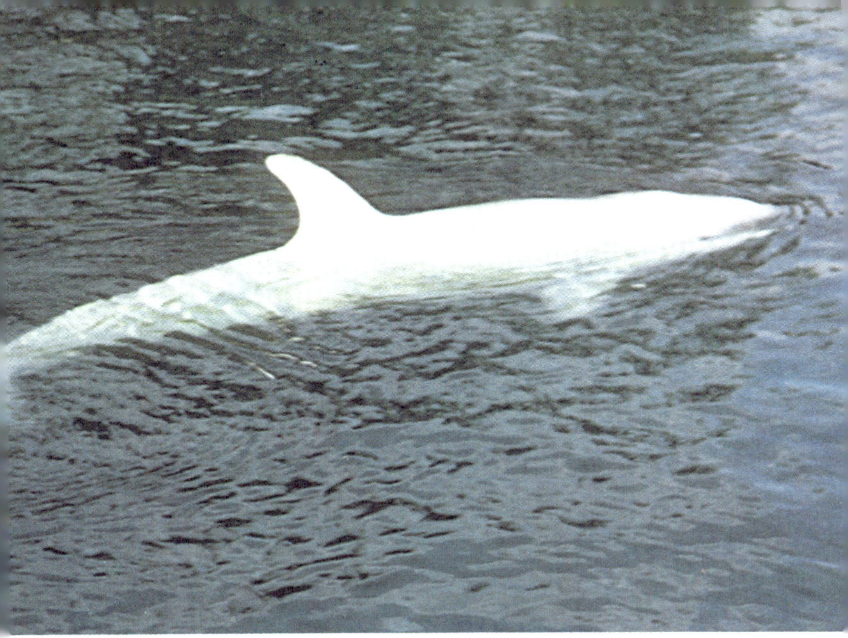
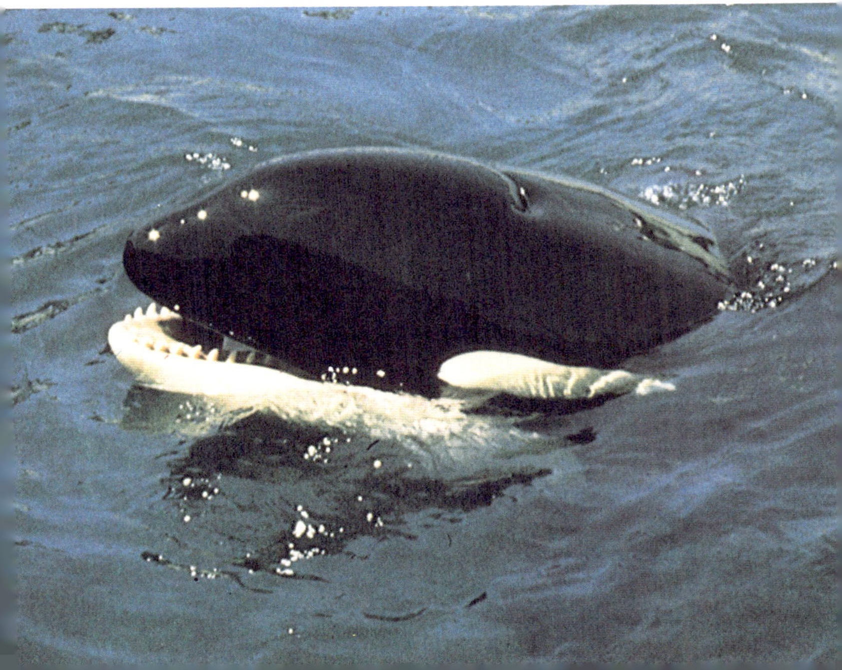

»Wir waren sicher«, erzählt Brown, »wenn *ein* Schwertwal fräße, würden die anderen auch fressen. Wir versuchten das Experiment zunächst mit einem Jungen. Wir rieben einen Hering an seinen Lippen, führten ihn in sein Maul ein und zogen ihn zurück. Er tat genau das, was auch ein Hund getan hätte: er biß in den Fisch, sobald er merkte, daß er hochgezogen wurde. Aber es wurde immer stärker gezogen. Da biß er ganz kräftig zu. Die anderen hörten den ›crunch‹, das typische Geräusch, und kamen, um auch zu fressen.«

Die Schwertwale bilden Familien und haben ein sehr ausgeprägtes Zusammengehörigkeitsgefühl. Im allgemeinen wird nur ein Junges zur Welt gebracht, und die Mutterliebe ist offensichtlich hochentwickelt. Hat ein Weibchen Angst um sein Junges, so schwimmt es ganz nahe an das Kleine heran und spricht mit ihm.

Über dieses Verhalten gibt es eine Menge gesicherte Zeugnisse. Ein todwundes Muttertier zum Beispiel umkreiste länger als eine Stunde sein Junges, um es zu schützen, bis es selbst starb. Ein anderes Weibchen irrte, nachdem sein Junges getötet worden war, drei Tage lang im Pugetsund nahe der Insel Hat herum.

Mehrmals kam es in Seattle und Vancouver zu einer Paarung in Gefangenschaft. Die Tiere liebkosen sich lange und legen sich dann Brust an Brust. Das Geschlechtsteil des Männchens ist mehr als einen Meter lang. Die Tragzeit dauert 13 bis 16 Monate.

Die Schwertwale scheinen ein besonders intensives Geschlechtsleben zu haben, das eine starke Neigung zum Menschen nicht ausschließt. Das hat unser Freund Jerry Brown am eigenen Leibe erfahren.

»Seit einem Jahr«, sagt er, »lebte ein Schwertwalweibchen im Bassin, wo es all die üblichen Kunststücke lernen sollte; und eines Tages, als das Wasser besonders klar war, wollte ich tauchen, um Unterwasseraufnahmen zu machen. Sofort schwamm dieses Weibchen, das Shamoo hieß, auf mich zu, drückte mich an die Mauer und rieb sich an mir. Ich mußte einen Freund bitten, am anderen Ende des Beckens Heringe ins Wasser zu werfen, um mich zu befreien; aber Shamoo wollte nicht von mir lassen. Ich blieb eineinhalb Stunden gefangen.«

Schwertwale haben eine besonders zarte Haut. Sie versuchen selbst beim Schwimmen miteinander in Berührung zu bleiben und aneinander entlangzugleiten. Das sind Liebesspiele.

Diese Tiere fühlen sich von den Menschen sexuell stark angezogen, und sie unterscheiden dabei sehr wohl zwischen Männern und Frauen. Nach Meinung aller, die die Schwertwale kennen – in erster Linie Angehörige der US Navy, die sie trainiert haben –, sind die Schwertwale viel intelligenter als die Delphine: sie verstehen und lernen doppelt so schnell.

Eine Abordnung der *Calypso* – unsere Fotografen Ron Church, André Laban und Louis Prézelin – besuchte die Schwertwale von Griffin und G. Brown in Garden Bay. Der »Alterspräsident« der Schwertwale lebt dort schon seit fünf Jahren.

Prézelin hatte seine Gitarre mitgebracht und spielte am Rande des Wassers seine schönsten Lieder. Die Schwertwale kamen, um ihm zuzuhören, und bezeigten ihren Beifall, indem sie die Blaswolken aus ihren Spritzlöchern auf den Gitarristen richteten.

Unsere Kameraden versuchten, die Schwertwale zum Singen im Takt zu bringen, und Prézelin begleitete sie dabei auf der Gitarre. Zweifellos reagieren diese Tiere auf Musik, und man kann ihnen Aufmerksamkeit und Geduld abgewinnen, wenn man die Lieder, die man ihnen vorspielt, sorgfältig auswählt.

Im Wasser haben sie unseren Tauchern und Kameraleuten ihr ganzes Repertoire an Kunststücken vorgeführt – Loopings und Geschicklichkeitsübungen.

Nachdem Falco so viele Schwertwale auf hoher See im Schlauchboot verfolgt hatte, wollte er in etwas ruhigere Beziehungen zu ihnen treten. Deshalb besuchte er die beiden Weibchen, die im Besitz des Freiluftaquariums von Kalifornien sind.

Beide reagierten sehr empfindlich auf die Töne, die von einem Lautsprecher über ihrem Bassin ausgesandt wurden. Es handelt sich um den Dialog, der sich zwischen ihnen und ihren Begleitern in dem Augenblick entsponnen hatte, als sie gefangen wurden. Dieses aus Klicklauten und Trillern bestehende Gespräch war aufgenommen worden und wurde nun für sie übertragen. Die Gefangenen waren sichtlich bewegt. Sie schwammen im Becken hin und her, kamen aber immer wieder zurück und hielten sich in der Nähe des Lautsprechers auf. Dabei gaben sie Töne verschiedenster Art von sich.

Falco schwamm lange Zeit mit dem Schwertwalweibchen, das Clyde hieß. Er spielte ihr allerlei Streiche, so hielt er ihr zum Beispiel einen Fisch hin, doch in dem Augenblick, in dem sie zuschnappen wollte, schob er eine dünne Planke dazwischen. Sofort machte Clyde eine halbe Drehung, denn ihr Sonar signalisierte, daß da ein Hindernis war. Die Sprache der Schwertwale bleibt ebenso unverständlich für uns wie die der Delphine, trotz der Deutungsversuche von Dr. Lilly und einiger anderer Forscher. Aber zumindest wissen wir nun, daß es hier ein Rätsel zu lösen gibt, vielleicht sogar ein besonders aufregendes. Möglicherweise werden wir über den Schwertwal, der noch begabter ist als der Delphin, eines Tages die erste Verbindung zwischen dem Tier- und dem Menschengeschlecht herstellen können.

Welche Aussichten!

Schlußbetrachtung -
Respekt ist an der Zeit

Ein historisches Ereignis – Mörder und ihre Opfer – Krieg und
Frieden

8. März, in der Bucht der Einsamkeit, Niederkalifornien. Der ganze
gestrige Tag war wie verhext. Der Himmel verhangen und grau. Es hat
geregnet. Unmöglich, auch nur einen Meter Film zu drehen. Und das
Tonband im Schlauchboot fiel ins Meer, weil ein Wal Unfug trieb. Es
blieb nur fünf Sekunden im Wasser, aber das genügte, um ein Unglück
heraufzubeschwören.

Eugène Lagorio wurde sofort mit seinem Tonbandgerät ins Flugzeug
nach Los Angeles gesetzt, um es dort zu reparieren. Glücklicherweise
war es der Tag unserer Flugverbindung. Am Abend ging dann noch
eine Scheinwerfer-Batterie zum Teufel.

Heute aber nehmen wir Rache. Es ist ein ruhmreicher Tag, dank
Bernard Delemotte.

Um ein Haar wäre es ihm am Morgen gelungen, ein Lasso über den
Schwanz eines Walkalbes zu ziehen. Er umklammert das Tier mit blo-
ßen Armen und versucht, eine Leine um die schmalste Stelle des
Schwanzes zu legen. Das Wasser ist so trübe wie das der Seine. Er sieht
nichts. Wir glauben alle, daß es ihm gelungen ist. Aber er hat die
Schlinge nicht schnell genug überstreifen können. Das Kalb schüttelt
sich, schlägt um sich, ist widerspenstig wie ein Mustang, so daß Delemotte sich schließlich gezwungen sieht, seine Beute wieder freizuge-
ben. Er stürzt in den brodelnden Schaum, was der »kleine« Wal – er
maß gut sechs oder sieben Meter – ausnützt, um davonzusausen und
in dem gelben Wasser zu verschwinden.

Aber ich glaube, diese Szene hat Delemotte auf einen Gedanken gebracht, denn am Nachmittag bietet er uns ein anderes, sensationelles
Schauspiel.

Ermutigt dadurch, daß es ihm gelungen war, das Walkalb in seinen
Armen zu halten, hat er sich in den Kopf gesetzt... auf den Rücken
eines Wales zu springen – wie auf den Rücken eines Pferdes. Er sucht
einen aus, der offensichtlich schlummert, und ohne Taucheranzug, nur
mit Flossen und Maske versehen, schwimmt er leise zu ihm hin. Alle
seine Bewegungen sind geschmeidig und wohlüberlegt. Er gelangt an

die Seite des Wales, ohne daß dieser sich gerührt hätte – mit einer rascher Bewegung schwingt er sich auf seinen Rücken und richtet sich auf. Er hat es geschafft!

Michel Deloire filmt wie wild. Fasziniert schauen wir zu. Wie lange wird er oben bleiben? Und wie mag es enden?

Das war leicht vorauszusehen: Der Wal wird wieder lebendig, er schüttelt sich, mehr überrascht als unwillig. Er schlägt plötzlich mit der Fluke, und Delemotte verschwindet in einem Wasserwirbel, taucht wieder auf und möchte den Wal einholen, aber der ist schon weit fort. Von nun an heißt die Parole: Wer steigt auf einen Wal? Bonnici und Serge Foulon gelingt es ebenfalls. Die Erfahrung, die jeder von ihnen dabei erwirbt, kommt den andern zugute; mit immer größerer Eleganz und Leichtigkeit wird die Tat ausgeführt. Jeder geht dabei seinem persönlichen Temperament entsprechend vor. Delemotte, kalt, entschlossen, mit harten Muskeln und gerunzelter Stirn, entfesselt eine Rauferei, die an eine Runde Catchen erinnert. Bonnici, einfühlsam, wendig, mit lebhaften Bewegungen, beobachtet aufmerksam die Situation, arbeitet voller Geschmeidigkeit und hält sich auf dem glitschigen Rücken des Tieres mit dem liebenswürdigen Lächeln eines Balancekünstlers fest, der seiner Nummer sicher ist.

So sehen die neuen Beziehungen zwischen Mensch und Wal aus. Ich kann nicht behaupten, daß der Wal das besonders lebhaft und besonders angenehm in Erinnerung behalten hat; dem Menschen geht es da anders. Delemottes Tat hat beinahe historischen Charakter: Alle, die am Fernseher erlebt haben, wie die Männer der *Calypso* einen Wal umklammern oder auf seinen Rücken steigen, werden den Walen gegenüber nicht mehr den beschränkten, utilitaristischen, verständnislosen Standpunkt einnehmen können, den unsere Großväter im 19. Jahrhundert vertraten. Sie werden nicht mehr an die »Bösartigkeit« der »Seeungeheuer« glauben.

Nur mit überaus großem Unbehagen konnte ich die traditionellen Erzählungen über den Walfang zur Zeit der Segelschiffahrt wieder lesen. Zweifellos stellen sie eine Sammlung mutiger und tollkühner Taten dar; aber sie sind auch ein Denkmal von Unverständnis und Ignoranz. Sie handeln nur von der »Wildheit« des Pottwales, der, das Fleisch von Lanzenstichen zerwühlt, mit ausgestochenem Auge, wahnsinnig vor Schmerz in qualvollem Todeskampfe um sich schlägt.

Doch so, wie Delemotte mit den Grauwalen umging, Raymond Coll mit den Pottwalen, Philippe mit den Buckelwalen, Bonnici mit den Finnwalen, könnte das Mißtrauen abgebaut werden und die Annäherung gelingen. Ich glaube, es ehrt den Menschen, daß er endlich das größte Lebewesen, das es gibt, respektiert, es berührt und damit zeigt, daß es nicht gefährlich ist. Von nun an wird der Mensch es nicht mehr nötig haben, von Furcht besessen seine Macht durch Gewalt und Tod zu beweisen.

Bis ins 20. Jahrhundert waren die Beziehungen zwischen Mensch und Wal die des Mörders zu seinem Opfer. Weder Mitleid noch ein Gefühl der Achtung vor diesem »Naturwunder« waren der Grund, diesem jahrhundertelangen Gemetzel Einhalt zu gebieten. Die Walfänger merkten ganz einfach, daß es immer weniger Wale gab. Dieses beunruhigende Verschwinden verschlimmerte sich durch den Gebrauch mörderischer Waffen, schneller Fangboote und schwimmender »Walfabriken«. Die Walfänger entdeckten, daß sie auf dem besten Wege waren, ihre Industrie zu ruinieren, und daß sie allen Grund hatten, mäßigeren und vor allem überlegteren Gebrauch von dem Wal-Kapital zu machen, über das die Ozeane verfügten.

Schon war der Biscaya-Wal von den baskischen Küsten verschwunden.

Zu Beginn des 20. Jahrhunderts dehnte sich die Jagd auf die Antarktis aus, und die Massaker verstärkten sich. Das Ergebnis: Der Grönlandwal war fast völlig verschwunden. Tatsächlich fanden die größten Gemetzel unter den Walen nicht, wie viele glauben, im 19., sondern im 20. Jahrhundert statt.

Unser Zeitalter ist mörderischer als die Epoche der großen romantischen Jagd zu Melvilles Zeiten. Vor 100 Jahren schloß eine dreijährige Fahrt auf einem Walfänger mit einem Ertrag von 37 Walen ab. Heute erlegt ein modernes Fangschiff im Durchschnitt ein Opfer pro Tag, manchmal sogar drei oder vier.

Jetzt ist der Walfang verschiedenen strengen Bestimmungen unterworfen, und im Prinzip sind alle Arten durch internationale Abkommen geschützt (siehe Anhang II am Ende des Abschnitts: »Der Walfang«), welche die Internationale Walfangkommission (International Whaling Commission) ausgehandelt hat.

Ist damit aber auch gesagt, daß nun alle Wale vor der Gefahr der Ausrottung sicher sind?

Die Buckelwale, die zu Beginn dieses Jahrhunderts so erbarmungslos verfolgt wurden, müssen geschützt werden, oder sie sterben aus.

Die Blauwale, die größten Tiere, die je auf der Erde gelebt haben, sind praktisch verschwunden. Man hat die Freigabe der Jagd auf sie verzögert und sie in gewissen Gebieten unter absoluten Schutz gestellt. Fachleute schätzen, daß es, auch wenn keiner mehr abgeschossen wird, etwa 50 Jahre dauern würde, bis sich wieder eine lebensfähige Herde gebildet hat.

Auch die Finnwale müßten einen noch stärkeren Schutz genießen, als es augenblicklich der Fall ist. Jahr für Jahr wird eine andere Walart das Hauptopfer des großen Schlachtens. 1964/65 war es der Seiwal, ein Kosmopolit von relativ geringer Größe: Auf der ganzen Welt wurden 24 435 Stück erlegt – doppelt so viele wie das Jahr zuvor; und fast ebenso viele Pottwale wurden erbeutet. Für den Sei bedeutet das den Beginn der Ausrottung.

Auch unsere herrlichen Buckelwale sind schon lange in Gefahr. Sie sind kleiner als die Seiwale, aber zu ihrem Unglück liefern sie doppelt soviel Öl wie diese. Japan und die UdSSR haben sie so erfolgreich gejagt, daß sie zwei Jahre lang vollständig geschützt werden mußten – aber zur Bildung einer neuen Herde wären etwa 50 Jahre nötig.

Die Internationale Walfangkommission hat beschlossen, das auf der berühmten »Blauwaleinheit« – BWU – beruhende Zählsystem aufzugeben: Saison für Saison wird sie von nun an für jede Art die Abschußquote festlegen. Man glaubt, die einzelnen Arten so wirksamer schützen zu können.

Die Wale erleiden dasselbe Schicksal wie die Korallen und alle anderen Formen des Lebens im Meer: Kaum haben wir uns ihnen genähert, kaum lernen wir sie kennen und bewundern, da besteht auch schon die Gefahr, daß sie vor unseren Augen verschwinden, verlorengehen ...

Wir aber haben getan, was noch keiner getan hat: Wir haben uns auf die Seite der Opfer gestellt. So entdeckten wir das Auge des Bartenwals, das feingeformte Maul des Finnwals, die weißen Flossen der Buckelwale. War das alles vergebens?

Wir haben das Lager gewechselt; wird es uns aber auch gelingen, die Öffentlichkeit davon zu überzeugen, daß es notwendig ist, die großen Meerestiere zu retten, ihnen einen Platz auf der Welt, im Meer, zu verschaffen?

Die Wale können uns vielleicht andere Dienste leisten, als unsere Hunde zu ernähren, uns Fettstoffe zu liefern, über die wir heutzutage ohnehin reichlich verfügen, oder Fischbein, das weder für Korsetts noch für Schirme mehr gebraucht wird.

Wir können sicher viel von den Walen lernen, von ihrer außergewöhnlichen Tauchfähigkeit und ihrer ungeheuren Atemkapazität. Sie sollten nicht unsere Opfer, sondern unsere Wegbereiter und Meister bei der Erforschung der Meereswelt sein, die sich gerade erst vor uns zu öffnen beginnt: das Tauchen mit der Aqualunge ist 30 Jahre alt! Das bedeutet nichts angesichts der Geschichte der Erde und des Menschen.

Während wir uns dem Finnwal im Wasser nähern, wirft er uns einen wohlwollenden Blick zu (oben). Der Blick des Haies ist starr und falsch (unten).

Wir sind heute sicher, daß eine Solidarität zwischen den Säugetieren besteht. Nichts kann von nun an diese geheimnisvolle Sympathie zerstören. Etwas hat sich für immer geändert: Gleichgültigkeit, borrnierte Grausamkeit gegenüber den Meerestieren und ihren Leiden werden von nun an für die überwiegende Mehrheit der Menschen nicht mehr zu ertragen sein.

Es läßt sich nicht leugnen, daß man fast überall auf der Welt über das Schicksal der Wale beunruhigt ist und den Walfang in unserer Zeit für eine Absurdität hält.

Die Bewohner bestimmter Gegenden, Kalifornien zum Beispiel, haben das Glück, die Wale zur Zeit der großen Wanderungen ganz nahe an ihren Küsten vorbeiziehen zu sehen, und sie haben eine Art Zuneigung zu ihnen gefaßt.

Es gibt nur wenige Tiere, denen gegenüber sich die Haltung des Menschen innerhalb von 50 Jahren so zum Vorteil verändert hat.

Diese erwachende Sympathie zwischen Landbewohner und Wal wirkt noch etwas fremd, abstrakt. Sie beruht mehr auf gutem Willen als auf einer echten Regung. Doch kann man auf weitere Fortschritte hoffen, wenn sich Mensch und Wal auch weiterhin im Wasser begegnen können. Dann werden sich alle Probleme mit der Zeit von selbst lösen. Schon erscheint es als Verbrechen, einen Delphin zu töten; bald wird das gleiche ganz ohne Zweifel für die Pottwale und die anderen Walarten gelten.

Es ist natürlich etwas ganz anderes, ob man nur »oberflächliche« Sympathie für die Wale empfindet, ohne Genaueres über sie zu wissen, oder ob man erlebt hat, wie sie sich unermüdlich zwischen ihr Junges und die Taucher schieben. Man kann die Abschlachtung der Buckelwale zu Anfang dieses Jahrhunderts einfach beklagen, aber man wird darüber zugleich Trauer und Zorn empfinden, wenn man gesehen hat, wie sie im Wasser schweben, und wenn man gehört hat, wie sie »sprechen« und »singen«. (Dr. Payne hat aus den Schreien der Buckelwale eine bemerkenswerte Schallplatte komponiert, die im Handel erhältlich ist.)

Aber ist es überhaupt vernünftig, auf eine »Annäherung« zwischen dem Menschen und den großen Meeressäugetieren zu hoffen?

Unsere ersten Tauchversuche haben uns vor ein sehr schweres Problem gestellt: Wir wußten nichts über das Verhalten des Barten- oder des Pottwales gegenüber dem Menschen. Erst nach und nach wurden wir mit ihnen vertraut, und als wir sahen, daß ein Kontakt möglich war, wurden aus der ersten zaghaften Annäherung immer tollkühnere Versuche. Den Tauchern der *Calypso* gelang es schließlich sogar, diesen Fleischberg längere Zeit zu beobachten, ohne von ihm vertrieben zu werden. Sie lernten, sich so zu verhalten, daß sie von diesen riesigen Tieren geduldet wurden.

Der Mensch ist beherrscht von dem Wunsch, sich Zugang zu verschaffen, sich verständlich zu machen, Gehorsam zu finden, und so hat er auch versucht, in die Geheimnisse des Meeres einzudringen. Auf unseren Expeditionen im Roten Meer haben wir gezeigt, daß wir zwar keine Autorität aufzwingen, aber doch zumindest Respekt bei einem Tier wie dem Hai erwecken können.

Doch bei den Walen liegt die Situation etwas anders als bei den Haien; ich glaube, alle Befürchtungen sind nun zerstreut. Was uns noch trennt, ist lediglich der Größenunterschied.

Im Wasser sind wir zu klein. Der Taucher stellt im Vergleich zum Wal kein ausreichendes Hindernis dar, um im Meer wirklich Bedeutung zu erlangen, während der Mensch für einen mittelgroßen Hai bereits ein Wesen ist, das Beachtung verdient. All diese Schwierigkeiten beim

Ein Grauwal von vorne gesehen.

Bernard Delemotte gelingt es, sich aufrecht auf den Rücken eines Grauwals zu stellen.

Verstehen und Deuten bleiben; und doch konnten die Taucher von der *Calypso* in dem Verhalten, das die Barten- und Pottwale ihnen gegenüber zeigten, Nuancen unterscheiden. Nach und nach erforschten wir ein psychologisches Gebiet, auf dem unmittelbare Beobachtung nicht mehr möglich ist.

Die großen Meeressäugetiere treten in den Gesichtskreis des Menschen. Sie nehmen eine neue Stellung auf unserem Planeten ein.

Aber wozu das alles?

Das ist die entscheidende Frage. Wenn es gelingt, den Fang der Bartenwale einzuschränken oder zu unterbinden, dann führt das möglicherweise zu einem verstärkten Fang von Delphinen, Grindwalen und Schwertwalen. Sind wir dabei, die Tiere der ganzen Erde einzukerkern unter dem Vorwand, sie zu »retten«? Der Mensch wird schließlich durch eine unendliche Kette zoologischer Gärten und Freiluftaquarien spazieren.

Schon sind die Biologen in Kalifornien über die allzu große Zahl gefangener Wale beunruhigt. Nur wenige überleben. Dr. Scheffer fragt sich, ob der Fang von Schwertwalen legal, moralisch und »human« ist. Seit 1965 sind allein in Seattle sechs Schwertwale von Leuten getötet worden, die sie fangen wollten. Viele andere wurden tödlich verwundet durch Harpunen, durch Kugeln, die ein Narkotikum enthalten, oder durch Netze. Dr. Scheffer glaubt, auf Grund ihrer hochentwickelten Sozialbeziehungen und ihrer Intelligenz können diese Säugetiere durch Erfahrung lernen, künftig Gebiete, die Gefahren für sie bergen, zu meiden. So würde Kalifornien seiner Schwertwale beraubt, die es bereits liebengelernt hat und die sich vertraulich zeigten, weil sie im Meer nichts zu fürchten hatten.

Es wäre dann nicht mehr möglich, diese großartigen Tiere in Freiheit zu beobachten und an sie heranzukommen. Deshalb schlägt Dr. Scheffer vor, daß eine Fangerlaubnis nur noch selten und nach gründlicher Überlegung vergeben werden sollte.

Doch auch andere, aus dem modernen Leben entspringende Gefahren bedrohen die Wale.

Der Grauwal zum Beispiel, die älteste aller Walarten, ist ein Relikt aus einem anderen Zeitalter, ein lebendes Fossil, und er merkte, wie sein Wohngebiet von Jahr zu Jahr kleiner wurde. Es bleiben kaum drei oder vier Lagunen, in denen er überwintern kann.

Die Matancitas- und die Scammon-Lagune, diese Landschaft aus seichtem Wasser und mangrovenumsäumtem Sand, diese lebendige Wüste ist die letzte Zuflucht der Grauwale.

Doch eine schreckliche Bedrohung schwebt über diesem Land sowie über der gesamten Natur: die ungeheure, ständig fortschreitende Umweltverschmutzung. Schon hat sie ganz Nordkalifornien erfaßt, aber bis hierher ist sie noch nicht gekommen. Die Scammon-Lagune wird nur von einigen Fischern besucht, und von einigen Salzlachen abgesehen, ist sie in ihrer ursprünglichen Wildheit erhalten geblieben.

Jegliche Verschmutzung würde den Walen dieses Paradies rauben, das sie so notwendig für Geburt und Paarung brauchen.

Es gibt noch Schlimmeres. Seit einiger Zeit interessiert sich die Marine verschiedener Länder für die Wale, um sie zu rekrutieren, sie anzumustern, sie zur Entdeckung von U-Booten zu gebrauchen, als Spione oder als Verbindungsagenten. Kaum haben wir die Intelligenz dieser Tiere entdeckt, da ziehen wir sie auch bereits in unsere Kämpfe und Kriege hinein. Schon 1963 erklärte ein großer amerikanischer Walforscher, L. Harrison Matthews: »So intelligent diese Tiere auch sein mögen, sie sind unglücklicherweise nicht intelligent genug, um die Zusammenarbeit zu verweigern und an ihre Trainer einige jener unterseeischen Klicklaute zu richten, die, in die menschliche Sprache übersetzt, tiefste Verachtung ausdrücken würden.«

Wenn die Zivilisation in die Ozeane eindringt, dann nur, um die Idee der Ehrfurcht vor dem Leben dorthin zu bringen.

Anhang

Die Wale – Der Walfang – Glossar – Dank – Bibliographie –
Bildnachweis – Stichwortregister

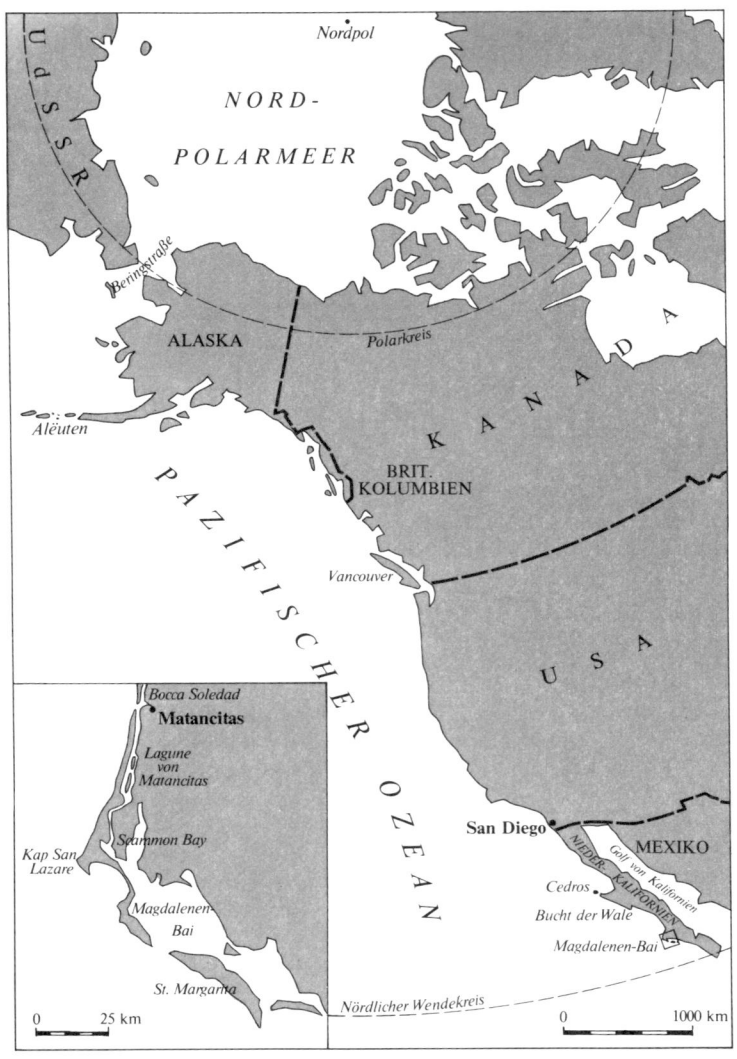

Die Wanderung der Grauwale von der Arktis nach Niederkalifornien.

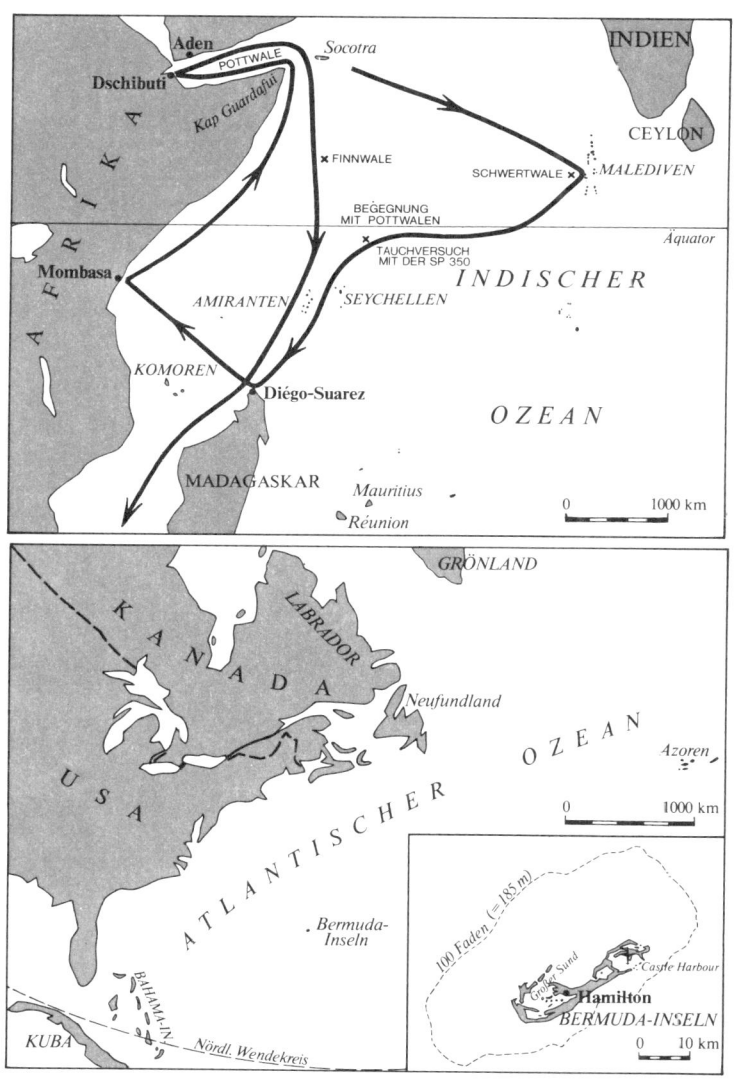

Oben: Begegnung mit den Walen im Indischen Ozean.
Unten: Auf den Bermudas, wo das »Unternehmen Buckelwale« stattfand.

Anhang A

Die Wale

Wale sind Meeressäugetiere, deren Vorfahren höchstwahrscheinlich vom Festland kommen; als Säugetiere sind sie warmblütig, und bereits Aristoteles wußte, daß sie durch Lungen atmen. Die Jungen werden im Körper des Muttertieres ausgetragen und nach der Geburt gesäugt. Alle Wale sind dadurch gekennzeichnet, daß die Schwanzflosse, im Gegensatz zur senkrechten der Fische, waagerecht angeordnet ist. Sie besitzen alle auf dem Scheitel Spritzlöcher, die Zahnwale eines, die anderen Wale zwei. Aus ihnen steigt beim Auftauchen die »Blaswolke« auf, deren Aussehen je nach der Wal-Art verschieden ist.

Die Ordnung der Wale, die etwa hundert Arten umfaßt, wird in zwei Unterordnungen eingeteilt, die Bartenwale *(Mystacoceti)* und die Zahnwale *(Odontoceti)*.

Die Bartenwale (Mystacoceti)
Die Bartenwale sind – daher der Name – am Oberkiefer mit Barten statt mit Zähnen ausgestattet. Es sind dies senkrecht in die Mundhöhle herabhängende Hornplatten, innen mit Fasern versehen, welche die Nahrung der Wale aus dem ins Maul genommenen und dann wieder abfließenden Wasser sieben. Ihr Abstand zueinander ist unterschiedlich weit, je nach Größe der Nahrung, die der Wal im Maul zurückbehält.

Die Unterordnung der Bartenwale umfaßt drei Familien: 1) Glattwale *(Balaenidae)*, 2) Grauwale *(Eschrichtiidae)*, 3) Furchenwale *(Balaenopteridae)*.

1) Glattwale *(Balaenidae):* Wir unterscheiden bei den Glattwalen drei Gattungen: a) *Balaena*, b) *Eubalaena* und c) *Caperea*.

a) *Balaena* hat nur eine Art: den Grönlandwal *(Balaena mysticetus)*. Er mißt 15 bis 18 Meter. Die Farbe ist schwarz, Kehle und Kinn sind cremefarbig. Das Maul nimmt ein Drittel der Körperlänge ein. Der Grönlandwal hat keine Rückenfinne und keine Furchen am Bauch. Er kann 10 bis 30 Minuten ohne Atmung auskommen. Die Tragzeit dauert 9 bis 10 Monate. Seine Nahrung ist das Krill, garnelenähnliche

Tiere des Meeresplanktons. Zu Beginn des 19. Jahrhunderts kam der Grönlandwal in der Arktis noch reichlich vor; im 20. Jahrhundert war er fast vollständig ausgerottet. Zwischen Grönland und der Barents-See ist die Art ausgestorben. Es dürften noch etwa 1000 Individuen in der Nähe der Beringstraße leben. Die Jagd auf den Grönlandwal ist verboten.

b) *Eubalaena* gleicht im Aussehen *Balaena,* jedoch macht das Maul nur ein Viertel der gesamten Körperlänge aus. Die Gattung umfaßt: Nordkaper *(Eubalaena),* der im Nordatlantik lebt und auf Grund seiner geringen Größe (13 bis 16 Meter) von den Basken seit dem 9. Jahrhundert gejagt wurde. Er gehört heute zu den seltensten Arten der Welt, aber es gibt ihn noch. Seit 35 Jahren ist er geschützt.

Südlicher Glattwal *(Eubalaena australis).* Er kommt in der Antarktis vor. Noch vor 50 Jahren gab es Hunderttausende. Er wurde übermäßig verfolgt; nachdem er jedoch 35 Jahre unter strengstem Schutz stand, hat man nun im Südatlantik, in der Nähe des Kaps der Guten Hoffnung und in Südgeorgien wieder Schulen von ihnen beobachtet.

c) *Caperea* existiert nur mit einer Art, dem Zwergglattwal *(Caperea margi).* Er ist ohne jede wirtschaftliche Bedeutung.

2) Grauwale *(Eschrichtiidae)* kennt man nur in einer Art, nämlich den Grauwal *(Eschrichtius glaucus).* Er ist unser Grauwal aus Niederkalifornien. Man findet ihn im Pazifik, nahe den Küsten Amerikas und Koreas. Er besitzt keine Rückenfinne. Auf seiner Unterseite sind 2 bis 4 Furchen ausgebildet. Er ist zwischen 10 und 15 Meter lang und wiegt zwischen 24 und 37 Tonnen; seine Barten erreichen 3,5 bis 4 Meter. Seine Körperoberfläche ist schwarz oder schieferfarben. Viele Narben von Verletzungen durch Parasiten lassen ihn in der Regel grau erscheinen, deshalb der Name.

Seine Geschlechtsreife tritt mit 4 Jahren 6 Monaten ein. Die Tragzeit dauert 11 bis 12 Monate. Alle 2 Jahre wird nur ein einziges Junges zur Welt gebracht.

3) Furchenwale *(Balaenopteridae)* sind in zwei Gattungen bekannt:

a) *Balaenoptera,* bei denen man folgende Arten unterscheidet: Seiwal *(Balaenoptera borealis),* Zwergwal *(Balaenoptera acutorostrata),* Brydewal *(Balaenoptera brydei)* und den Finnwal *(Balaenoptera physalus),* dem die Taucher der *Calypso* bei mehreren Gelegenheiten begegneten. Dieser Finnwal wird 18 bis 24 Meter lang und wiegt 50 Tonnen. Sein Rücken ist gräulich gefärbt, und über den weißen Bauch laufen 30 bis 60 Furchen. Der Finnwal hat eine gut sichtbare, ziemlich hohe dreieckige Rückenflosse. Er schwimmt in Schulen von 20 bis 100 Individuen. Seine Nahrung bilden Plankton, Krebstiere und kleine Fische. Die Paarung findet im Winter statt. Die Tragzeit dauert 10 bis

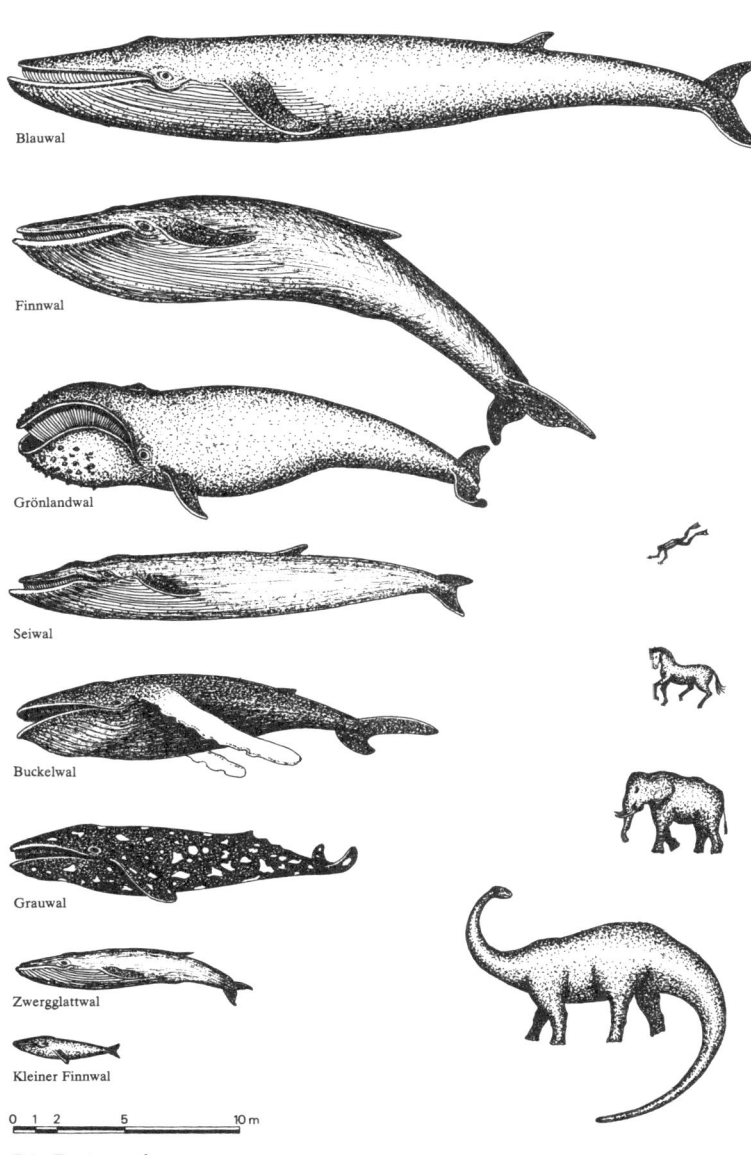

Blauwal

Finnwal

Grönlandwal

Seiwal

Buckelwal

Grauwal

Zwergglattwal

Kleiner Finnwal

0 1 2   5   10 m

Die Bartenwale.

12 Monate. Das Männchen wird mit 5 Jahren geschlechtsreif und das Weibchen zwischen dem 3. und 8. Lebensjahr. Die physische Reife wird erst mit 15 Jahren erreicht. Die großen Finnwale können 20 bis 50 Minuten tauchen. Die Finnwale sind weitgehend den Walfängern zum Opfer gefallen; sie stellen den mehr als 90prozentigen Anteil ihrer Jagdbeute dar. 1955 schätzte man ihre Zahl im Atlantik noch auf 110 000; jetzt dürften etwa 30 000 Individuen übrig sein.

Der Blauwal *(Balaena musculus)* ist der größte Wal und heute auch das größte lebende Tier der Erde. Er mißt 21 bis 30 Meter; das gewaltigste Exemplar, das je beobachtet wurde, wog 112,5 Tonnen. Er lebt im Sommer in den polaren Gewässern und im Winter nahe den tropischen Breiten. Seine Haut ist schieferblau gefärbt. Bauch- und Kehlpartie durchziehen etwa hundert Furchen. Er ist ein Einzelgänger. Ohne Atmung kann er 10 bis 20 Minuten auskommen. Er nährt sich im wesentlichen von Krill, den garnelenartigen Tieren. Die Paarungszeit liegt zwischen Mai und Juni. 11 Monate dauert die Tragzeit. Alle 2 Jahre wird ein Junges geboren. Die Geschlechtsreife wird mit viereinhalb Jahren erreicht. Er war der gesuchteste Wal, weil er die größte Ölmenge lieferte. 1930 schätzte man den Blauwalbestand in der Antarktis auf 30 000 bis 40 000. Die günstigste Schätzung von heute liegt bei etwa 2000. Der »Blaue« ist jetzt streng geschützt.

b) Die Gattung Buckelwal *(Megaptera)* hat nur eine einzige Art, den Buckelwal *(Megaptera novaeangliae),* dem wir bei den Bermudas begegneten. Neben den Grauwalen ist er der einzige Wal, der in Küstennähe lebt.

Seine Länge beträgt im Durchschnitt 8 bis 13 Meter, und er wiegt etwa 29 Tonnen. Der obere Teil des Körpers ist schwarz, Kehle und Brust sind weiß. Erkennbar ist er an seinen großen weißen Brustflossen, die ein Drittel seiner Körperlänge betragen. An Hals und Bauch befinden sich 10 bis 25 Furchen. Seine Nahrung besteht vor allem aus Krebstieren. Die Tragzeit dauert 10 Monate. Etwa mit 3 Jahren beginnt die Geschlechtsreife, die körperliche Reife ist mit dem 10. Lebensjahr erreicht. Alle 2 Jahre wird ein Junges geboren. In den dreißiger Jahren wurde der Bestand in der Antarktis auf 22 000 Stück geschätzt. Heute gibt es hier wohl nicht mehr als 3000 Exemplare. Allerdings dürften noch 5000 Buckelwale im Nordpazifik existieren. Ihr Fang ist neuerdings gänzlich verboten.

Die Zahnwale (Odontoceti)
Wie der Name verrät, sind sie mit Zähnen ausgestattet. Deren Zahl schwankt zwischen 2 bei Cuvier's Spitzschnauzen-Delphin und 260 beim Delphin. Die Zahnwale sind in 5 Familien eingeteilt: 1) Grün-

Pottwal

Entenwal

Schwertwal

Grindwal

Narwal

Großer Tümmler

Zwergpottwal

Kleiner Tümmler

0 1 2   5   10 m

Die Zahnwale.

delwale *(Monodontidae)*, 2) Delphine *(Delphinidae)*, 3) Spitzschnauzen-Delphine *(Ziphiidae)*, 4) Pottwale *(Phydeteridae)*, 5) Flußdelphine *(Platanistidae)*. Die Zahnwale weisen die größte Anzahl von Arten auf.

1) Gründelwale *(Monodontidae)*, mit 2 Gattungen und je einer Art: Der Weißwal *(Delphinapterus)*, die »Beluga«, bevölkert vor allem die arktischen Gebiete Nordamerikas (siehe Glossar). Narwal *(Monodon)*, siehe Glossar.

2) Delphine *(Delphinidae)*, zu den 18 Gattungen zählen: Furchenzahnwal *(Steno)*, Brackwasser-Delphin *(Sotalia)*, Trugdelphin *(Stenella)*, Echt-Delphin *(Delphinus*, siehe Glossar), Rundkopf-Delphin *(Grampus)*, Großer Tümmler *(Tursiops)*, Kurzschnauzen-Delphin *(Lagenorhynchus)*, Kleinschwertwal *(Feresa)*, Rundfinnen-Delphin *(Cephalorhynchus)*, Irawadi-Delphin *(Orcaëlla)*, Glatt-Delphin *(Lissodelphis)*, Borneo-Delphin *(Lagenodelphis)*, Schweinswal *(Phocaena)*, Glattschweinswal *(Phocaenoides)*, Finnenloser Schweinswal *(Neophocaena)*, Kleiner Mordwal *(Pseudorca)*, Schwertwal *(Orcinus)* und der Grindwal *(Globicephala)*, dem die Taucher der *Calypso* wiederholt begegneten.

Die Grindwale *(Globicephalae)* sind charakterisiert durch einen stark gewölbten Kopf. Die Stirnpartie bildet einen Vorsprung über dem Oberkiefer. Grindwale sind zwischen 4 und 8 Meter lang. Die Haut ist schwarz. Sie tragen eine Rückenfinne und 7 bis 11 Zähne in jedem Kiefer. Sie ziehen in Schulen von mehreren hundert Stück und folgen blind einem Leittier. Sie nähren sich von Tintenfischen und folgen diesen auf ihrer Wanderung. Im Sommer halten sie sich in der Nähe der neufundländischen Küsten auf, zum Winter ziehen sie in warme Gewässer, dort kommen auch die Jungen zur Welt. Die Tragzeit beträgt 12 Monate. Die Geschlechtsreife tritt bei Männchen mit 3 Jahren und beim Weibchen mit 6 Jahren ein. Die Paarung der Grindwale erfolgt im Herbst.

Grindwale stellen die wichtigste Einnahmequelle Neufundlands dar. An 3000 bis 4000 Exemplare werden jährlich getötet.

Der Schwertwal *(Orcinus)* ist wie der Grindwal ein Herdentier. Seine mittlere Länge beträgt 6 Meter, sein Gewicht etwa 1 Tonne. Die Hautfarbe ist schwarz, bis auf eine große weiße Zone am Bauch vom Maul bis zur Mitte des Körpers und einen kleineren weißen Fleck hinter dem Ohr. Die Kiefer sind mit je 20 bis 28 Zähnen versehen. Seine Nahrung sucht er unter größeren warmblütigen Tieren wie Wal, Delphin, Robbe, Walroß. Von November bis Januar paaren sich die Schwertwale. Die Tragzeit dauert 11 bis 12 Monate, und 12 Monate wird das Junge gesäugt.

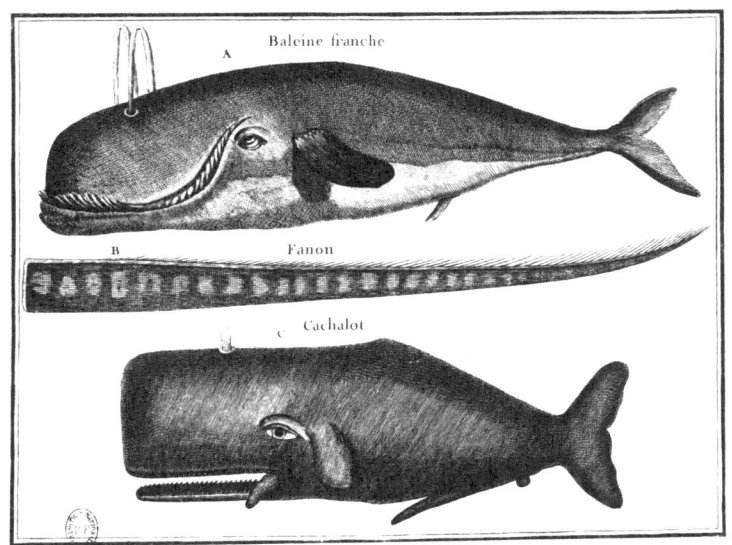

Grönlandwal und Pottwal (Stich aus: Du Reste »Histoire des pêches, de découvertes des établissements des Hollandais dans les mers du nord«, 1801).

3) Die Spitzschnauzen-Delphine *(Ziphiidae)* sind durch ein schnabelförmiges Maul gekennzeichnet. Man unterscheidet 5 Gattungen: Zweizahnwal *(Mesoplodon)*, Cuvier's Spitzschnauzen-Delphin *(Ziphius)*, Shepherd-Wal *(Tasmacetus)*, Schwarzwal *(Berardius)* und Entenwal *(Hyperoodon)*, siehe Glossar.

4) Die Pottwale *(Physeteridae)* gliedern sich in 2 Gattungen: Zwergpottwal *(Kogia)* und Pottwal *(Physeter)*, dessen verbreitetste Art der Pottwal *(Physeter catodon)* ist.

Unter allen Zahnwalen ist der Pottwal an seiner einzigartigen schrägen Blaswolke zu erkennen. Es funktioniert nämlich nur das linke Spritzloch. Aber typisch ist für ihn vor allem der riesige, vorn viereckige Kopf, der ein Drittel der Körperlänge ausmacht. Nur der Unterkiefer ist bezahnt, allerdings mit furchtbaren Zähnen, die über 55 Zentimeter lang sind und fast ein Kilo wiegen.

Der Pottwal hat anstelle einer Rückenfinne eine Art »Kamm«. Bauchfurchen sind bei ihm nicht ausgebildet. Im allgemeinen ist er von dunkler Farbe mit einigen Flecken durchsetzt, und mit zunehmendem Alter hellt die Körperfärbung sich auf. Ein weißer Pottwal hat hohe Berühmtheit erlangt, Moby Dick, der Held des Buches von Herman

221

Melville. Nur ein einziger Pottwal-Albino ist jemals bekannt geworden, 1951. Er hatte eine Länge von 16 Metern.

Die größten Pottwale, immer Männchen, dürften maximal 18 Meter lang sein. Ihr Gewicht beträgt 35 bis 50 Tonnen. Sie nähren sich vor allem von Tintenfischen, die sie in großen Tiefen angreifen. Die Tragzeit beträgt 16 Monate, die Stillperiode dauert 12 Monate. Alle drei Jahre wird stets nur ein Junges geboren. Die Pottwale bilden Harems mit 20 bis 50 Tieren.

5) Die Flußdelphine *(Platanistidae)* leben im Süßwasser, meist in den Mündungen der großen Flüsse. Man unterscheidet 4 Gattungen: Ganges-Delphin *(Platanista)*, der im Ganges lebt, Amazonas-Delphin *(Inia)*, kommt in den Gewässern Südamerikas vor, Chinesischer Flußdelphin *(Lipotes)* und der La-Plata-Delphin *(Stenodelphis)*, in der Mündung des Rio de la Plata lebend.

(Zusammengestellt an Hand der Werke von Kenneth S. Norris, Dr. Harrison Matthews, Dr. F. C. Fraser, Ernest P. Walker und der Klassifikation der Internationalen Walfangkommission.)

Anhang B

Der Walfang

In der frühen Zeit der hölzernen Fangboote und Handharpunen war das Erlegen eines Wals ein geradezu ungeheuerliches Unterfangen. Bedenkt man jedoch, daß sich der Eiszeitjäger mit Speeren und Steinwerkzeugen auch an Mammute heranwagte, vermag man schon eher zu glauben, daß der Mensch der Vorgeschichte auch große Wale jagte und tötete.

Vom Mittelalter an ist die wechselvolle Geschichte des Walfangs in Europa besser gesichert. Folgt man einem englischen Text von 890, »Die Reisen Ottars im Weißen Meer«, in einer von König Alfred dem Großen von England veranlaßten Übersetzung des Paulus Orosius, sind die Norweger wohl die ersten Walfänger gewesen. Jedenfalls aber waren die Basken schon vor dem 12. Jahrhundert intensive Walfänger und hatten mit dem Walfang sicher schon im 9. Jahrhundert begonnen. Auch sie mußten so nahe wie möglich an das Tier herankommen, um Harpune und Lanze wirksam einsetzen zu können. Allerdings waren die Basken in der günstigen Situation, in jeder Saison einen idealen Wal an ihren Küsten vorbeiziehen zu sehen: den Nordkaper *(Eubalaena glacialis)*, den »Black right whale« der Angelsachsen. Die Basken nannten ihn in ihrer Sprache »Sardako Balaena«. Von relativ geringer Größe (niemals über 20 Meter), langsam, ungefährlich, war er eine Traumbeute im Vergleich zu anderen Arten, die so schnell waren, daß man sie nicht mit Booten einholen konnte, und die so stark waren, daß man sie mit den zeitgenössischen Mitteln nicht zu töten vermochte. Ein weiterer Umstand begünstigte den Fang: Wenn der Nordkaper tot war, schwamm er noch immer auf dem Wasser, was bei anderen, größeren Walen nicht der Fall ist. So war es möglich, ihn über Meerestiefen sogar bis an die Küste zu schleppen.

Die Wale waren der Reichtum der Basken. Sie ernährten sich nicht nur vom Walfleisch, sondern sie schmolzen auch aus dem Körperspeck den Tran heraus und verkauften ihn in ganz Europa. Tran war in jener Zeit der wichtigste Brennstoff für Lampen.

Da man die Wale im Golf von Gascogne vorwiegend in Küstennähe

Ein Walfänger: Abspecken eines Wales (Stich von Piquet, 1791).

jagte, wurden sie selten (heute sieht man dort keine mehr). Die baskischen Walfänger bauten größere Boote und fuhren auf den Atlantik hinaus, um den Walen zu folgen, die ihre Küsten verlassen hatten. Sie trotzten Stürmen, Eisbergen und den unwirtlichsten Gegenden der Welt. Um sich im Meer unter schwierigen Umständen mit einer Nußschale an solche Jagdbeute heranzuwagen, brauchte man unerhörten Mut.

Mit den Walen zogen die Basken nach Norden, in unbekannte Länder, nach Irland, Island, Grönland. So entdeckten die Basken Neufundland und ohne Zweifel auch lange vor Christoph Columbus die Nordküste Amerikas. Im 16. Jahrhundert steigerten sie die Verfolgung des Nordkapers so, daß sein Bestand sich in einem Jahrhundert erschöpfte. Es gibt auf Neufundland ein Grab, dessen Inschrift in baskischer Sprache verfaßt ist; es datiert vom Ende des 14. Jahrhunderts.

Nicht nur, daß sich die Basken mit geradezu lächerlich schwachen Booten in den weiten Norden und in den Atlantik wagten, sie erfanden auch das Verfahren, den Speck an Bord dieser Schiffe zu schmelzen und so den Tran daraus zu gewinnen. Diese Technik soll auf einen Kapitän aus Saint Jean de Luz namens Sopite zurückgehen; er entwickelte einen Ofen, der das Schmelzen des Specks auf den Fangschiffen ermöglichte, während vorher dieses Unternehmen nur an Land durchzuführen war. Wir sind über den Walfang der Basken ziemlich gut unterrichtet, weniger dagegen über den anderer Völker, die sich ohne Zweifel zur gleichen Zeit an den Leviathan wagten. Bestimmte Spuren beweisen das. In Skandinavien wurden im Mittelalter Walschädel als Sitze gebraucht. Und kürzlich hat man in Grönland alte Eskimodörfer gefunden, deren Bauten aus Walknochen errichtet sind. Möglich ist allerdings, daß diese Knochen in gewissen Fällen von einem an der Küste gestrandeten Tier stammen.

Ganz sicher aber fuhren die Eskimos in ihrem mit Haut überzogenen Boot so nahe wie möglich an den Wal heran und versuchten, ihm mit einem sicheren Stoß die Lungen zu durchstechen. Eine mit Luft aufgeblasene Robbenhaut wurde an der Waffe befestigt und ermöglichte es, das Tier wiederzufinden, falls es tauchte.

Die Bewohner der Aleuten tauchten ihre Harpunen in ein starkes Gift, das von einer blauen Sturmhut-Art *(Aconitum)* stammte. Die Einwohner Grönlands und Spitzbergens benutzten ein Bakteriengift, das

Walfänger greifen Pottwale an (Stich aus: Thomas Beale »Natural History of the Sperm Whale«, London 1839).

jede Verletzung tödlich machte. Noch heute schießt man in einigen Fjorden Norwegens auf Wale mit verrosteten Harpunenspitzen, die mit dem Blut früherer Opfer verunreinigt sind und bei dem getroffenen Wal den Tod durch eine rasche Blutvergiftung bewirken.

Zu Beginn des 18. Jahrhunderts rüsteten Engländer, Holländer und Dänen in Zusammenarbeit mit den Basken Schiffe aus, die bei Spitzbergen und Jan Mayen jagten. Als Ergebnis verödete das Fanggebiet innerhalb eines Jahrhunderts.

In Frankreich widmeten sich vor allem die Normannen dem Walfang, wenn auch nur in geringem Umfang. Unter Ludwig XVI. wurden kaum 40 französische Walfänger gezählt.

Die Japaner waren zu allen Zeiten große Walfänger – die Wale zogen ja auf den jahreszeitlichen Wanderungen nahe an ihren Inseln vorbei. Sie entwickelten Ende des 17. Jahrhunderts eine neue Technik: das Fangen mit dem Netz. Es handelte sich begreiflicherweise um ein riesiges Netz, dem als Schwimmer Tonnen dienten. Über 30 Schiffe waren notwendig, teils um die Wale zu treiben, teils um das Netz zu spannen, in dem sie sich verfangen sollten. Dann wurde das Tier mit Harpunen- und Lanzenstichen verletzt, bis ein besonders kühner Mann auf seinen Kopf stieg und daran ein Schlepptau befestigte.

Im 18. Jahrhundert rüsteten die Holländer 400 Walfangschiffe aus, die mit 20 000 Seeleuten bemannt waren. Sie jagten in der Davis-Straße zwischen Grönland und der kanadischen Baffin-Insel. Die Engländer folgten ihnen dorthin. 1750 gab es in dieser Gegend 20 Walfangschiffe.

Und das Drama wiederholte sich. Nach 1788 wurden die Wale, von über 250 Schiffen gehetzt, unauffindbar.

Um diese Zeit entdeckten die Siedler Neuenglands den außerordentlichen Reichtum an Walen entlang der amerikanischen Ostküste. Nach dem Unabhängigkeitskrieg entstand in den Vereinigten Staaten eine regelrechte Walfangflotte. Sie ist der Ursprung der Romane vom Walfang, der dargestellt wird als ein erregendes Abenteuer voller kühner Taten, voller Elend und Wundergeschichten: Man denke an Melvilles »Moby Dick«.

Als die Glattwale im Atlantik durch die hemmungslose Jagdwut selten wurden, wandten sich die amerikanischen Walfänger in der Verfolgung der Pottwale allen erreichbaren Küsten von der Antarktis bis zum Pazifik zu. Bis zum 18. Jahrhundert hatte sich kein Walfänger an diese Tiere gewagt. Aber der Ölbedarf in Amerika war groß und stachelte die Kühnheit der neuweltlichen Walfänger an. Das Walrat, das im riesigen Kopf des Pottwals enthaltene Fett, von besserer Qualität als der Tran, war im Handel sehr gesucht, und jeder Pottwal kann eine

Tonne davon liefern. Viele bekannte amerikanische Familien haben mit dem Walfang den Grundstock ihres Reichtums gelegt.

Die Walfänger liefen von Nantucket, New Bedford und Mystic aus. Gejagt wurde das ganze Jahr hindurch. Man vernichtete die Jungen wie die Alten. Es war ein wahres Massaker, voller Dramatik. 1778 schrieb Thomas Jefferson an den Minister von Frankreich: »Die *Balaena Spermaceti,* welche die Leute von Nantucket entdeckt haben, ist ein angriffslustiges, wildes Tier, das von seinen Jägern ebensoviel Gewandtheit wie Kühnheit verlangt.« Bald nannte man sie die »kämpfenden Pottwale«.

Die Walfänger hatten auch ganz weit in der Antarktis ein neues Beutetier entdeckt, den Südlichen Glattwal *(Eubalaena australis)* oder »Southern right whale«. Von 1804 bis 1817 wurden 190000 Tiere dieser Art niedergemetzelt, so daß auch sie immer seltener wurden. Von neuem mußte man die gefürchteten Pottwale angreifen. Ab 1820 entwickelt sich die Walfangflotte von Nantucket beträchtlich. Sie besteht nicht mehr aus den kleinen Seglern mit einem oder zwei Fangbooten – meist waren sie mit Indianern bemannt, und wenn sie fünf oder sechs Wale gefangen hatten, mußten sie in den Hafen zurückkehren –; von Nantucket stechen jetzt große Dreimaster in See, von 500 Tonnen, ausgerüstet mit fünf, sechs oder sieben Fangbooten. An Bord zählt man 40 Mann. Es sind vielleicht die stabilsten Segelschiffe, die jemals gebaut wurden. Man nennt sie »South Sea Men«.

In dieser heroischen Epoche des Walfangs unter Segeln war es nur durch unendliche Seefahrten möglich, die schon ziemlich verstreut ziehenden Tiere zu finden.

Die Schiffe machten sehr weite Reisen, die zuweilen drei und vier Jahre dauerten. Grundsätzlich kehrten sie nur zurück, wenn alle ihre Fässer voll waren.

Die Bequemlichkeit an Bord war gleich Null, Hygiene kannte man kaum. Die Mannschaft bestand zum großen Teil aus Männern, die keine gelernten Seeleute waren, sondern mittellose Bauern oder Arbeitslose. Professor Paul Budker erwähnt folgende Zahlen: »1860 verdiente ein Matrose auf einem amerikanischen Walfänger 20 Cents pro Tag. Ein ungelernter Arbeiter auf dem Lande aber erreichte damals pro Tag 90 Cents ... Mit anderen Worten, ein Arbeiter der untersten Klasse verdiente in den USA zu Lande mindestens dreimal soviel Geld wie ein Matrose auf einem Walfänger.«

Auf diesen Schiffen hatten die Harpuniere eine privilegierte Stellung, sie waren nicht, wie die Matrosen, auf dem Vorderdeck, sondern auf dem Achterdeck untergebracht und aßen in der Offiziersmesse. Man nahm eine beträchtliche Menge Proviant an Bord, denn den Kapitänen war kaum an Zwischenlandungen gelegen, aus Furcht, die Leute könnten desertieren.

Man hat behauptet, die Pottwale seien früher größer gewesen als heute. Sie erreichen kaum über 18 Meter, während die Tiere zur Zeit von Moby Dick, so versichert man, eine Größe von 28 Metern erreichten. Im Museum von New Bedford ist ein 7 Meter langer Kiefer aufbewahrt. 1841 soll Owen Tilton aus New Bedford einen siebenundzwanzigeinhalben Meter langen Bullen getötet haben. Wie auch immer, im Vergleich zur Größe der Schiffe mußte der Pottwal als etwas Ungeheures erscheinen.

Im Mastkorb jedes Schiffes war ständig ein Mann auf der Lauer, und wenn es soweit war, rief er die berühmte, zum Ritual gewordene Ankündigung »She blows, she blows! – Er bläst!« Das war und das ist noch heute der einzig zulässige Ruf.

Sogleich wurden die Fangboote zu Wasser gebracht. Diese sehr leicht gebauten Fahrzeuge waren niemals länger als 9 Meter. Sie waren ständig an Davits (an Kränen) aufgehängt und mußten mit größter Geschwindigkeit aufs Wasser gelassen werden können, auch bei schlechtem Wetter. Ihre Besatzung bestand aus einem Steuermann, meist einem Offizier, und aus fünf Ruderern, von denen einer zugleich der Harpunier war. Zwei Mann ruderten an Backbord mit 5 Meter langen Riemen. Steuerbords bedienten die beiden anderen und der Harpunier kleinere Riemen.

Im passenden Augenblick gab der Steuermann dem Harpunier ein Zeichen; dieser ließ seinen Riemen los, ergriff die Harpune, drehte

Ein Boot wird von einem Wal in die Luft geschleudert (Lithographie von Saint Aulaire aus: »Campagne d'un baleinier autour du monde – Croquis et notes d'un officier de bord«, 1840).

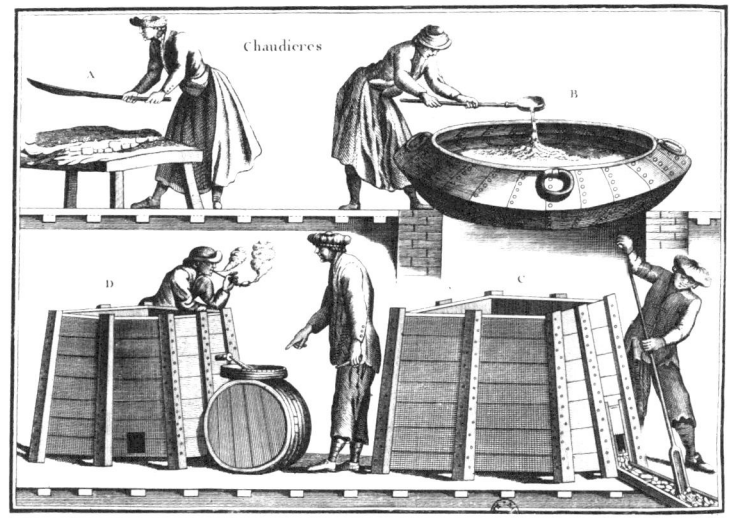

Kessel zum Schmelzen des Walspecks (Stich aus: Du Reste »Histoire des pêches, des découvertes des établissements des Hollandais dans les mers du nord«, 1801).

sich um, ließ sich an dem flachen Steuerbord auf die Knie nieder und schleuderte seine Waffe; sie mußte das Tier in der Nähe des Auges treffen. Die Harpune mit ihrer dreieckigen Spitze zog eine Leine nach sich, die in einem Bottich aufgeschossen war. Der getroffene Wal sauste meist mit höchster Geschwindigkeit davon, die Leine rollte rasend schnell ab; wenn sie durch das Boot schleifte, mußte sie mit Wasser besprengt werden, um ein Entzünden zu verhindern.

Dann begann ein langer, manchmal dramatischer Kampf. Der harpunierte Wal tauchte, war aber behindert durch das ganze Gewicht des Fangbootes, das er schleppen mußte, und konnte so kaum tief hinuntergehen. Der Augenblick nahte, wo er an der Oberfläche Atem holen mußte. Man muß sich die gefährliche Situation der sechs Männer vorstellen, die in dem engen Boot eingepfercht mit 12 bis 15 Knoten (etwa 25 Stundenkilometer) dahingeschleppt wurden. Dazu mußte gleichzeitig ein besonders schwieriges Manöver ausgeführt werden. Harpunier und Steuermann hatten den Platz zu wechseln. Beide mußten dazu über das schwankende Boot in seiner ganzen Länge klettern. War der Steuermann vorn angekommen, nahm er eine Lanze auf, ein langes, allseitig geschärftes Eisen von eineinhalb Meter Länge.

In dem Moment, da der Wal auftauchte, mußte man von neuem an ihn herankommen, diesmal noch näher, um die Lanze in Augennähe einzustoßen und so gewaltig wie möglich in der Wunde herumzubohren. Alles, was danach geschah, war unvorhersehbar. Der Wal vermochte mit einem einzigen Schlag des gewaltigen Schwanzes seine Quälgeister zu zerschmettern, und war es ein Pottwal, konnte er seine riesigen Kiefer öffnen und die Zähne vernichtend in das Fangboot hineinschlagen. Meist aber quoll mit stinkendem, rötlichem Brodem Blut aus seinen Spritzlöchern, und an Bord des Fahrzeugs riefen alle Mann erleichtert aus: »Flurry, Flurry!«, ein Wort, das die letzten Zuckungen des Todeskampfes bezeichnet.

Nun mußte man die riesige Beute zum Mutterschiff bringen, das sich manchmal in weiter Ferne befand, ja das man vielleicht völlig aus den Augen verloren hatte. War eine ganze Schule von Walen angezeigt worden, dann waren mehrere Fangboote gleichzeitig unterwegs und hatten je nach Jagdverlauf verschiedene Richtungen eingeschlagen. Bei schwerer See war es keine Kleinigkeit, mit oder ohne Beute wieder zum Schiff zurückzukommen.

Ein erlegter Wal wurde immer steuerbords vertäut, den Schwanz zum Bug gerichtet. Das Abspecken begann. Männer mußten auf das Tier steigen, trotz Schlingern und Stampfen des Schiffes. Sie schnitten riesige Speckstücke herunter, die auf Haken gespießt und an Bord gehievt wurden. Manchmal griffen Haie an, rissen aus dem Walkadaver riesige Fetzen und bedrohten natürlich auch die Menschen, die sich auf seinem Rücken festklammerten.

Bei schönem Wetter konnte das Zerlegen 4 bis 5 Stunden dauern. Das Schmelzen des Specks in riesigen Kesseln auf dem Vorschiff nahm viel Zeit in Anspruch. In die Behälter warf man »Bibeln«, Speckstücke, die zu feinen Blättchen zurechtgeschnitten waren. In grausamem Gestank und stickigem Qualm schmorten sie manchmal einen Tag und eine Nacht. Niemand ruhte, bevor nicht die Arbeit getan war.

Manchmal war den Jägern ein unverhoffter Fund beschieden: Aus den Eingeweiden des Pottwals legte man eine riesige Kugel bloß, die an der Luft hart wurde. Das war die graue Ambra, deren Herkunft noch heute umstritten ist. Es kann sein, daß sie sich als ein Verdauungsrückstand der unzähligen gefressenen Tintenfische bildet. Ambra gilt als sehr kostbar; sie wird in der Parfümerie verarbeitet.

In dieser Zeit ist New Bedford der führende Walfanghafen der Welt; doch von nun an wird die Bedeutung des Walfangs ständig abnehmen. Werden einerseits die Wale immer seltener, sinken andererseits vor allem die Absatzmöglichkeiten. Der Waltran als Beleuchtungsquelle wird von Petroleum und elektrischem Strom verdrängt.

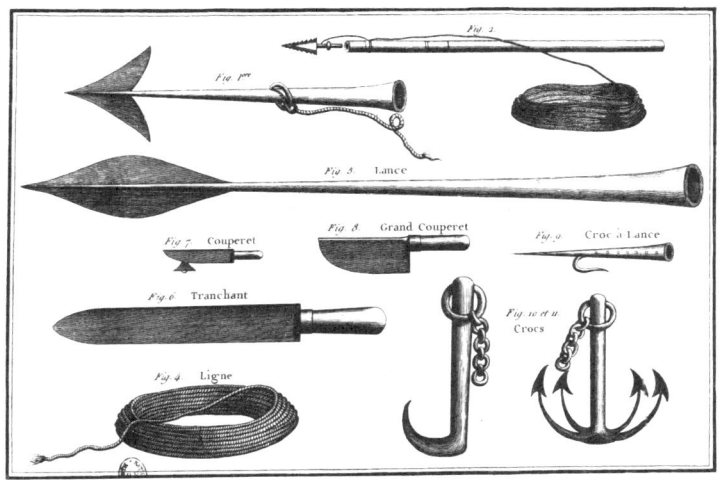

Harpune, Lanze, Fleischbeil (Stich aus: Du Reste »Histoire des pêches, des découvertes des établissements des Hollandais dans les mers du nord«, 1801).

In dieser Situation eröffnen sich neue technische Perspektiven. Die im Grunde fast lächerlichen Handharpunen und Lanzen werden durch eine mörderische Konstruktion ersetzt: die Harpunenkanone. Die Jagd mit den bisherigen Waffen war begrenzt auf Glattwale, Pottwale und bestimmte Furchenwale. Mit der Harpunenkanone aber rückten die Blauwale und die Gemeinen Finnwale, in ihrer Größe bisher unangreifbar, zu Opfern auf.

Die Entwicklung der Harpunenkanone durch den Norweger Svend Foyn (1868) gab dem Walfang einen neuen und letzten Aufschwung. Bei diesem neuartigen Gerät werden seitlich ausschwenkbare Haken der Harpune so lange gegen den Schaft gedrückt, bis die Spitze in den Körper des Wales eingedrungen ist. Dann explodiert eine in die Harpunenspitze eingelegte Patrone mit der Wirkung, daß sie die Haken auseinanderpreßt und das Geschoß in der Wunde »verriegelt«. Die Kanone ermöglicht es auch, eine zweite Leine zu werfen. Damit ließ sich der Wal rasch an die Flanke des Schiffes bringen und fest vertäuen; er konnte nicht mehr absinken. Eine weitere Vervollkommnung bestand dann darin, daß man die Wale mit Preßluft aufblies, um sie schwimmfähig zu halten.
So ausgerüstet, konnte man nun Tiere angreifen, die bis dahin zu

Olaus Magnus (Stich aus der »Historia de gentibus septentrionalis«, 1555).

schnell oder zu mächtig waren. Hinzu kam der Dampfantrieb, durch den man es nun auch mit den Walen in der Geschwindigkeit aufnehmen und sich ihnen auf 30 bis 40 Meter nähern konnte, dem günstigsten Abstand, um sie mit der kleinen, vorn auf der Back montierten Kanone zu erreichen.

Ein großer Furchenwal kann 14 Knoten machen – ein Knoten entspricht einer Seemeile oder 1852 Meter in der Stunde –, während die motorisierten Fangschiffe lange nicht über 10 bis 12 Knoten hinauskamen.

Svend Foyns Kanone wurde unentbehrlich; denn die Glattwale, die sich verhältnismäßig leicht einholen und überwältigen ließen, waren beinahe vollständig aus der Arktis verschwunden. Im Eismeer trafen die Walfänger jetzt überwiegend Finnwale an. Selbst die kühnsten Pottwaljäger hatten früher nicht gewagt, sie zu verfolgen, aber um 1904 entdeckte man sie in der Antarktis, man besaß die neue Waffe, die schnelleren, stärkeren Schiffe und begann, sie zu jagen.

Die getöteten Tiere waren, als man noch mit Segelschiffen jagte, längsbords zerlegt worden. Diese Methode erlaubte kaum wissenschaftliche Beobachtungen: Man hob zuerst den Speck ab, dann die Barten, während die Masse des Tieres sich im Meer befand.

Zu Beginn des 20. Jahrhunderts wurde Waltran von der Industrie wieder stärker verlangt und stieg dadurch im Wert. Die technisch modernisierte Walindustrie erlebte einen neuen Aufschwung. Sie verfügte nun auch über Kochereien, die auf dem Festland eingerichtet waren, auf den Falklandinseln, auf Neufundland usw.

Zur Jagd auf große Schulen von Finnwalen in der Antarktis mußten in diesen unwirtlichen Eisregionen Stationen eingerichtet werden, in denen man die Wale zerlegen und den Speck ausschmelzen konnte. Man beschränkte sich darauf, ausgediente Handelsschiffe in geschützten Buchten zu verankern.

Die amerikanische Walfängertätigkeit ließ zu dieser Zeit allmählich nach. Eine nach der anderen schlossen die Kochereien in Neuengland ihre Tore. 1921 machte der amerikanische Walfänger *Charles W. Morgan* seine letzte Fahrt; er wird wie eine Reliquie in Mystic Sea Port, Connecticut, aufbewahrt. Nach R. Clarke war das Ende der unter Segel gehenden Walfänger 1925 gekommen. In dem Jahr takelten zwei Walfangschoner, die *John R. Manta* und die *Margareth*, in New Bedford endgültig ab.

Das Jahr 1928 brachte eine neue Phase in der Geschichte des Walfangs. Die Norweger erfanden schwimmende Kochereien, die in Begleitung der Fangschiffe die Beute auf hoher See verarbeiteten. Ab 1925/26 hievte man auf der schwimmenden Kocherei *Lancino* mit Hilfe einer riesigen am Heck montierten Rampe die Kadaver auch der größten Wale an Deck und zerlegte sie dort. Abermals begann ein schauriges Massaker. Die Ausbeute solcher Walfang-Mutterschiffe betrug 1927/28 insgesamt 13 775 Wale und erhöhte sich 1930/31 auf

Olaus Magnus (Stich aus der »Historia de gentibus septentrionalis«, 1555).

233

40201. Es gab 41 derartige Schiffe. Erneut verminderte sich der Bestand an Walen.

In der Antarktis fand man sehr bald keine Wale mehr. So wandten sich Japaner und Russen wieder dem Nordpazifik zu und griffen dort den Pottwal und die Seiwale an. Während die Japaner und Russen ihre Tätigkeit verstärkten, hatten die zuvor führenden Vereinigten Staaten nunmehr vollständig auf den Walfang verzichtet. Auch in England, Südafrika, Holland und Norwegen konnte man nicht mehr von einer ausgesprochenen Walindustrie reden.

Allmählich zeigten sich die Walfänger über den Rückgang des Walbestandes beunruhigt und begannen in gegenseitiger Übereinkunft die Zahl der Expeditionen von 1931/32 an zu vermindern. Es wurde zwischen den Walfanggesellschaften eine Reihe von Abmachungen getroffen, mit denen man die Menge der zu tötenden Wale, die Ölproduktion sowie den Zeitpunkt von Eröffnung und Schluß der Jagdsaison regelte.

1937 wurde von neun Ländern das erste sogenannte Londoner Walfangabkommen unterzeichnet. Da es jedoch nur bis zum Krieg verlängert wurde, hatte es bloß eine sehr begrenzte Wirkung.

Der Krieg von 1939 bis 1945 brachte zwar einen großen Ölbedarf mit sich, jedoch der Walfang kam während der Feindseligkeiten praktisch zum Erliegen. Die schwimmenden Kochereien wurden zum größten Teil versenkt oder in Tanker umgewandelt. So konnten sich die Walherden teilweise wieder auffüllen.

Am 7. Februar 1944 führte eine vorläufige Kommission die Regelun-

Walfangszene (Stich von Piquet, 1791).

gen der Konvention von 1938 weiter. Um eine Meßgröße zu gewinnen, legte sie die Blauwaleinheit (BWU) fest, das ist die Ölmenge, die von einem Blauwal gewonnen wird. Die gleiche Kommission bestimmte willkürlich auch das folgende Bezugssystem: 1 Blauwal entspricht 2 Finnwalen oder 2,5 Buckelwalen oder 6 Seiwalen. Blauwal, Finnwal, Buckelwal und Seiwal sind nämlich die 4 Arten von Bartenwalen, die von den Walfängern gejagt werden.

Im Dezember 1946 kamen die Delegierten von 19 Nationen in Washington zusammen, gründeten die Internationale Walfangkommission (International Whaling Commission) und arbeiteten ein Abkommen aus. Es setzt die Daten für Eröffnung und Schluß der Fangzeit fest, verbietet den Fang eines von seinem Kalb begleiteten Weibchens, stellt die Mindestgröße für jede jagdbare Art auf und beschränkt schließlich die Zahl der in jeder Saison für den Fang freigegebenen Tiere, die »Quote«, die in BWU ausgedrückt wird.

Bestimmte Arten sind vollständig geschützt, die Jagd auf sie ist verboten. Es sind dies die Glattwale, Grauwale Kaliforniens und die Buckelwale. Die Internationale Walfangkommission entscheidet darüber, welche Arten unter Schutz stehen.

Schließlich wurde für die Wale ein Meeresrevier abgesteckt, in dem jegliche Fangtätigkeit untersagt ist. Es ist das weiträumigste Reservat der Erde, die Arktis zwischen 70° und 160° westlicher Länge, der Naturschutzpark der Riesen.

Die Durchsetzung des Abkommens wird dadurch gewährleistet, daß an Bord jedes Walfang-Mutterschiffes und in jeder Station mindestens zwei Inspektoren anwesend sind, die auf die Einhaltung der Bestimmungen achten.

»Seit Ende des Krieges«, schreibt Professor Budker, »hat die Walindustrie vor allem vom Finnwalbestand gelebt, während Blau- und Buckelwale eine zwar nicht zu vernachlässigende, aber weniger bedeutende Ergänzung darstellen.« Da Blau- und Buckelwale augenblicklich völlig geschützt sind, werden als einzige Arten von den Russen und Japanern Finn- und Seiwale in der Antarktis gejagt. Die Quote wurde auf 2300 BWU festgesetzt (1971).

Man schätzt, daß heute in den Weltmeeren ein Bestand von annähernd 220 000 Walen vorhanden ist, der sich aus den am meisten verfolgten Arten zusammensetzt: Finnwale 75 Prozent, Blauwale 15 Prozent, Buckelwale 10 Prozent.

Seit 25 Jahren nimmt die Internationale Walfangkommission ihre Aufgaben regelmäßig wahr. Ein wissenschaftliches Komitee überwacht sorgfältig die Erhaltung der Arten. Augenblicklich gibt es nur noch drei Länder, die der Internationalen Walfangkommission angehören und Jagd auf die großen Wale betreiben: Norwegen mit seinem sehr geringen Anteil, dann die UdSSR und Japan.

Die 23. Sitzung der Internationalen Walfangkommission, vom 20. Juni bis 3. Juli 1971 in Washington, hat besondere Bedeutung erlangt. Sie beschloß nämlich die Aufgabe der Blauwaleinheit (BWU), weil durch ihre Anwendung einige Walarten besonders hart betroffen wurden. Statt dessen sollen nunmehr spezielle Quoten für jede Art gesondert festgelegt werden, wie es seit mehreren Jahren vom wissenschaftlichen Komitee der Walfangkommission gefordert wird. Die letzte nach der Blauwaleinheit freigegebene Quote belief sich auf 2300 Einheiten und liegt damit um 400 unter der des Vorjahrs.

Neuerdings haben die Vereinigten Staaten acht gefährdete Walarten benannt, für die aus diesem Grunde keine Fangerlaubnis gegeben werden wird. Diese Aktion hat dazu beigetragen, den Schutz der Tiere zu verstärken – und dieser Schutz ist ja schließlich das grundsätzliche Anliegen der Internationalen Walfangkommission. Einige Länder beuten den Walbestand noch aus; die Vereinigten Staaten aber haben die Einfuhr aller Produkte in ihren Handelsraum untersagt, die von geschützten Arten stammen. So scheint es, daß in längerer oder kürzerer Sicht für die Wale die Gefahr der Ausrottung gebannt ist.

Glossar

Aqualunge. Die heutige Freitaucherausrüstung, wie sie 1943 von Commandant Cousteau und dem Ingenieur Emile Gagnan entwickelt wurde, ist ein Atemgerät mit sogenanntem »offenem Kreislauf«: Die verbrauchte Luft wird unmittelbar ins Wasser abgeleitet, und die Luftzufuhr erfolgt nicht kontinuierlich, sondern geregelt nach dem Atemrhythmus des Tauchers. Zur Ausrüstung gehören eine oder mehrere Flaschen mit stark komprimierter Druckluft, die der Taucher auf dem Rücken trägt. Bei jedem Atemzug wird Luft durch einen »Regler« freigegeben, wobei der Luftdruck stets dem des umgebenden Wassers angepaßt ist. Die verbrauchte Luft wird unter der Reglerkappe durch den »Entenschnabel« abgeleitet. Der Regler ist durch zwei flexible Schläuche mit dem Mundstück verbunden; einer davon dient dem Ein-, der andere dem Ausatmen.

Das vollautomatische Gerät ist ebenso sicher wie einfach zu bedienen. Damit wurde einem breiten Publikum gefahrlos das Tauchen ermöglicht und eine eingehendere Erforschung des Meeres begünstigt. Historisch gesehen ist diese Erfindung ein entscheidender Schritt beim Vordringen des Menschen ins Meer und eine beachtliche Leistung in der Entwicklungsgeschichte des menschlichen Fortschritts.

Die Cousteau-Gagnansche Aqualunge hat das Tauchen revolutioniert und die alten Taucherausrüstungen mit Helm und Schlauch abgelöst, die im Gebrauch umständlich waren und deren mühsame und

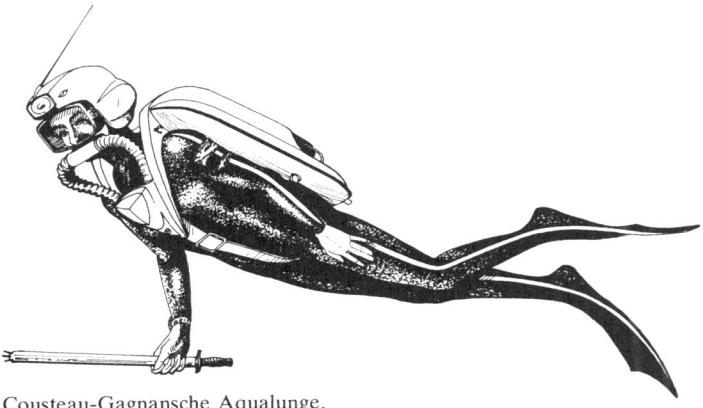

Cousteau-Gagnansche Aqualunge.

gefährliche Handhabung nur schwer erlernt werden konnte; außerdem beschränkte sich früher das Aktionsfeld des Tauchers auf einen sehr begrenzten Aktionsradius.

Wenn in den letzten 25 Jahren dem Menschen der Unterwasserraum erst richtig zugänglich wurde, so durch die von der Außenversorgung unabhängige Taucherausrüstung, die neben ihrer sportlichen Nutzung vor allem ein Forschungsinstrument ist. Unentbehrliches Zubehör zu diesem Gerät sind die von Kommandant de Corlieu entwickelten Flossen, die Maske und ein mit mehreren Kilo Blei belasteter Gürtel, durch den der Auftrieb des Körpers kompensiert wird.

Damit hat der Mensch vollständige Bewegungsfreiheit im Wasser erlangt, dennoch ist er noch immer zwei Gefahrenmomenten ausgesetzt, die auch den Taucher unter dem früheren Taucherhelm bedrohten: dem Tiefenrausch (siehe diesen) und der Möglichkeit von Zwischenfällen durch die Druckveränderungen beim Aufsteigen.

Asdic siehe S-Gerät.

Balaniden. Festsitzende Krebstiere, Klasse der *Entomostraca*, Unterklasse der *Cirripedia*. Ihr gewöhnlicher Name ist Meereicheln.

Balaniden überziehen die vom Meer bespülten Felsen überall auf der Welt. Sie nähren sich von den Mikroorganismen, die sie mit den Fäden ihrer »Ranken« aus dem Wasser filtern. Die Larve ist frei beweglich.

Beluga oder Weißwal, aus der Familie *Monodontida*, Gattung *Delphinapterus*. Den Namen »die Beluga« kannte man für den Weißwal bereits im 19. Jahrhundert; er stammt aus dem Russischen, geschrieben *bieluha*, und bedeutet biely, weiß. Sie leben in den offenen arktischen Gewässern Nordamerikas, aber auch in Küstenbereichen und Buchten.

Sie erreichen eine Länge zwischen 3,75 und 4,25 Meter. Sie besitzen keine Rückenflosse. Die Belugas werden schwarz geboren. Allmählich geht die Farbe in Blau-grau über. Mit zunehmendem Alter hellt sich die Haut der Beluga auf und geht von dunklem Grau in gelbliches Weiß über.

Die Beluga ist stimmbegabt und stößt kurze tiefe Töne aus. Sie lebt gesellig in Herden von etwa 10 Tieren. Ihre Nahrung holt sie sich aus den Tiefen des Meeres: Schollen, Tintenfische und Krebstiere. Belugas fallen häufig den Schwertwalen zum Opfer.

Die Weibchen erreichen ihre Geschlechtsreife mit etwa 3 Jahren, wenn sie knapp 3 Meter lang sind. Die Tragzeit dauert 14 Monate, die Gebärzeit liegt in den Monaten von März bis Mai. Das Junge ist bei der Geburt etwa 1,50 Meter lang und wächst in den ersten beiden Jahren je 1 Meter.

Die schützende Fettschicht ist 10 bis 20 Zentimeter dick und liefert bis zu 200 Liter Öl pro Tier.

Der Gebrauch des Wortes »Beluga« führt zu zahlreichen Irrtümern, denn es bezeichnet zugleich auch den Weißen Stör, der den Kaviar liefert.

Beobachtungsstand. Je ein Mast aus Leichtmetall ist steuer- und backbords der *Calypso* so weit vorne wie möglich errichtet. Ihre Querverbindung oben bildet eine Brücke, die das Radargerät trägt, die sich auch als erhöhter Beobachtungsstand eignet und uns große Dienste leistet. Von hier aus halten wir nach Meerestieren Ausschau oder orten bei unseren schwierigen Manövern die gefährlichen Riffe zwischen den Korallen.

Blaswolke. Regelmäßig, wenn ein Wal zum Atmen an die Oberfläche kommt, entläßt er durch ein oder zwei Spritzlöcher eine weithin sichtbare »Blaswolke«, den sogenannten »Blas«. Das ist ein weißlicher Dunst, der die Blaswolke auch in den Tropen beobachtbar macht und deshalb nicht als Kondensation der warmen Atemluft in der kalten Außenluft erklärt werden kann.

Ein Wal vermag aber auch kein Wasser durch seine Spritzlöcher zu pressen. Der französische Biologe Paul Portier hat daher folgende Hypothese aufgestellt: Die im Brustkorb der Wale unter starkem Druck stehende Luft dehnt sich in der At-

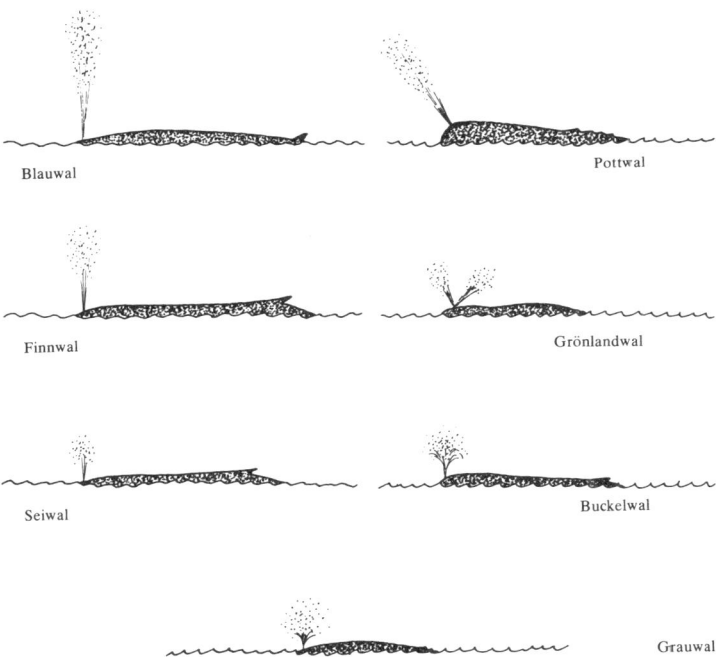

Die Blaswolken verschiedener Wale.

mosphäre aus; infolge dieser Expansion kondensiert sich der in der Blaswolke enthaltene Wasserdampf.

F. C. Fraser und P. E. Purves haben herausgefunden, daß in den Atemwegen der Wale feinste Tröpfchen aus Öl und Schleim vorhanden sind, welche die Sichtbarkeit der Blaswolke erklären könnten. Diese ölige Emulsion in den Atemwegen soll bei der Stickstoffabsorption eine Rolle spielen.

Jede Walart zeigt eine typische Form der Blaswolke. Bei Blau- und Finnwal steigt nur eine einzige Säule auf, die bis 8 beziehungsweise 15 Meter Höhe erreicht. Der Glattwal bläst stets eine Doppelwolke. Die Blaswolke des Pottwals ist stets um 45 Grad nach der linken Seite des Tieres geneigt.

Blitzlichtkamera nach Edgerton. Professor Harold Edgerton vom Massachusetts Institute of Technology hat eine Elektronenblitz-Ausrüstung speziell für die »Troika« entwickelt. Dieses Gerät zur Erforschung der Meerestiefen wurde vom Office Français de recherches sous-marines nach den Plänen von J.-Y. Cousteau gebaut. Es handelt sich dabei um einen Schlitten, der von der *Calypso* gezogen wird und das Fotografieren nahe am Relief des Meeresbodens ermöglicht. Zu ihm gehören eine Kamera und ein Blitzlichtgerät, die an eine Batterie angeschlossen sind. Das Gerät wird automatisch in Gang gesetzt, wenn es den Boden berührt.

Delphin. Der Gemeine Delphin, Familie *Delphinidae,* Gattung *Delphinus,* bewohnt alle warmen und gemäßigten Meere, seltener die kalten. Man trifft ihn in Schulen von etwa zwanzig Tieren.

Die Größe des Gemeinen Delphins schwankt zwischen 1,50 und 2,50 Meter, selten mehr. Er wiegt etwa 75 Kilogramm. Die Hautfarbe wechselt von Braun zu Schwarz auf dem Rücken und zu Weiß am Bauch. Ein dunklerer Streifen führt von der Umrandung der Augen zum Maul. Der Delphin ernährt sich von Fischen und Tintenfischen in nicht allzu tiefem Wasser.

Die Tragzeit dauert etwa 9 Monate, die Gebärzeit liegt zwischen Ende des Winters und Sommer.

DSL. Als DSL bezeichnete man im Zweiten Weltkrieg »Deep Scattering Layers«, damals rätselhafte Schichten, die von den Sonar-Geräten in ganz verschiedenen Meerestiefen entdeckt wurden, weil sie ein Echo erbrachten.

Beobachtungen haben ergeben, daß diese Schichten während der Nacht zur Oberfläche aufsteigen und bei Tageslicht wieder absinken. Heute weiß man, daß es sich um »lebende Schichten« handelt. Professor H. E. Edgerton vom Massachusetts Institute of Technology gelang es, diese Schichten zu fotografieren, unter Verwendung von Elektronenblitzen gelang das später auch der *Calypso*.

Diese lebende Schicht besteht hauptsächlich aus Plankton: Kleinkrebsen, Medusen, Staatsquallen, Eiern und Larven.

Entenmuschel. Gattung der niederen Krebstiere, Rankenfüßer auf muskulösem Stiel, auf treibenden Gegenständen im Meer festsitzend. Sie wird auch *Lepas anatifera* genannt, von anas, Ente, und fero, ich trage; denn früher war der Aberglaube weit verbreitet, daß sich diese Tiere in Enten verwandeln.

Entenwal, *Hyperoodon.* Dieser Zahnwal aus der Familie der *Ziphiidae* lebt im Sommer im Nordatlantik und zieht zum Winter nach Süden, manchmal bis zum Mittelmeer. Die erwachsenen Männchen sind etwa 9 Meter, die Weibchen 7,5 Meter lang. Bei einer Länge von etwa 6 Metern

wiegt ein Weibchen 2,5 Tonnen. Die Hautfarbe wechselt von Schwarz zu Grau und hellt sich mit zunehmendem Alter auf. Junge Tiere sind häufig gelb und weiß gefleckt. Die jungen Männchen haben nur 2 Zähne an der Unterkieferspitze.

Zur Nahrungssuche bleiben sie 10 bis 20 Minuten unter Wasser, vermögen aber viel länger zu tauchen, wenn sie harpuniert sind. Sie ziehen in Schulen von 4 bis 12 Tieren dahin. Ihre Nahrung besteht hauptsächlich aus Tintenfischen und Köhlern.

Die Tragzeit dauert etwa 12 Monate. Bei der Geburt ist der junge Entenwal etwa 3 Meter lang.

Ein erwachsener Bulle von 9 Metern Länge kann 2 Tonnen Öl und 100 Kilogramm Walrat liefern.

Falsche Nase. Die *Calypso*, ein altes Minensuchboot, hat zur Anpassung an die wissenschaftliche Unterwasserforschung beträchtliche Veränderungen erfahren.

Vor allem wurde am Bug eine »falsche Nase« angebracht, das ist ein senkrechter Schacht aus Metall, der 2,50 Meter unter die Wasseroberfläche herabreicht und in einen Beobachtungsraum mündet. Durch 5 Bullaugen kann man beobachten und filmen, was im Wasser vorgeht, auch wenn das Schiff fährt.

Fledermäuse, *Chiropterae.* Säugetiere, gekennzeichnet durch ihre Flugfähigkeit, die durch großflächige Membranen zwischen den stark verlängerten Fingern ermöglicht wird.

Während des Fluges senden sie ständig Ultraschall-Signale aus, deren Echo ihnen Hindernisse und Beute anzeigt und ihnen die schnelle Bewegung im Dunkeln ermöglicht.

Flohkrebs, *Amphipoda.* Klasse der Krebstiere, Unterklasse der Höheren Krebse *(Malacostraca).* Überordnung der Ranzenkrebse *(Peracarida).* Der Panzer ist stets vorhanden, wenn auch nicht immer klar zu unterscheiden. Der erste und manchmal auch der zweite Brustring sind mit dem Kopf verschmolzen. Der Körper

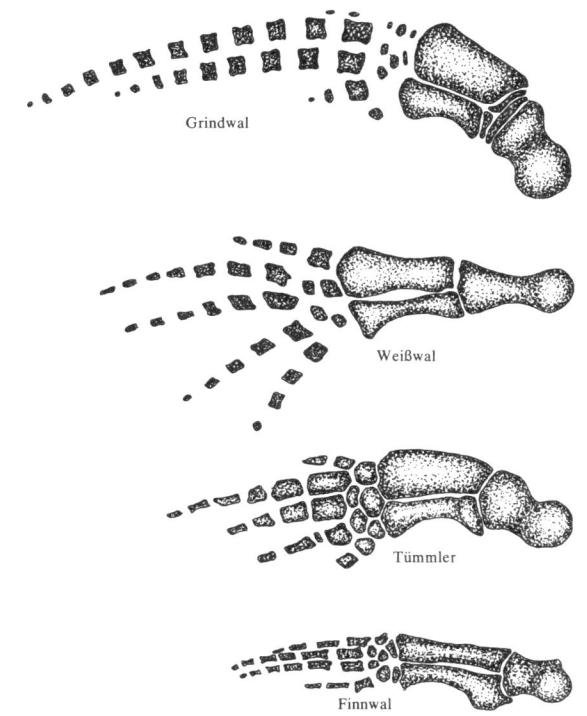

Grindwal

Weißwal

Tümmler

Finnwal

Die Brustflossen verschiedener Wale im Röntgenbild. Man erkennt, daß der Finnwal nur vier »Finger« hat (Zeichnung).

ist seitlich abgeflacht. Bekannte Gattungen sind der Gemeine Flohkrebs *(Gammarus)* und der Sandhüpfer *(Talitrus)*. Die Walläuse *(Cyamidae)*, die sich durch die Haut bis zur Speckschicht durchfressen, leiten sich von den Gespensterkrebsen *(Caprellidae)* ab.

Flossen. Die Brustflossen der Wale beweisen, daß die Tiere ursprünglich Landsäugetiere waren.
Eine Röntgenaufnahme der Flossen zeigt die Knochen von 5 »Fingern« (außer beim Finnwal), einem »Handgelenk« und einem »Arm«.

Flossenfüßer, Robben. Die Ordnung der *Pinnipedia* umfaßt drei Familien:
Seelöwen, Pelzrobben *(Otariidae)*,
Walrosse *(Odobenidae)*,
Seehunde und See-Elefanten *(Phocidae)*.
Alle sind fleischfressende Säugetiere und führen ein amphibisches Dasein. Ihre Nahrung besteht aus Fischen und Krebstieren. Man findet sie in allen Meeren, ausgenommen den Indischen Ozean, hauptsächlich aber in den Polarmeeren.

Goldmakrele. Ein prächtiger Fisch der warmen Meere mit metallisch glänzenden

241

Farben. Er gehört zur Familie der *Cory-phaenidae.* Es gibt 2 Arten, *Coryphaena hippurus* und *Coryphaena equisetis.* Manchmal wird sie als tropische Dorade bezeichnet und im Englischen »Dolphin fish« oder Dorado genannt, was noch mehr zur Verwirrung beiträgt.

Harpune. Diese Waffe wurde bereits in vorgeschichtlicher Zeit für Jagd und Fischfang verwendet und war aus Rentierhorn oder aus Knochen gefertigt, mit einer oder zwei Reihen von Widerhaken versehen.
Die harpé – ein griechisches Wort, abgeleitet von hebräisch *Hereb* – tritt auf Denkmälern des 3. Jahrtausends v. Chr. auf.
Im Baskischen bedeutet das Wort arpoi »lebendig fangen«.

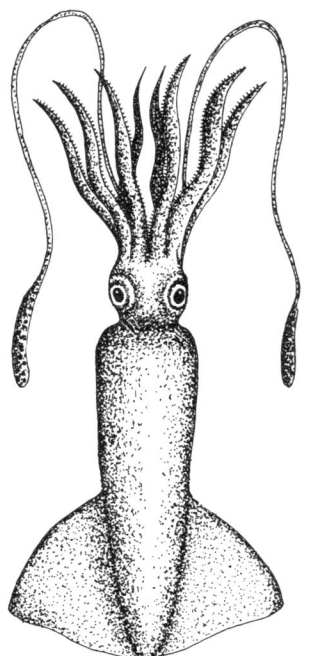

Tiefsee-Kalmar (Zeichnung).

Die Harpune wird durch einen Text aus dem Jahr 1474 bezeugt. Der Harpunentyp mit ausschwenkbaren Haken stellt eine bedeutende Verbesserung dar. Bei dieser Waffe stellen sich nach dem Einschuß die Haken in der Wunde quer und verhindern, daß sich die Beute losreißt.

Jonas. Der fünfte der »kleinen Propheten« Israels lebte im 8. Jahrhundert v. Chr.
Der Herr hatte ihm befohlen, den Bewohnern von Ninive die Zerstörung ihrer Stadt anzukündigen; doch um sich dem Gebot zu entziehen, bestieg er ein Schiff. Dieses aber wurde bald von einem Sturm überrascht.
Überzeugt, daß sein Ungehorsam, vom göttlichen Zorn geahndet, dem Schiff den Untergang bringen müsse, riet er den Seeleuten, ihn ins Meer zu werfen; und das taten sie.
Von einem Walfisch verschluckt, brachte er 3 Tage im Magen des Tieres zu und verfaßte dort einen Gesang, der uns erhalten ist. Er wurde lebend wieder ans Ufer geworfen. Es muß gesagt werden, daß er sich nach dieser harten Lehre endlich nach Ninive begab und sich dort seiner Mission entledigte, die übrigens gut ausging.
Unter dem Namen des Jonas gibt es ein Buch, das über diese Abenteuer berichtet, aber offenbar viel später geschrieben worden ist.

Kalmare. Zehnarmige Kopffüßer mit Saugnäpfen, aus der Gruppe der Teuthoïden. Die Gattung *Loligo* – hierher gehören auch die Tintenfische, die man am Mittelmeer verzehrt – ist nur etwa 20 Zentimeter lang. Männchen und Weibchen halten zu bestimmten Jahreszeiten riesige Hochzeitsversammlungen ab. Wir haben zu diesem Thema einen Film gemacht: »La nuit des calmars – Die Nacht der Tintenfische«.
Chiroteuthis, mit sehr langen Fangarmen und winzigem Körper, ist ein ausgezeichneter Schwimmer.
Architeuthis, Gegner oder Beute der Pottwale, ist der Riese der Gruppe. Sie ist der Held all der Erzählungen über Seeungeheuer, Seeschlangen und die »Kraken«, von denen die Norweger berichten. Ihr

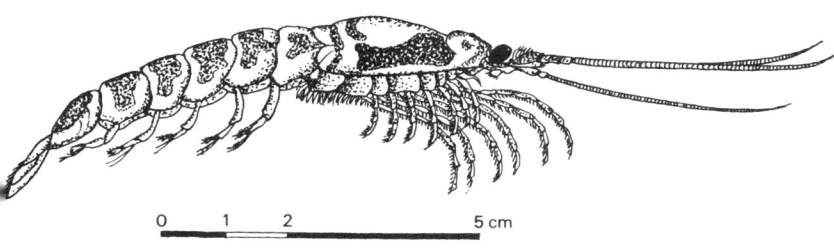

```
0    1    2              5 cm
```

Das Krill, *Euphausia superba,* ein Kleinkrebs, von dem sich die Wale ernähren (Zeichnung).

Körper kann 6 Meter lang werden und die Fangarme 12,5 Meter.

Architeuthis lebt in großen Tiefen von 3000 bis 4000 Metern und steigt nur nachts zur Oberfläche auf. Ausnahmsweise und dann nur unter größten Schwierigkeiten gelingt einmal ein Fang dieses Riesentieres.

Kopffüßer, *Cephalopoda.* Klasse aus dem Stamm der Weichtiere (Mollusken). Sie umfaßt 4 Unterklassen: Zehnfüßer, Achtfüßer, Perlboote und Vampirtintenfische. Die Zehn- und Achtfüßer werden allgemein als Tintenfische bezeichnet.

Die Zehnfüßer *(Decapoda)* haben 10 mit Saugnäpfen besetzte Arme. Ihre Vertreter sind die Spiruliden mit innerer Schale, die Sepien, die Sepioliden und die Teuthoiden, die Kalmare (siehe diese), zu denen *Loligo, Chirotheutis* und *Architheutis* gehören, jener riesige Kopffüßer, der die Lieblingsbeute der Pottwale darstellt.

Die Achtfüßer *(Octopoda)* haben 8 Arme, die ebenfalls mit Saugnäpfen versehen sind. Zu ihnen gehören die in Löchern wohnenden Kraken *(Octopus),* die Moschuskraken *(Eledonae),* die weiter entfernt von den Küsten leben, die *Ocythoë,* bei denen das Weibchen mehrere Kilogramm wiegt, das Männchen aber winzig ist, und die *Argonautae,* bei denen das Weibchen eine papierdünne Pseudo-Schale absondert, die ihm zur Ablage der Eier dient.

Die Perlboote *(Nautilus)* findet man nur im Indo-Pazifischen Gebiet. Sie sind mit einer Schale versehen, von der sie nur die letzte Kammer ausfüllen. Als einzige haben sie keine Saugnäpfe.

Die Vampirtintenfische *(Vampyromorphoi)* schließlich sind phantastische Lebewesen mit riesigen Augen und Leuchtorganen. Es sind wahre lebende Fossilien, die erst in jüngster Zeit entdeckt wurden.

Krill, *Euphausia superba,* kleine Krebstiere aus der Gruppe der Spaltfüßler, 7,5 Millimeter lang. Kopf und Anhänge dieser »Garnele« sind orangefarben, der Bauch grünlich. Diese grüne Farbe, die durch die dünne Magenwand hindurchscheint, rührt von den Kieselalgen (Diatomeen) her, von denen sie sich ernährt. Der Kleinkrebs bildet eine besondere Art des Planktons. Er lebt im kalten Wasser und kommt in der Antarktis viel häufiger vor als im arktischen Raum. Im antarktischen Sommer vermehrt er sich mit außergewöhnlicher Geschwindigkeit und bedeckt das Meer mit einem rotbraunen Überzug. In der Schicht bis zu 9 Metern Tiefe kommt er massenhaft vor, man hat ihn aber auch bis in 900 Meter Tiefe gefunden. Zwischen Ausschlupf und Reife vergehen 2 Jahre.

Leviathan. Die riesigen Dimensionen und das monströse Aussehen der Wale hat die Menschen zu allen Zeiten gewaltig beeindruckt. Der Leviathan, ein Ungeheuer aus der phönizischen Mythologie, ist vor allem durch die Bibel bekannt geworden.

Bei Jesaia heißt es: »Zu der Zeit wird der HErr heimsuchen mit seinem harten, gro-

ßen und starken Schwert beide, den Leviathan, der eine flüchtige Schlange, und den
Leviathan, der eine gewundene Schlange
ist, und wird den Drachen im Meer erwür-
gen.«
Man hat geglaubt, daß die von Jahwe ge-
gebene Beschreibung, richtig betrachtet,
dem Aussehen des Pottwals genau ent-
spreche. Selbst die Blaswolke wird herauf-
beschworen: »Aus seinem Munde fahren
Fackeln, und feurige Funken schießen
heraus. Aus seiner Nase geht Rauch wie
von heißen Töpfen und Kesseln. Sein
Odem ist wie lichte Lohe, und aus seinem
Munde gehen Flammen. Auf seinem Halse
wohnt die Stärke, und vor ihm her hüpft
die Angst.«
Aber nicht alle Kommentatoren sind sich
über die Natur dieses Ungeheuers einig;
manche möchten darin eher ein Krokodil
sehen. Hier die durchaus gegenteilige Beschreibung, die sich im 41. Kapitel des Buches Hiob findet: »Kannst du den Leviathan ziehen mit dem Hamen und seine
Zunge mit einer Schnur fassen? Kannst du
ihm einen Ring durch die Nase ziehen und
mit einem Stachel ihm die Backen durch-
bohren? Wenn du deine Hand an ihn legst,
so gedenke, daß es ein Streit wird, den du
nicht ausführen wirst. Siehe, die Hoffnung
wird jedem fehlen; schon wenn er seiner
ansichtig wird, stürzt er zu Boden.«

Moby Dick. Berühmtestes Werk des amerikanischen Romanschriftstellers Herman
Melville. Es handelt vom Walfang, wie er
mit Segelschiffen des 19. Jahrhunderts
ausgeübt wurde.
Das Buch beschreibt den Kampf zwischen
Moby Dick, einem weißen Pottwal, und
Kapitän Ahab, der sich geschworen hat,
ihn zu töten. Das Werk gibt eine sehr genaue Beschreibung dieser sagenhaften
Jagd, ist aber auch eine poetische und
symbolische Darstellung vom Kampf des
Menschen gegen das Böse, verkörpert in
»der Bestie«.
Ahab, der die Unordnung der Welt beseiti-
gen will, wird schließlich besiegt und
stirbt als Opfer des Untiers; die Kräfte des
Bösen raffen ihn dahin. Diese pessimi-
stische Vorstellung vom menschlichen

Schicksal wird in großartiger Sprache ausgedrückt, die der Bibel, Shakespeare und
den englischen Schriftstellern des 18.
Jahrhunderts viel verdankt.
Das Werk war zu Lebzeiten seines Verfas-
sers kein Erfolg; erst nach dem Ersten
Weltkrieg wurde es berühmt. John Huston
verfilmte Moby Dick 1956.
Herman Melville wurde am 1. August
1819 in einer Familie mit acht Kindern in
New York geboren. Mit dreizehn Jahren
verlor er den Vater und übte verschiedene
Berufe aus: Bankangestellter, Handelsan-
gestellter, Schulmeister.
Am 3. Januar 1841 schifft er sich auf dem
Walfänger *Agushnet* ein, der das Kap
Horn umsegelt und den Südpazifik durch-
fährt. Im Juli 1842 desertiert er bei einer
Zwischenlandung in Nukuhiva auf den
Marquesas-Inseln. 31 Tage später besteigt
er wieder einen australischen Walfänger,
die *Lucy Ann,* die von einem wahnsinnigen
Kapitän befehligt wird. Das Leben auf
diesem Walfänger ist schlechter als auf der
Agushnet. Er desertiert auf Tahiti mit ei-
nem großen Teil der Besatzung, wird ge-
fangengenommen, flieht, erreicht die
Nachbarinsel Eimo und läßt sich nach
2 Monaten auf einem Walfänger aus Nantucket anheuern, der *Charles et Henry.*
Diese läßt ihn auf den Hawaii-Inseln zurück, von wo aus er nach Honolulu gelangt.
Am 17. August 1843 mustert er auf der
Fregatte der amerikanischen Marine *Uni-
ted States* an, und diese bringt ihn vierzehn
Monate später in Boston ans Land.
Sein Abenteuerleben hat genau 3 Jahre
und 9 Monate gedauert. Zweimal desertiert, kann er nicht gerade als Muster aller
Walfänger und Seeleute gelten. Er bringt
unvergleichliche, aber ziemlich rasch er-
worbene Erfahrung mit und beginnt sogleich, zwei Erzählungen zu schreiben,
»Typee« und »Omoo«, die 1846 und 1847
gleichzeitig in London und New York erscheinen. Beide haben Erfolg.
Sein folgendes Buch, »Mardi«, wird dagegen ein völliger Fehlschlag. 1850 verläßt er
New York und läßt sich mit seiner Familie
in Arrowhead bei Pittsfield, Massachusetts, nieder. Dort schreibt er sein Haupt-
werk »Moby Dick«; aber es bleibt beinahe

unbemerkt. Andere Bücher finden kaum mehr Anklang: »Pierre ou les ambiguités« 1852, »Israel Potter« 1855 und »Piazza Tales« 1856. 1866 wird er krank und nimmt schließlich, um leben zu können, einen Posten beim Zoll im Hafen von New York an.

Nachdem er die Veröffentlichung von zwei Gedichtbänden auf eigene Kosten erlebt hat, stirbt er 1891. Erst dreißig Jahre nach seinem Tod beginnt der Erfolg.

Narwal, Zahnwal, *Odontocetus,* Familie der *Monodontidae.* Ist in den arktischen Meeren häufig, hält sich an den Küsten auf und dringt manchmal in Flußmündungen ein.

Seine Länge schwankt zwischen 3,5 und 5 Meter, den Stoßzahn nicht mitgemessen. Dieser Stoßzahn wächst in der Fortsetzung der Schnauze geradeaus vor, ist schraubenförmig gedreht und kann sich bis zu einer Länge von 2,7 Metern entwickeln. Allerdings tragen nur Männchen den Zahn. Der Narwal hat keine Rückenfinne, sondern nur eine leichte Erhöhung oder einen »Kamm« auf dem Rücken.

Entgegen allgemeiner Meinung dient der Stoßzahn nicht zum Zerbrechen des Eises und ist auch keine Waffe.

Früher wurden diese Stoßzähne als Horn des Einhorns verkauft und waren wegen der Heilkräfte, die man ihnen zuschrieb, sehr gesucht. In Europa wurden sie von den Norwegern eingeführt, die den Narwal in Island und Grönland jagten.

Der Narwal wandert in Schulen von 6 bis 10 Tieren, wobei Männchen und Weibchen häufig getrennt sind. Er nährt sich von Sepien, Krebstieren und Fischen.

Wie lange die Tragzeit des Weibchens dauert, ist unbekannt. Das Junge ist bei der Geburt etwa 1,50 Meter lang und bleibt einige Zeit bei der Mutter.

Operation Lumen. Untersuchung über die horizontale Verbreitung des Lichtes, welche Cousteau und seine Crew mit Hilfe der Tauchenden Untertasse SP 350 vornahmen (siehe auch »Tauchende Untertasse«), und zwar in 25 – 50 – 100 – 150 – 200 und 250 Meter Tiefe.

Phototaxis. Tendenz der Fische und anderer freibeweglicher Organismen, sich am Helligkeitswert zu orientieren und Gewässer aufzusuchen, die in stärkerem oder geringerem Maße heller sind als ihr jeweiliger Standort.

Phytoplankton. Plankton, das aus pflanzlichen Organismen besteht. Diese bilden mit Hilfe der Sonnenenergie in ihrem Gewebe nahrhafte organische Stoffe (Photosynthese), die wiederum vom tierischen Plankton (Zooplankton) aufgenommen werden.

Das Phytoplankton besteht ausschließlich aus Einzellern: aus Kieselalgen *(Diatomaceae),* die in den kalten und gemäßigten Meeren reichlich vorhanden sind, aus Panzerflagellaten *(Dinoflagellatae)* in den warmen Meeren, aus *Coccolithophoridae* und Blaualgen *(Cyanophyceae).*

Pottwal, *Physeter macrocephalus,* oder Cachelot. Das französische Wort ›cachalot‹ erscheint 1751 in der Enzyklopädie und ist aus dem Portugiesischen »cachalotte«, eigentlich »mit großem Kopf«, oder aus dem Spanischen »cachalot« entlehnt. (Siehe Anhang A, Die Wale.)

Quahog. Gewöhnlicher Name einer eßbaren Muschel, *Venus mercenaria,* die in Schlamm oder Sand eingegraben lebt.

Saumriff. In den tropischen Meeren bilden die Korallen in geringer Tiefe einen längeren oder kürzeren, mehr oder weniger zusammenhängenden Gürtel oder Saum, dicht am Ufer oder am Scheitel eines Riffs, der sich ins offene Meer erstreckt. Das sind Saumriffe.

Schallortung. Orientierungsweise mehrerer Tiergruppen, bekannt von Fledermäusen, einigen Vögeln und von Walen. Sie orientieren sich an dem Echo von Ultraschall-Signalen, die sie aussenden.

Seekühe, *Sirenia,* im Wasser lebende Säugetierordnung, deren vordere Gliedmaßen in Brustflossen umgewandelt sind; die Hintergliedmaßen fehlen. Die Schwanzflosse ist waagerecht abgeplattet. Nachdem 1768 – 27 Jahre nach ihrer Entdeckung! – die letzte Stellersche Seekuh *(Rhytina stelleri)* erschlagen wurde, gibt es heute nur noch 2 Familien: die Gabelschwanz-Seekuh *(Halicoridae)* und die Rundschwanz-Seekuh *(Manatidae)*.

Gabelschwanz-Seekühe findet man in der Indo-Pazifischen Zone, vom Roten Meer bis Australien. Sie werden bis zu 3 Meter lang bei einem Gewicht von 200 Kilogramm.

Sie leben einzeln oder in kleinen Gruppen und nähren sich von Algen und Meerespflanzen aus dem seichten Wasser. Die Weibchen haben stark entwickelte brustständige Zitzen. Fleisch, Öl und Haut der Gabelschwanz-Seekühe werden von einigen Völkern jenes Lebensraumes sehr geschätzt; die leicht zu jagenden Tiere wurden geradezu massenhaft niedergemetzelt, so daß der Bestand auch heute noch sehr gering ist.

Die Rundschwanz-Seekühe zählen 3 Arten, die sich auf die Ostküste Amerikas, die Küsten Afrikas und das Tschadseebecken verteilen. Sie leben häufig in Flüssen und deren Mündungstrichtern. Sie sind größer als die Gabelschwanz-Seekühe, erreichen eine Länge von 4,5 Metern bei einem Gewicht von 680 Kilogramm. Ausschließlich Pflanzenfresser, ernähren sie sich von Wasserpflanzen, die sie mit der Oberlippe abreißen.

Im allgemeinen findet man sie in kleinen Gruppen. Da sie ohne Schutz und Mißtrauen gegen die Angriffe der Menschen sind, ist ihre Existenz zumindest in einigen Gebieten ernsthaft bedroht.

S-Gerät oder Asdic (Abkürzung für »Allied Submarine Detection Investigation Committee«).

Ultraschall-Suchgerät, mit dessen Hilfe ein Schiff auf See ein getauchtes Unterseeboot ausmachen kann. Wie das Radar wurde es von den Engländern im Zweiten Weltkrieg entwickelt. Das entsprechende amerikanische Gerät hieß Sonar, das deutsche S-Gerät.

Sonar siehe S-Gerät

Spritzloch. »Nasenloch« der Wale. Es sind stets zwei angelegt, aber beim Pottwal ist nur eines funktionstüchtig. Dieses Organ hat keine Verbindung mit der Mundhöhle und weist einen ziemlich verwickelten Bau auf.

Die äußere Öffnung wird von einem kräftigen Rundmuskel betätigt. Im Innern befinden sich zu beiden Seiten der Scheidewand dehnbare Lufttaschen. Zwei innere »Lippen« kontrollieren das Ausströmen der Luft und spielen bei der Modulation der Töne eine Rolle. Außerdem können die Wale mit Hilfe einer »zungenförmigen« fleischigen Lamelle das Spritzloch mehr oder weniger hermetisch verschließen.

Staatsquallen, *Siphonophora.* Hohltiere aus der Klasse der *Hydrozoa,* kommen frei schwimmend ausschließlich im Meer vor, sind zart, durchsichtig und oft von prächtig schillernder Farbe. Die Staatsqualle ist stets eine Kolonie von Quallen, ein »Tierstaat«, der seine Seßhaftigkeit aufgegeben hat und nun umherschweift. Gleichzeitig haben sich die Einzeltiere in einer Funktionsteilung spezialisiert. Die axial gelegenen bilden einen Stengel oder Stolon; seine Spitze enthält eine luftgefüllte Blase, die als Schwimmer dient, die »Gasflasche«. Die Staatsquallen ernähren sich von Beutetieren, die sie mittels giftiger Fäden einfangen. Diese Fangfäden bilden auch eine gewisse Gefahr für den Menschen.

Die Vermehrung erfolgt durch Eier und Knospung.

Tauchende Untertasse. Mehrere von Commandant Cousteau entwickelte Typen Tauchender Untertassen wurden vom Centre d'Etudes Marines Avancées in Marseille gebaut.

Die SP 350 faßt zwei Personen. Ihre Ausrüstung besteht aus einer Filmkamera, einem Fotoapparat, einem hydraulisch betriebenen Greifgerät und einem zugehörigen Sammelkorb. Mehr als 600 Taucheinsätze waren erfolgreich.

SP 1000 oder Seefloh, kann beim Tauchen mit einem anderen zusammengekoppelt werden, Einsitzer, trägt 2 ferngesteuerte

Außenkameras, 16 und 35 Millimeter, sowie Tonbandgeräte zur Aufzeichnung von Unterwassergeräuschen. Mehr als 100 Einsätze hat der Seefloh schon absolviert. SP 4000 oder Deepstar, kann bis zu einer Tiefe von 1200 Meter tauchen. Auf Kosten der amerikanischen Firma »Westinghouse« konstruiert und 1966 herausgebracht. Sie faßt 2 Personen und hat eine Geschwindigkeit von 3 Knoten. Mehr als 500 Taucheinsätze.

SP 3000, zur Zeit auf Versuchsfahrten im Meer, gebaut auf Kosten von CNEXO (Centre National pour l'Exploration des Océans). Sie kann 3 Personen fassen; die vorgesehene Geschwindigkeit beträgt 3 Knoten.

Tiefenrausch. Bewußtseinsveränderung, von der manche Menschen schon in 40 Meter Tiefe befallen werden, während andere sie erst in größerer Tiefe spüren, manchmal allerdings erst, wenn es schon zu spät ist.

Dieser Rauschzustand tritt beim Tauchen mit luftversorgten Anzügen auf. Er hängt mit dem veränderten Stickstoffgehalt im Blut zusammen und bewirkt eine gefährliche Veränderung der Denkfähigkeit und verfremdet die Wahrnehmung. Ersetzt man im Atemgemisch den Stickstoff durch ein leichteres Gas, etwa Helium, kann man die Reizschwelle für den Tiefenrausch erheblich heraufsetzen.

Tintenfische, siehe Kopffüßer

Tümmler. Es gibt mehrere Arten Tümmler, die außerdem zu verschiedenen Gattungen gehören. Alle sind sie Zahnwale aus der Familie *Delphinidae*. Die Gattung *Phocaena* besteht aus 5 Arten, deren weitaus bekannteste der Kleine Tümmler (*Phocaena phocaena*) ist. Man findet ihn vom Nördlichen Eismeer bis zur Westküste Afrikas. Ebenso häufig ist er an der Westküste Mexikos. Er kommt auch in der Nord- und in der Ostsee vor.

Der Kleine Tümmler ist 1,20 bis 1,80 Meter lang und wiegt etwa 75 Kilogramm. Die Haut ist am Bauch weiß und am Rücken fast schwarz. Er hat insgesamt 54 Zähne.

Paarweise oder in Schulen von etwa 10 Tieren schwimmen die Kleinen Tümmler meist in nur geringem Abstand unter der Wasseroberfläche. Ihre Nahrung besteht aus kleinen Fischen, die sich in Schwärmen nahe an der Oberfläche halten.

Haie und Schwertwale sind die schlimmsten Feinde.

Die Paarung vollzieht sich am Ende des Frühjahrs und im Sommer. Die Tragzeit dauert 11 Monate. Bei der Geburt ist der Kleine Tümmler etwa halb so lang wie seine Mutter. Andere Namen sind Braunfisch, Meerschwein oder Schweinswal; im Englischen heißt er Common Porpoise, im Französischen Marsouin (= Meerschwein!), im Schwedischen Marsvin. Zur Zeit Heinrichs VIII. in England (1491–1547) war das Fleisch dieses Wals sehr beliebt.

Der Große Tümmler *(Tursiops truncatus)* ist wahrscheinlich Kosmopolit. Er wird bis 3,3 Meter lang. Auffallend ist der »Schnabel«, der allerdings nicht so lang wird wie beim Echten Delphin *(Delphinus delphis)*. Der weltbekannte »Flipper« und die »Delphine« der Ozeanarien, Delphinarien und sonstigen großen Schauaquarien sind Große Tümmler (engl. noser delphin, französisch Tursion souffleur).

Schließlich gibt es noch den Indischen Tümmler oder Finnenlosen Schweinswal *(Neophocaena),* der vom Indischen Ozean bis Japan vorkommt und 1,4 Meter lang wird.

Unfälle durch Druckabnahme. Beim Aufstieg von Tauchern, die Druckluft atmen, kann es zu Unfällen durch Druckabnahme kommen. Sie beruhen auf der Tatsache, daß Gase, die infolge des erhöhten Druckes im Organismus des Tauchers gebunden sind, beim Aufstieg an die Oberfläche frei werden. Dadurch können sich im Blut Blasen bilden, die sich um so stärker bemerkbar machen, je schneller der Aufstieg vor sich geht, je größer die Tauchtiefe und je länger die Tauchzeit gewesen sind. Die Blasen können im Blut eine »Luftembolie« hervorrufen.

Es ist deshalb notwendig, den Aufstieg zu verlangsamen, damit die gelösten Gase ohne Blasenbildung frei werden können. Es wurden Tabellen aufgestellt, welche Anzahl und Dauer der Zwischenaufenthalte im Verhältnis zu Tauchzeit und Tauchtiefe angeben – die sogenannten »Stufen«.

Wal. Das Wort Wal, lateinisch balaena und griechisch phalaina, bezeichnet jeweils ein riesiges und gefräßiges Tier.
Die Fischer der Azoren sagen »baleia«; französisch baleine. (Siehe Anhang A, Die Wale)

Walrat. Die vordere Kopfpartie des Pottwals enthält einen fettigen Stoff, ähnlich dem Wachs, das Spermaceti oder Walrat. Seine biologische Funktion ist noch nicht genau bekannt.
Die deutsche Bezeichnung des Pottwals als Spermwal, auch die englische als Sperm Whale weisen auf die frühere Annahme hin, es handele sich um Walsamen.
Der Pottwal kann 5 Tonnen Walrat liefern, von höherer Qualität als der Waltran.

Weitwinkel. Objektiv, das auf Fotoapparate aufgesetzt wird und die Vergrößerung des Bildwinkels ermöglicht, so daß man ein sehr breites Bildfeld erhält.
Dieses Objektiv wird auf eine Spezialkamera aufgesetzt, die optische Korrekturen bei Unterwasser-Aufnahmen vornimmt.

Zooplankton, tierisches Plankton. Es konzentriert sich in der durchlichteten Meeresschicht. Das Zooplankton führt vertikale Wanderungen durch: In der Nacht steigt es bis unter die Wasseroberfläche, tagsüber sinkt es in größere Tiefen zurück. Unter anderem finden sich im Plankton Radiolarien, Acantharien, Nesseltiere (Cnidarien), Ctenophoren, eine große Menge Krebs- und Weichtiere.

Zwergpottwal, *Kogia breviceps,* Familie *Physeteridae,* Gattung *Kogia,* lebt im Atlantik, im Pazifik und im Indischen Ozean. Er ist 2,75 bis 4 Meter lang. Die mittelständige Rückenflosse ist sichelförmig gekrümmt, die Schwanzflosse etwa 60 Zentimeter breit, sein Gewicht schwankt zwischen 180 und 320 Kilogramm. Der Kopf nimmt ein Sechstel der Gesamtlänge ein und ähnelt dem des Kleinen Tümmlers. Die Lebensgewohnheiten des Zwergpottwals sind wenig bekannt. Man weiß, daß sie in Schulen wandern, im Sommer an die Pole ziehen und im Herbst und Winter in gemäßigte und warme Gewässer zurückkehren, wo die Weibchen gebären. Die Paarung ist auf keine Jahreszeit beschränkt, die Tragezeit dauert etwa 9 Monate. Ein gestrandetes Weibchen von 3 Meter Länge brachte ein 1,75 Meter langes Junges zur Welt, das 80 Kilogramm wog.

Zeichnung aus: Rondelet »Histoire complète des poissons«, 1558.

Dank

Zu ganz besonderem Dank verpflichtet sind wir Ch. Roux, dem Stellvertretenden Direktor der Abteilung für Reptilien und Fische am Musée National d'Histoire Naturelle, der die Güte hatte, dieses Buch im Manuskript zu lesen.
Professor P. Budker, Direktor der Abteilung für Biologie der Wale und anderer Meeressäugetiere an der Ecole Pratique des Hautes Etudes, hat uns auch diesmal seine Freundschaft bezeugt und uns seinen Rat und seine unvergleichliche Erfahrung zur Verfügung gestellt.

Bibliographie

Paul Budker: *Baleines et baleiniers*, 1955.

Richard Fitter: *Les animaux sauvages en voie de disparition dans le monde*, 1970.

Knaurs Tierreich in Farben: Säugetiere, München/Zürich 1956.

L. H. Matthews: *The whale*, London 1968.

J. R. Norman und F. C. Fraser: *Riesenfische, Wale und Delphine*, Hamburg und Berlin 1963.

Kenneth S. Norris: *Whales, dolphins and porpoises*, Los Angeles 1966.

Sarah R. Riedman und Elton T. Gustafson: *Home is the sea for whales*, 1966.

Mario Ruspoli: *A la recherche du cachalot*, 1955.

E. J. Slijper: *Riesen des Meeres*, Berlin 1962.

Ernest P. Walker: *Mammals of the world*, Baltimore 1968.

Theodore J. Walker: *Whale primer*, 1962.

Bildnachweis

Folgende Quellen standen dankenswerterweise zur Verfügung:
Bibliothèque Nationale, Paris: 111, 221, 224, 228, 229, 231, 232, 233, 234, 248
Roger-Viollet: 225
Die in diesem Buch veröffentlichten Fotos wurden von Georges Basky, Ron Church, Philippe Cousteau, François Dorado, Frédéric Dumas, Albert Falco, André Laban, Dr. Claude Millet, Yves Omer, Jacques Renoir und Ludwig Sillner aufgenommen.
Einige der über Wasser aufgenommenen Fotos stammen aus den Privatsammlungen von Mitgliedern der *Calypso*-Crew.
Bildunterschriften: Marie-Noëlle Favier.

Stichwortregister

Die mit * gekennzeichneten Seitenzahlen verweisen auf die Abbildungen.

Alaska 27, 117
All America 78
Ambra 125
Amiranten-Inseln 23
Amphipoda →Flohkrebs
Angel de la Guardia 85
Antarktis 69, 120, 121, 128, 147, 203
Anti-Hai-Käfige 158
Antillen 100
Aqualunge 18, 32, 204
Äquator 128, 129
Aristoteles 93
Arktis 69, 105, 120, 121, 128, 135, 147, 158
Auftriebsfallschirm 141
Australien 70
Azoren 73, 116

Bahama-Inseln 27, 70, 100
Balaena musculus →Blauwal
Balaena mysticetus →Grönlandwal
Balaenidae →Glattwale
Balaenoptera borealis →Seiwal
Balaenoptera brydei →Brydewal
Balaenoptera physalus →Finnwal
Balaenopteridae →Furchenwale
Barsky, René 12, 13, 18, 20, 21, 44, 46, 47, 75, 163, 185, 190, 192
Barten 118, 120, 122
Bartenwale 40, 43, 44, 45, 72, 82, 83, 87, 90, 93, 107, 111, 112, 113, 121, 125, 128, 135, 204, 206, 209
Bella Coola 195
Beringstraße 58, 111*
Bermuda-Inseln 48, 50, 88, 95, 100, 102, 113, 146, 159

Biskaya-Wal →Nordkaper
Blas →Blaswolke
Blasen 13, 20, 22, 23, 43
Blaswolke 25*, 67*, 68, 74*, 86, 87 f., 88*, 91, 115, 137, 140, 143*, 150, 151, 156, 159, 162*, 199
Blauwal 22, 38, 40, 73, 90, 108, 120, 135, 203
Blauwaleinheit (BWU) 204
Blitzlichtkamera nach Edgerton 132
Boca Soledad 137
Boje 18, 24, 25, 26, 44 ff., 50, 65, 67, 68, 76 ff., 84*, 85*, 188
Bonnici, Christian 18, 20, 21, 41, 44, 46, 120, 151, 166, 167, 171, 185, 188, 202
»Bottlenose« →Entenwal
Britisch-Kolumbien 78
Brown, Jerry 110, 196, 198, 199
Brydewal 216
Buckelwal 48, 50, 70, 73, 82, 88, 90, 95, 99, 100, 101*, 102, 103, 105, 106, 108, 121, 124, 128, 147, 159 ff., 202, 203, 204, 206
Budker, Paul 70, 80, 90, 147
BWU →Blauwaleinheit

Caillart, Claude 180
Calypso 7, 8, 9, 12, 16, 21 ff., 27, 29, 30, 32, 33, 37*, 43 ff., 56, 58, 59, 69, 73, 75, 77, 79*, 82, 86, 87, 94, 113, 115, 117, 122, 125, 128, 129, 133, 141, 149, 150, 155, 156, 161 ff., 165 ff., 169, 170, 172, 174, 176*, 178, 180, 181, 183 f., 189, 196, 199, 202, 206, 209

»Case« 113
Cathartes aura →Truthahngeier
Cedros 66
Cephalopoda → Kopffüßer
Chauvellin, Bernard 122
Cherokee 140
Chinin-Delphine 19, 20, 185
Chinin-Grindwale 188
Chinin-Haie 20
Chinin-Wale 20
Chiropterae →Fledermäuse
Church, Ron 199
Coll, Raymond 19, 21, 24, 166, 202
Cortez-See 85, 86
Coryphaena →Goldmakrele
Cousteau, Jacques-Yves 2*
Cousteau, Jan 141
Cousteau, Philippe 19, 48, 50, 55*,
    57, 58, 59, 63, 66, 68, 85, 88, 95,
    100, 103, 106, 113, 119*, 122,
    135, 136, 140, 141, 146, 149, 151,
    156, 159, 161, 169, 170, 171, 192,
    202
Cousteau, Simone 12, 19, 20, 42, 185,
    188
Curlew 88, 89, 95, 96, 99, 100, 102,
    146, 159

Davis, Egerton Y. 118
Delemotte, Bernard 25*, 53, 56*, 62,
    66, 85*, 95, 122, 138*, 147, 151,
    156, 157*, 159, 160, 171, 201 f.,
    208*
Deloire, Michel 13, 16, 18, 19, 21,
    27, 45, 46, 72, 76, 108, 112*, 166,
    167, 202
Delphine 18, 19, 33, 43, 73, 75, 91,
    93, 107, 110, 113, 117, 127, 128,
    133, 183, 187*, 188, 194, 199,
    206, 209
Delphinidae →Delphine
Denis-Insel 23
Dschibuti 165
DSL 129, 132
Dumas, Frédéric, gen. Didi 12, 13,
    19, 20, 21, 22, 41, 45, 47, 163

Echolot 27, 32, 65, 103, 108, 129
Elefant 38, 158
Entenmuscheln 65, 68, 139
Entenwal 80, 183
Eschrichtiidae →Grauwal
Eschrichtius glaucus →Grauwal
Eubalaena →Nordkaper
Eubalaena australis →Glattwal
Eubalaena glacialis →Nordkaper
Euphasia superba →Krill
Europainsel 141

Falco, Albert, gen. Bébert 12, 13, 18,
    19, 20, 21, 22, 24, 25, 31, 32*, 33,
    41, 43, 44, 45, 46, 47, 53, 54, 55,
    56, 62, 75, 76, 115, 130, 161, 163,
    164, 165*, 165, 166, 167, 185,
    188, 191, 192, 199
»Falsche Nase« 89*, 129
Finne 22
Finnwal 21, 40, 42*, 43*, 43, 44 ff.,
    61*, 80, 81*, 85, 86, 111, 120,
    121, 125, 131*, 147, 202, 203,
    204, 205*
Fledermäuse 149
Fliegende Fische 20
Flohkrebs 69, 121
Foulon, Serge 151, 155, 191*, 202
François, Dr. 115, 156
Furchenwal 80, 90

Gabun 124
Garnelen 129, 130, 132
Geburt (der Wale) 149 ff.
Glattwal 41, 80, 215 f., 226, 227, 231,
    232, 235, 239
Globicephalae →Grindwale
Goldmakrele 163, 241 f.
Grauwal 25*, 39*, 48, 50, 51, 53 ff.,
    56*, 57*, 57 ff., 64*, 66 ff., 67*,
    83, 86, 87, 88*, 102, 103, 105, 108,
    121, 124, 126*, 127*, 128, 130*,
    135 ff., 138*, 139*, 143*, 144,
    145*, 147, 152, 155, 158, 162*,
    169, 173*, 174*, 176*, 177*, 179*,
    181, 192, 207*, 208*, 209

Green, Wally 58, 85, 86
Griffin, Edward J. 195, 199
Grigg, Rick 68
Grindwale 94, 110, 128, 183 ff., 188
Grönlandwale 172, 203
Gustafson, Elton T. 194

Haie 7, 20 f., 51, 72, 108, 116, 128, 132 f., 158, 174, 184 f., 188, 204*, 207
Harpune 20, 24, 25*, 41, 44, 46, 50, 62 f., 65, 70, 75, 84*, 163, 166 f., 191, 209
Hasenauge (Lagune) 136
Hat (Insel) 198
Heißluftballon 141
Hering 198 f.
Humback →Buckelwal
Hydrophon 29, 32, 98, 102 f.
Hyperoodon →Entenwal

Indischer Ozean 7, 12, 24, 29, 58, 60 ff., 68, 79*, 83, 87, 128 f., 162, 184 f.
Island 70

Johnstone Strait 195
Jonas 8
Juan-de-Fuca-Straße 190*, 196*

Kaltblüter 133
Kap Guardafui 43
Karibische See 70
Kientzy, Canoë 24, 25*, 65 f., 92*, 156*, 180
Kopffüßer 116, 130, 133, 184
Korallen 26, 108*, 204
Kormoran 65, 121
Kraken 7, 94, 116, 184
Krebse 69, 75, 95, 116, 120, 128 f.
Krill 69, 80, 115, 118, 121, 125
Kytoon 42, 44, 77, 167

Laban, André 18, 27, 36*, 41, 43, 47, 199
Labrador 70

Lachse 194 f.
Lagorio, Eugène, gen. Gégène 90, 97*, 98*, 99 ff., 103, 105*, 118*, 166, 201
Lamprete 69
Las Ballenas 85
Leandri, Maurice 163
Le Bosco, René 180
Lepas anatifera →Entenmuscheln
Leviathan 8, 24, 38
Lungenatmung (der Wale) 83 f.

Magdalenenbai 66
Mahé 22, 82
Makrelen 121
Malediven 16, 117, 129
Mangroven 155, 169
Markieren 32, 68
Markierungsgewehr 18, 22, 44, 167
Mary Helen 136
Matancitas, Bucht von →Matancitas, Lagune von
Matancitas, Lagune von 51, 64*, 66, 103, 127*, 137, 141, 180, 209
Matthews, L. Harrison 210
Megaptera →Buckelwal
Megaptera novaeangliae →Buckelwal
Melville, Herman 9, 203
Mesozoikum 38
Mestre, Bernard 60, 82, 142
Mexiko 58, 63, 135 f.
Minson Bay 62
Miozän 36
Moby Dick 8, 36, 58
Moby Doll 195
Monaco 23
Mongolfière 141
Monodon →Narwal
Monsun 13
Möwen 155
Muränen 7, 22
Muscheln 125, 175
»Muskat«-Pottwal 75
Muskatwal 20
Mystacoceti →Bartenwale

Namu 195
Narwal 194
Neufundland 70
Neuseeland 70
Niederkalifornien 27, 53, 58, 85, 102, 135, 137, 154 f., 181, 192, 201
Nordkaper 40
Norris, Kenneth S. 80, 90, 144
Norwegen 70

Odontoceti →Zahnwale
Omer, Yves 21, 52, 56*, 57
Orcinus →Schwertwal

Paarung (der Wale) 142 ff.
Passat 23, 31
Pazifik 59, 73, 82, 117, 184
Pelikane 65, 152*, 155, 180
Phototropismus 132
Phydeteridae →Pottwal
Physeter →Pottwal
Physeter catodon →Pottwal
Phytoplankton 120
Pilot whale →Grindwal
Pinguine 121
Plankton 58, 69, 75, 121, 156
Polaris III 51, 59 f., 62, 65, 67 f., 82, 110, 118*, 135, 137, 142, 149, 151, 169
Pottwal 7, 9, 12 ff., 24 ff., 29 ff., 32*, 35*, 40 f., 45 ff., 68, 71*, 72, 75 ff., 82 ff., 87, 90, 92 f., 107 ff., 115 f., 125 ff., 134, 147 ff., 160*, 161 ff., 165*, 183 ff., 204, 206, 209
Prézelin, Louis 191*, 199, 243
Puerto Rico 70
Pugetsund 198

Quahogs 122, 171, 175
Queen Charlotte Strait 195

Radar 47*, 77 f., 167
Rankenfüßler 69
Renoir, Jacques 55*, 64, 124
Riedman, Sarah R. 127, 194
Riesenkrake 80

Riesentintenfisch 92, 115
Robben 116, 194, 196
Rochen 116, 141
Rotes Meer 7, 12, 19, 141, 182, 207
Rundmäuler 69, 139
Rundschnecken 69

San Diego 58 ff., 85, 180, 196
San Martin 65
Santa Catalina 184
Saurier 38
Scammon, Charles Melville 58, 136, 151
Scammon Bay →Scammon-Lagune
Scammon-Lagune 110, 124, 137, 139*, 140, 145*, 147, 151, 154, 169, 209
Schallortung 92, 106
Schelf 23
Schlauchboot 13, 18, 20 ff., 25*, 30 ff., 32*, 34*, 35*, 41, 44 ff., 52, 56*, 62, 65, 76 ff., 85*, 88*, 100, 105, 115, 122, 140 ff., 147 f., 150 ff., 151, 154, 156*, 159, 185 ff., 191, 198, 201
Schwertfisch 16
Schwertwal 41, 105, 107 ff., 128, 158, 169, 183 ff., 186*, 188, 190*, 191*, 192*, 194 ff., 196*, 209
Schwertwalzähne 117
»Schwimmende Untertasse« 122*, 129 ff., 132
Seattle 195, 198, 209
See-Elefant 147, 194
Seelöwe 65
Seiwal 73
Seychellen 16
Shab-Arab 41
Sibirien 69, 121
Sillner, Ludwig 23
Sirot, Philippe 95, 159
Socotra 12, 186
Sonar 92 f., 103, 105, 113, 199
Spaut 20, 43
Spermaceti →Walrat
Spritzloch 90, 106, 170, 178, 180

Spy-hopping 124, 126*
Steinkorallen 21
Strait of Georgia 195
Sumian, Dominique 115, 147, 160

»Tauchende Untertasse«
→»Schwimmende Untertasse«
Thunfisch 16, 194
Tintenfisch 40, 51, 115, 121, 125f.,
129f., 133, 175, 184, 194
Truthahngeier 156
Tümmler 73, 108, 135

Ultraschall 102
Unterwasser-Scooter 18

Vancouver 196, 198
Virazéou 32*, 43, 161, 166
Vire-Vire →Virazéou
Virginische Inseln 70

Wale 7ff., 29f., 38, 48ff., 73, 110ff.,
117ff., 138, 141
Walfang 8, 53, 125, 202ff.
Walfangkommission, Internationale
68
Walhai 21
Walker, Ted 58, 65f., 86, 91, 135,
142ff., 154, 169ff., 174, 177*,
178ff.
Walkie-Talkie 129
Walläuse 69
Walrat 113
Wal-Seepocken 69
White, Paul Dudley 91
Wittlinge 121

Zackenbarsch 7, 21f., 51, 129
Zahnwale 41, 107
Zodiac →Schlauchboot
Zooplankton 120